학습의 혁명, 시스템학습법의 완성편!

재래식 학습법보다 90배의 학습효과!

시스템학습법의 완성

임성룡 지음

"점수따기" 학습에 중독되어 학습의 기쁨을 상실한 학습자들이 중독에서 벗어나 강력한 학습본능을 제대로 발휘하게 하는 것이 SR시스템학습법이다.

시스템학습법은 싫증과 지겨움을 주는 재래식 학습을 벗어나 진정한 학습의 기쁨을 누리게 할 것이다.

教友社

시스템학습법의 완성

임성룡 지음

教友社

시스템학습법의 완성

1판1쇄 발행 / 2008년 1월 1일
1판5쇄 발행 / 2023년 1월 10일

지은이 / 임성룡
펴낸이 / 오판근
펴낸곳 / 교우사
출판등록 / 1994년 3월 24일 제6-0256호
주소 / 서울특별시 동대문구 약령시로 8 교우빌딩 2층
전화 / 02)925-2861(대표), 02)925-2825(편집부), 070)7966-8610(fax)
팩스 / 02)925-2860

kyowoo@kyowoo.co.kr
http://www.kyowoo.co.kr

ISBN 978-89-8172-713-0 (03000)

가격 **22,000**원

들어가는 글

고대 그리스의 철학자 아리스토텔레스는 "인간은 경이를 통해서 지혜를 구하기 시작하였다. 처음에는 지극히 신변적인 불가사의한 일에 대하여 경이를 품었으나, 거기에서 차츰 나아가 훨씬 큰 사상에 대한 의심을 품게 된다. 그런데 이러한 의심을 품고 경이를 느끼는 자는 자기를 무지한 자라고 생각한다"라고 말했다. 인간이 뭔가를 알고자 하는 본능은 바로 '호기심'이다. 인간이라면 누구나 지적 호기심을 가지고 있다. 강한 지적 욕구인 호기심을 충족시키기 위해 인간은 끊임없이 책을 읽고 탐구하는 것이다. 그 결과 자신의 무지함을 깨닫고 겸허하게 될 수 있다.

호기심은 본능

과학 저술가인 로버트 헤이즌은 그의 저서에서 "우주를 구성하는 물질의 90%가 보이지 않는다는 사실이다. 나는 나를 이루는 물질의 99.9%가 보이지 않는다고 확신한다"라고 말하였다. 우주 물질의 대부분은 보이지 않는다고 한다. 1805년 존 돌턴은 원자 이론에 대한 최초의 논문을 발표했다. 원자핵과 전자 사이에는 텅 비어 있는데, 이 공간은 원자 크기의 99% 이상을 차지하고 있다. 꽉찬 물질이라고 생각되는 원자가 사실은 99%가 빈 공간임을 우리는 느끼지 못하고 있다는 것이다. 우리가 얼마나 무지한지를 생각나게 해주는 사실이다.

프랑스의 여류 저술가인 시몬느 드 보부아르는 "호기심이 사라지는 순간 노년이 시작된다"라고 말했다. 사람이 정신적으로 늙었느냐 젊었느냐를 구분하는 것의 하나는 호기심이다. 호기심을 잃은 사람은 이미 정신적으로 노인인 것이다. 월트 디즈니는 생전에 자신이 '유아적'이라는 다른 사람들의 말에 이렇게 답변했다. "나와 함께 일했던 사람들은 내 행동이 천진난만하다고 말한다. 나는 아직도 오염되지 않은 호기심으로 세상을 바라보고 있다." 호기심과 학습하고자 하는 마음은 직접적인 관련이 있다. 배움이란 무언가를 궁금해 하고, 알려 하고, 호기심에 넘친 사람에게만 가는 선물이다. 하지만 우리는 오랫동안 강압적이고 재미없는 "점수 따기" 교육을 받으면서 대부분의 순수한 호기심을 잃고 말았다. 거꾸로 이상한(?) 호기심만 병적으로 나타나기도 한다. 인터넷 사이트에 난무하는 병적인 것들이 그 증거이다. 대학에 들어가는 순간, 혹은 대학 문을 나오는 순간 많은 젊은이들이 학습과는 담을 쌓고 있다. 매년 발표되는 통계는 대부분의 사람들이 일 년에 책 열 권도 읽지 않는다고 하는데 이는 학습의 기쁨을 대부분이 놓치고 있다는 것을 반증하는 것이다.

한때는 활발하게 지적 활동을 하던 사람들도 세월에 부대끼면서 지극히 현실적(?)으로 바뀌게 된다. 우리의 일상이 흥미진진한 것이 없고 그저 그렇게 보이기 시작한다면 나이와 관계없이 지적 호기심에 문제가 생기기 시작한 것이다. 지금 지적 호기심 혹은 학습하고자 하는 마음을 다시 챙겨봐야 하는 이유가 있다. 과거의 성공 체험, 화려한 경력, 경험의 가치는 큰 의미를 갖지 못하는 시대가 되었다. 누구든지 창조적인 가치를 창출해 낼 수 있는 강렬한 지적 호기심이 필요한 시대인 것이다.

학습은 정신적인 훈련

소니 회장이었던 모리타 아키오는 "시험을 위한 공부로는 기껏해야 기계적인 응용력를 키울 수 있을 뿐이다. 정신적인 훈련은 자신을 제어하는 능력을 길러야 한다. 정신적으로 나태해지면 결코 자신의 잠재력을 발휘할 수 없게 된다. 강한 자제력을 배양하는 것이 매우 중요하다. 현행의 교육제도는 실행과 독창적인 사고를 하는 데 필요한 충분한 시간을 주지 않는다. 독창적인 사고는 매우 중요하다. 우리의 참된 자본은 지식과 독창성과 정열이었다. 인간은 자극이 없으면 진보하기가 어렵다. 일본에서는 주입식 교육만 받아서 대학에 입학했을 때는 기진맥진한 상태가 된다. 대부분의 학생들이 대학에서 거의 아무것도 배우지 못한다는 사실이다. 스스로 자신감을 가질 수 있어야 한다."라고 그의 저서에서 말하였다. SR 시스템학습법은 정신적 자극을 통해 정신력과 실력을 향상시키는 본연의 학습 목적을 달성하는 노하우이다. 단지 시험을 위한 '점수따기' 학습이 아니라 정신적 훈련과 정열과 참된 지식을 추구하는 노하우인 것이다.

호기심 혹은 지적 향상심은 반드시 '똑똑한 사람'들에게만 있는 특징은 아닌 것이다. 아인슈타인은 "나는 지적으로 발달이 늦은 지진아였다. 그 결과 나는 성인이 된 후에야 공간과 시간에 관해 의문을 품기 시작했다."라고 말한 바가 있다. 아인슈타인은 대학을 갓 졸업한 1905년부터 오랜 기간 동안 대단히 혁명적인 사고를 보여주었다. 거의 20년 동안 그는 중요한 과학적 진보를 일궈냈다. 그의 상대성이론은 1914년까지 그 이론의 예측이 정확하지 않았다. 1차대전 때문에 그 계획이 연기되지 않았다면 위대한 상대성 이론은 망신거리로 전락했을 것이다. 그 절호의 연기된 기간 동안 아인슈타인은 4년이라는 시간을 들여 자신의 개념을 잘 정리된 이론으로 발전시켰다. 한층 발전된 그의 이론은 1918년 일식 기간에 검증되었다. 아무리 뛰어난 개념이라도 훌륭한 가치를 발휘하기 위해서는 많은 창조적 노력이 요구된다. 단순히 호기심만으로는 안 된다. 이 호기심을 끊임없이 자극하여 지적 향상심이 지속되도록 해주어야 한다. 아인슈타인은 "모든 사람에게 특히 몸과 마음에는 단순하고 겸손한 삶의 방식이 최고이다."고 말했다. 이는 세상의 마음을 더럽히는 것들을 멀리하고 지적 열정에 몰두해야 함을 의미한 것이다. 학습에서 즐거움을 느끼는 사람은 호기심을 만족시킬 수 있으며 지적 열정에 몰두할 수 있다.

에너지를 충전시키는 학습

세계적인 역사학자로서 명성을 얻었던 아놀드 토인비는 "왜 당신은 역사를 평생 연구하였는가?"라는 질문에 대해, "재미있기 때문이오"라고 대답하였다. 그가 역사가가 된 것은 어머니가 역사가였던 것이 영향을 미쳤던 것 같다. 토인비는 "내가 건강과 지력이 없어지지 않는 한, 나의 호기심도 없어지지 않을 것이다."라고 말하였다. 그처럼 강렬한 호기심을 평생에 걸쳐서 유지하였던 토인비에게도 재래식 방식에 의한 학습과 시험은 지긋지긋한 것이었다. 그는 "시험을 받는 자가 되는 운명을 피하게 된 것을 감사하게 생각해왔다."라고 그의 저서에서 말하고 있는데, 그는 시험보는 것을 무척이나 지겹게 받아들였다. 세계적인 대학자도 재래식 학습과 시험은 엄청나게 스트레스를 받게 하였던 것이다. 시스템학습법은 싫증과 지겨움을 주는 재래식 학습을 벗어나 진정한 학습의 기쁨을 누리는 기회를 줄 것이다.

인간능력개발 연구와 변화 심리학의 대가로 인정받는 로버트 크리겔은 오랫동안 스포츠 선수들을 지도하면서, 그들이 전력을 다해 달리는 것보다는 90%의 힘만 가지고 달릴 때 훨씬 더 놀라운 기록을 보인다는 사실을 알게 되었다. 크리겔은 "에너지를 충전시키는 활동으로 성공을 거머쥘 기회를 만들라"고 강조한다. 성공하는 사람들은 일 자체에 함몰되기보다 일을 즐긴다는 것이다. 그의 말에 의하면, 육상의 신기록을 세운 칼 루이스의 코치 텔레스는 루이스에게 90%의 힘만 들여 뛰도록 지도했다. 또한 세계 최고의 상업 모터스포츠 레이싱의 우승자 제프 고든의 수석 엔지니어 레이 에번햄은 "나는 고든에게 전력을 다해 페달을 밟으려고 하지 말고 긴장을 풀고 편안히 천천히 원을 그리듯 부드럽게 돌라고 주문했다. 그러면 놀랍게 기록이 단축된다"라고 말했다. 메이저리그 투수인 샌디 쿠팩스는 "힘들이지 말고 강속구를 던지라는 주문에 힘을 약간만 줄여도 강속구는 보다 좋아지고 볼의 생명력이 있으며 컨트롤이 잘 된다는 사실을 깨닫게 되었다"라고 말했다. 쿠팩스는 "강한 것만 고집하지 말라"고 후배들에게 강조하였다. 이러한 사실은 학습에도 적용되는 원리인 것이다. 재래식 학습은 당장 이해하고 당장 외워서 '점수 따기'를 위한 학습을 해왔기에, 엄청나게 에너지를 소모

하며 스트레스를 가중시키는 결과로 고착되었다. 이는 엄청난 낭비와 비효율을 가져왔다. 수많은 학습자에게 좌절과 학습의 기쁨을 놓치게 하는 결과를 가져온 것이다.

쉽게 이해하고 쉽게 실천하는 시스템학습법

필자의 시스템학습법은 일반학습에 응용되어 그 놀라운 그 효과를 체험을 통해서 확신하게 되었다. 그 일반학습법은 'SR시스템학습법' 이라는 이름으로 2003년 발표하였으며 2006년에 "끊임없는 동기유발과 경쟁력의 원천"(도서출판 교우사)이라는 제목으로 개정하여 출간하였다. 이번에 시스템학습법에 관한 책을 새롭게 집필한 이유가 있다. 학습은 매우 복잡한 정신활동이다. 이를 독자들에게 알리기 위하여 시스템학습법에 관하여 가능한 한 쉽게 쓰려고 하였으나 그래도 어렵다는 독자들의 반응이 있었다. 두뇌과학이나 학습심리학에 근거한 학습 방법이 시스템학습법이기에 이를 설명하다보니 독자들이 어려웠던 것 같다. 그 책이 발간되고 나자 많은 독자들이 호응과 학습에 관한 질문들을 끊임없이 많이 보내주었다. 그러한 질문들에 대답을 보내면서 독자들이 좀더 쉽게 이해하고 좀더 확실하게 실천할 수 있도록 보강해야겠다는 생각을 하게 되었다. 독자들의 상황을 좀더 이해하게 되어 이에 대처할 수 있게 된 것이다. 필자 자신이 매월 약 15권의 책을 학습하는 생활을 하면서 정말로 중요하고 필요한 저서가 개인들에게 얼마나 큰 도움을 주는가를 실감하고 있다. 이번의 저서는 시스템학습법을 '완성' 한다는 목표로 집필한 것이다. 또한, 시스템학습법의 두뇌과학적 이론과, 학습심리학적 근거를 좀더 쉽게 알 수 있도록 하여 시스템학습법이 확실히 학습효과를 발휘하는 노하우임을 분명하게 하였다. 이 책에는 학습의 원칙을 비롯하여 시스템학습법을 실제로 적용하는 데 도움이 되는 내용들을 보강하여 시스템학습법이 확실하게 실현되도록 노력을 기울였다.

필자는 외국어학습법에 관한 저서인 "외국인이 다시 놀란 영어천재가 되다"(출판사 교우사)를 2007년에 새롭게 집필하였는데 그 책의 내용에 대해서 독자들이 "어렵다"는 반응이 없었다는 사실을 주목하였다. 그래서 이번에 시스템학습법에 관하여 외국어학습법에 관한 내용과 유사하게 집필하되 이해하기 쉽게 썼다. 많은 독자들이 시스템학습법의 두뇌과학적 근거와 학습심리학적 근거를 쉽게 이해하고 학습을 좀더 쉽게 실천할 수 있기를 바란다.

저자 임 성 룡

C·O·N·T·E·N·T·S

C·O·N·T·E·N·T·S

C·O·N·T·E·N·T·S

C·O·N·T·E·N·T·S

Lesson 1

학습의 기쁨

01. 지능지수가 성공지표인가?
02. 지적인 사람의 특징은 자신을 제어하는 능력
03. 학습된 무력감
04. 공부에도 지름길이
05. 책을 사랑하여 읽을 뿐
05. 아주 편한 마음으로 학습을

Lesson 1

학습의 기쁨은 지능지수가 높은 사람들만이 누리는 특권이 아니라는 사실이다. 로버트 스턴버그는 정년까지 보장받은 예일대학의 정교수이고 미국 예술과학원 회원이며 미국의 인명록에도 이름이 올라있다. 그는 어렸을 때 IQ테스트에서 거의 영점을 받았고 그 점수를 믿어서는 안 된다는 확신을 갖게 되었다. 스턴버그는 낮은 IQ점수에도 불구하고 노력한 결과 대단히 높은 시험성적을 거둘 수 있었고, 최우수 학생이 되었다는 자신감을 느꼈다. 스턴버그는 형편없이 낮은 지능지수를 가졌다고 평가받았지만 미국에서 최고의 지성인으로 인정받았고 학습의 기쁨을 최고로 누리는 인사이다.

01

지능지수가 성공지표인가?

지능지수인 IQ가 곧 인생의 성공지표라는 일부 사람들의 생각은 정말 잘못된 것이다. 1904년 프랑스에서 알프레드 비네와 동료인 테오도르 시몽은 지능 테스트를 고안해 내었다. 지능검사라고 하면 일반적으로 비네 테스트를 말한다. 비네는 지적인 사고를 방향성, 적응성, 비판력의 3가지로 나누었다. 방향성은 무엇을 어떻게 해야겠다는 것을 아는 것이다. 적응성은 과제를 수행하기 위한 전략을 세우고 실행해 나가는 과정상의 변화에 적절히 반응하는 것이다. 비판력은 자기 자신의 생각과 행동을 비판하는 능력이다.

연구에 의하면 IQ에 바탕을 둔 테스트는 사회적으로 성공한 사람과 그렇지 못한 사람 사이의 변폭을 10% 정도밖에 감안하지 못한다고 한다. 지능 차이는 사실상 유전적인 문제가 아니라 주로 환경적인 문제이다. 지능지수는 얼마든지 수정이 가능하다. 사례에 의하면, 고아원에서 두 살이 될 때까지 입양되지 않은 아이들은 대부분 심리적 저능아가 되었는데, 그 중에 의식적으로 노력한 사람은 지능지수가 높아졌다는 것이다. 학습하는 환경은 아이의 지능에 강력한 영향을 미친다. 특히 학습을 좋아하는 아이는 학습에서 대단히 좋은 결과를 가져온다는 사실이다.

노벨상을 받은 생물학자 제임스 왓슨은 자신의 IQ가 낮다고 말했는데, 그럼에도 그는 DNA분자의 구조를 공동으로 발견했고 생물학 분야에서 최우수 학자로 인정받았다. 지능지수가 높은 사람들이 학습에서 반드시 뛰어나거나 뛰어난 성공인이 되는 것은 아니다. 한 조사결과에 의하면, 지능지수 160 이상으로 '퀴즈의 아이들' 에 출연했던 소위 '영재들' 의 그 후의 발자취를 추적한 결과, 성인이 된 영재들은 모두 평범한 삶을 살고 있었고 그들 중 아무도 뛰어난 성공인이 되지 못했다고 한다.

02

지적인 사람의 특징은 자신을 제어하는 능력

프랑스의 인류학자인 클로드 레비스트로스는 "인간의 마음은 어느 문화권에서나 본질적으로 동일한 방식으로 기능한다"는 주장을 했다. 이는 모든 인류가 인종이나 민족에 관계없이 동일한 정서적 기능을 보유하고 있고 지적 능력도 마찬가지라는 것이다. 성공하는 사람들의 공통점은 자기 자신에게 동기를 부여한다는 점이다. 동기부여는 지적 능력 못지않게 성공에 필수적이다. 공부 자체를 재미있어 하는 아이는 학습동기가 꾸준히 유지되며 성적이 확실히 좋다.

학습의 기쁨을 아는 사람들은 성공할 가능성이 매우 높다는 사실이다. 학습을 통해 그들은 정신력을 향상시키며 스스로를 제어한다. 성공하는 사람들의 특징중 하나는 자신의 충동을 제어할 줄 안다는 것이다. 시카고 대학의 지능이론가인 서스턴은 "지적인 사람의 특징은 자신의 충동을 제어하는 능력이다"라고 주장하였다. 지적인 사람들은 자신의 충동을 제어할 능력이 있기에 참고 견디어야 할 때를 알고 끈기를 유지한다. 그러기 때문에 성공하는 사람들은 당장의 만족을 추구하기보다 미래의 만족을 기다리는 능력을 갖고 있다. 그들은 큰 만족을 가져오는 업적을 성취하기 위해 시간과 에너지를 집중시킨다. 이러한 특성은 성공하는 사람들에게 상당한 자신감을 갖게 하며 그들은 자신의 목표성취능력을 굳게 믿는다. 누구나 자신감이 있어야 한다. 자신감을 확보하되 자만심을 피해야 한다.

03

학습된 무력감

서울대학교의 김원중 교육학 박사는 서울대생들은 대상으로 조사한 결과, "조사대상 학생들 중에서 공부가 재미있다는 사람은 1%에 불과하였다. 공부는 원래 지겨운 것이고 스트레스가 많이 쌓이는 일이다."라고 그의 저서에서 밝히고 있다. 한국에서 학습에 가장 뛰어난 집단의 99%가 "학습은 지겹다"라고 말하고 있다는 사실은 그들이 학습의 기쁨을 제대로 경험하고 있지 않다는 증거이다. 미국의 심리학자 셀리그먼은 '학습된 무력감'이라는 개념을 제시한 바 있다. 피할 수 없는 쇼크 뒤에 실험용 개의 반응은 아무 소용없다는 식으로 행동한다. 그 개를 쇼크로부터 피할 수 있는 상태에 놓으면 쇼크가 계속되는 동안에도 비교적 조용하게 아무런 몸짓도 하지 않는다. 개는 희망을 잃은 것이다. 유사한 반응이 인간에게서도 관찰됐다. 관찰에 의하면, 포로수용소에서 무력한 포로들은 아무런 희망이 없다고 믿는 것 같았다. 이는 포로들이 '학습된 무력감'을 갖게 되었기 때문이다.

레오나르도 다빈치는 "먹기 싫은데도 먹는 것은 건강에 해롭듯이 억지로 공부하는 것은 기억을 방해하며, 받아들이는 모든 것을 간직할 수 없게 한다"라고 말했다. 이는 학습이 즐거움이 되어야 한다는 점을 명백히 지적한 것이라고 말할 수 있다. 1904년 러시아의 이반 파블로프(1849-1936년)는 생리학과 의학부문에서 노벨상을 받았다. 심리학에서 고전적 조건형성을 보통 '파블로프의 조건형성'이라고 부른다. 파블로프의 개를 대상으로 한 실험에서, 조건자극은 종소리였고 종소리를 울릴 때마다 음식을 주었는데, 조건반응은 침을 흘리는 것이었다. 파블로프의 실험에서 조건자극에 습관적으로 조건반응이 형성되자 조건자극인 종소리만 울려도 개는 침을 흘리는 조건반응을 나타내었다. 이 실험은 인간들에게도 상당히 유사한 결과를 보여준다는 점을 입증하였다. "많은 사람들은 왜 학습을 지겨워 하고 역겨워할까?"라는 점에 대한 대답을 유추해낼 수 있다는 사실이다. 인간의 학습 본능은 매우 강한 것이다. 인간의 본능인 식욕, 생존욕 등과 같은 강한 본능 중의 하나가 바로 '학습 본능' 이다. 그런데 현실은 초등학교에 입학하고 나서부터 '학습' 은 '즐거움' 이 아니라 '괴로운 과업' 으로 변한다. 학습의 목적이 학습의 본능을 충족시키는 즐거운 활동이 아니라 '점수 따기' 라는 것으로 변질되기 시작하였기 때문이다. 이러한 과정은 그 이후로 중고등학교를 거쳐 심지어 대학까지도 '학점' 을 따기 위해 학습하는 '어처구니 없는' 현실로 변해 버렸다. 많은 사람들이 필자가 '어처구니 없다' 라고 표현한 것에 대해 이상하다고 생각할 지 모른다. 학습은 인간의 숭고한 본능이고 매우 강한 욕구임에도 불구하고 파블로프의 조건반사 실험과 같은 어처구니 없는 결과로 변질되었기 때문이다. 인간의 자연적인 본능은 학습하고자 하는 강한 욕망으로 가득차 있다는 사실이다. 그러한 욕망이 잘못된 조건자극이 수년 이상, 아니 십년 이상 지속되다 보니 조건반응은 "지겹다, 역겹다"라는 습관으로 굳어진 것이다.

이러한 잘못된 조건반응이 형성되니, 어떤 분은 학습의 대상인

'책' 겉표지만 보아도 조건반응으로 '지겹다, 역겹다'가 나타나 반사적으로 책 읽기를 회피하는 것이다. 필자의 직장 동료였던 사람은 나에게 이런 말을 한 적이 있다. "나에게 불면증 비슷한 증세가 나타나면 치료방법이 있다. 그것은 수면제가 아니라 아주 어려운 책을 하나 사서 침대 머리 곁에 놓아두고 슬슬 뒤적이다 보면 저절로 잠이 오게 된다"는 것이었다. 듣기 싫은 강의를 계속 듣다보면 잠이 오는 것과 같은 이치이다. 아마도 거의 모든 사람이 이러한 조건반응이 형성되어 있는지도 모른다. 세계적 학자인 토인비도 "시험공부라면 지긋지긋했다"라고 실토했으니까 말이다. 하여튼 "점수 따기" 학습에 중독이 되어 있는 사람은 누구나 학습의 기쁨을 상실하였다는 사실이다. 이러한 중독에서 벗어나 인간의 가장 숭고하고 강력한 본능인 학습 본능을 제대로 발휘하게 하는 것이 SR시스템학습법임을 제시할 것이다.

04

공부에도 지름길이

미국의 캘리포니아 대학원 교수인 전정재 박사는 "공부를 잘 할 수 있는 기술이 필요하고 학습법이 필요하다. 공부는 노력한다고 또 머리만 좋다고 되는 것이 아니다. 공부에도 지름길(학습법)이 있다."라고 말했다. 그의 저서에 의하면, 독서에 취미를 붙이면 공부에 큰 도움이 되고 대학입학시험에서도 좋은 성적이 나온다. 쉬운 책을 많이 읽을수록 독서에 취미 붙이는 데도 도움이 되지만 아이의 어휘실력도 아주 탄탄해진다. 그러므로 재래식 학습법에 의해 학습의 기쁨을 망가뜨린 독자는 제대로 된 학습법을 통하여 학습의 취미를 복구시켜야 한다.

05

책을 사랑하여 읽을 뿐

수천 년 전에, 중국의 탁월한 학자인 공자가 제자들에게 말하길 "知之者는 不如好之者요, 好之者는 不如樂之者니라"고 하였다. 이는 "알기만 하는 자는 좋아하는 자를 이기지 못하고, 좋아하는 자는 즐기는 자를 이기지 못하리라"는 뜻이다. 학습에 관해서 바로 이 원리가 직접 적용되는 것이다. 학습을 아무리 열심히 하는 자라도 학습을 좋아하는 자를 이기지 못하고, 학습을 좋아하는 자는 학습을 즐기는 자를 이길 수 없다. 수천 년이 지났어도 학습의 원칙에 지당한 말씀이다. 우리가 학습의 기쁨을 모르고 스스로 학습에서 '학습된 무력감'을 되새겨 왔다는 사실이다. 아인슈타인은 "상상력이 지식보다 더 중요하다"고 말했다. 창의력이 뛰어난 사람들은 대개 유

달리 호기심이 강하다는 공통점이 있다. 상상력과 창의력은 학습의 기쁨을 아는 사람의 능력인 것이다. 현대 중국의 최고의 지성인의 한 사람으로 평가받았던 임어당은 "책을 읽는 즐거움이 있다. 참된 즐거움은 생활의 목표이다. 글을 사랑하면 사색과 반성의 세계에 살 수 있다. 나는 멋이니 취미니 하는 것이 모든 독서의 열쇠라고 생각한다. 제법 사람이 된 선비라면 면학이나 각고면려라는 말의 뜻을 모르며 다만 못 견디기 때문에 책을 사랑하여 읽을 뿐인 것이다."라고 말했다. 임어당은 1895년에 가난한 집안에서 태어나 대학을 졸업하고, 북경 청화대학에서 영어교수로 재직하였고, 미국으로 건너가 하버드 대학에서 언어학을 전공했다. 또한 독일에 가서 예나, 라이프찌히 두 대학에서 공부하였고 북경대학의 영문학 교수로 취임했다. 그는 정부에서 외교부 비서를 지냈다. 임어당은 미국으로 이주하여 30여 년간을 뉴욕에서 머물면서 영문 집필활동에 주력하여 많은 작품을 남겼다. 그는 말년에 싱가포르 남양대학 총장에 취임하였고 1976년에 홍콩에서 작고하였다. 그가 끊임없이 학습하며 자신의 길을 꿋꿋하게 살아갈 수 있었고 최고의 지성인으로 평가받았던 밑바탕에는 "다만 못 견디기 때문에 책을 사랑하여 읽을 뿐인 것이다."라는 학습의 열정이 있었기 때문이다.

06

아주 편한 마음으로 학습을

현실적으로 직장에 다니는 사람들이 학습한다는 것은 너무나 많은 제약을 받게 된다. 그러나 SR시스템학습법을 퇴근 후 집에서만 잘 활용하더라도 많은 학습량을 소화할 수 있기 때문에, 자기능력 향상을 위한 즐거움을 위해서라도 좋고, 나중에 노후의 생활대책으로서 여러 가지 자격고시에 응시하는 데 아주 유용한 학습법으로서 활용할 수 있다. 나는 시스템학습법을 활용하여 학습한 결과 학사 학위를 무난히 취득하였다. 또한 공인중개사, 공인감정사, 주택관리사 시험에도 합격하였고 세무사 1차시험에 두 번 합격하였다. 이 학습법이 아니었다면 집에서 그 많은 양의 학습내용을 어떻게 여러 번 독파하여 합격할 수 있을 정도의 실력으로 승화시킬 수 있었겠는가? 나의 별로 뛰어나지 않은 머리로서는 엄두를 못내는 학습분량이었으나, 이 학습법을 사용하여 한번 성공하니까 재미도 있고 해서 몇 가지 더 해보게 된 것이었다. 1999년에는 시스템학습법을 사용한 결과, 금융감독원에서 실시한 손해보험중개인 자격고시에 응시자 1200여 명 중에서 1등으로 합격하였다. 2000년에는 생명보험중개인 국가고시에 3등으로 합격하였고, 2001년에는 합격률이 9%이었던 금융자산관리사(FP) 자격시험에 합격하였으며 2종 투자상담사 자격시험에도 합격한 바가 있다.

손해보험중개인 자격고시의 수험준비서 총페이지가 약 3,000페이지가 되었는데 수험응시생들 중 이 정도 분량의 페이지를 5번 이상 학습한 사람들도 많지 않았으리라 생각한다. 나는 시스템학습법을 활용하여 그보다 훨씬 더 많은 독파회수를 실천할 수 있었고 실력도 비례해서 늘었음은 이미 증명되었다.

나의 SR시스템학습법은 아주 편한 마음으로 학습을 해나가기 때문에 학습속도가 빠르다. 한 번을 독파하는데 걸리는 시간이 매우 적어서 재삼재사 다시 독파할 수 있다는 것이 특징이다. 그리고 이해하려고 아둥바둥하거나 외워지지 않는다고 머리에 주름잡지도 않는다. 그저 물 흐르는대로 슬슬 진행시키다 보면 어느덧 상당한 분량만큼 학습량이 진행되어 있고, 다 독파하면 다시 복습단계로 부드럽게 이행된다. 그러기 때문에 이 과정을 편안하게 나아가다보면 어느덧 뇌 속에는 읽은 내용이 차곡차곡 새겨져서 나도 모르게 실력이 쌓여 있다는 점이다. 이 시스템학습법은 많은 학습량을 효과적으로 이해하고 두뇌 속에 새기는 놀라운 효과를 보여주므로 각종 고시를 준비하는 분들과 학생들은 적절히 활용해 볼 수 있다. 학습의 기쁨을 아는 사람에게는 밝은 미래가 기다리고 있다.

Lesson 2

두뇌의 잠재력을 활용하라

01. 두뇌의 능력
02. 누구나 천재적 능력
03. 2,000만 권의 책을 가득
04. 시스템학습법은 두뇌가 좋아한다?
05. 70대까지도 제2 전성기!

Lesson 2

두뇌의 능력에 대해서 생각해 보자. 신경학자 리차드 레스탁 박사는 "우리의 뇌에는 약 1,000억 개의 신경세포가 있다"고 말한다. 그는 "하나의 신경세포는 몇 만개의 다른 신경세포와 연결되어 있어 신경세포 간에 서로 정보를 흘려보내고 받는다. 신경세포들 사이의 연접부인 시냅스는 우리 뇌속에 약 100조 개에 이르는 엄청난 양이 있는데 그 하나하나는 전기 충격파로 전달되는 신호들을 계수하는 작은 계산기 역할을 한다"고 말한다.

01

두뇌의 능력

프랑스의 신경생물학자인 쟝 피에르 샹죄 박사는 이렇게 말했다. “인간의 뇌는 거미줄 같이 연결된 신경선 수백억 가닥이 거대하게 결집되어 있는 것과 같은데, 그 안에서 수없이 많은 전기 충격이 일어나며, 때로는 무수한 화학 신호의 배열로 재배치된다. 이 장치의 해부학적 및 화학적 구조는 상상을 초월할 만큼 복잡하다.” 학자들은 “컴퓨터가 제아무리 처리 속도가 빠르더라도 단지 한 번에 한 가지 정보만을 다루는 반면, 인간의 신경계는 수백만 가지의 정보를 동시에 처리한다”고 말하고 있고, “인간의 뇌가 무한한 용량을 가진 경이로운 구조로 되어 있기 때문에 외국어를 구사한다든가, 어떤 재능이든지 발전시킴으로써 뇌의 잠재력을 더 잘 사용하려는 의욕을 갖게 되었다”고 부연하고 있다.

02

누구나 천재적 능력

일본에서 두뇌능력에 관한 연구로 탁월한 권위자 중의 한 사람은 나까마쯔 요시로라는 분이다. 이 분은 미국에서 의학을 공부했던 분인데 의학박사이고, 공학박사학위와 법학박사학위를 취득한 사람이다. 나까마쯔는 그의 저서에서, "기본적으로 인간의 두뇌는 평등한 것이라는 사실이다."라고 기술하면서 그 근거를 제시하고 있다. 쉽게 말하면, 특별히 병적으로 장애를 갖지 않는 한, 모든 사람은 똑같이 엄청난 두뇌능력을 가지고 태어난다는 것이다. 그 능력을 적절히 사용하면 누구나 천재적인 두뇌능력을 발휘할 수 있다는 것이다.

나까마쯔 박사는 "뇌가 활성화되면 기억력, 판단력, 분석력 등도 우수해지며 여러 가지 상승효과가 생긴다. 노인 치매도 뇌를 활성화하면 치매를 예방할 수 있다."라고 말한다. 그는 "노인성 치매는 알츠하이머병이라고도 한다. 치매 예방, 치료에 중요한 것은 뇌 안에 있는 시냅스의 수를 늘리고 그 기능을 저하시키지 않도록 하는 것이다. 뇌에 자극을 주는 것이 중요하다. 인간의 지능지수는 75세까지 점점 상승한다. 특히 정신적 능력, 철학 등 추상적 개념구성은 나이가 더할수록 올라간다는 사실이다."라고 말했다. 뇌과학적으로 알츠하이머병과 같은 퇴행성 뇌질환에 걸리지 않는 가장 강력한 요인의 하나가 높은 정신활동이라는 점이 알려져 있다. 독서를 많이 하는 것은 좋은 정신활동이다.

03

2,000만 권의 책을 가득

미국의 과학자 '칼 세이건'은 수년 동안 두뇌의 능력에 관하여 연구하였고 그 결과를 발표하였다. 칼 세이건은 "인간의 뇌는 2,000만 권의 책을 가득 채울만한 정보를 수용할 수 있다. 즉 세계에서 가장 큰 도서관의 장서와 맞먹는 수의 책을 한 사람의 두뇌는 충분히 이해하고 저장할 수 있다."라고 말했다. 그것도 좀 보수적으로 적게 계산하여 그렇다는 것이다. 이러한 연구결과와 우리들의 두뇌활용 정도를 비교해보자. 보통 사람이 월 3권 정도의 책을 읽는다고 하면 비교적 유식한 층에 들 것이다. 보통 한 달에 1권 정도밖에 읽지 않는다는 통계가 있으니까 말이다. 그러면 월 3권이면 1년이면 36권이다. 60년 동안 충실하게 그러한 학습 습관을 유지한다면 평생 2,160권 정도의 책을 읽게 되는 것이다. 우리의 능력이 20,000,000권(2천만 권)이라는 것과 비교하면 2,160권은 약 1만분의 1에 해당되는 것이다. 우리가 '유식하다'고 자부하면서 평생 책을 읽어도 우리 능력의 극히 일부분 즉 1만분의 1밖에 사용하지 못하고 1만분의 9,999는 무덤으로 가져가는 것이다. 무엇이 그리 아까워서 두뇌를 활용하지 못하고 경쟁력을 향상시키지 못하는가?

독자가 이제 시스템학습법을 터득하게 되면 지금보다 적어도 3배, 잘 활용하면 10배의 잠재능력을 향상시킬 수 있는 입장에 서게 될 것이다. 모스크바 대학의 피요트르 아노크힌은 1968년, "평균적인 뇌가 만들어낼 수 있는 잠재적인 사고패턴의 최소 숫자가 1 다음에 0을 타자로 1천5십만 킬로미터를 친 숫자임을 나타내는 연구"로 과학계를 뒤흔들어 놓았다. 우리의 두뇌용량에 관한 연구의 결과 두뇌가 엄청난 잠재능력을 보유하고 있음을 말한 것이다. 만약, 사람이 평생동안 매일 1천개의 뇌세포를 잃는다고 해도 그 양은 총량의 1%에도 미치지 않으며 그 1%도 우리가 사용하고 있는 뇌세포를 잃는 것이 아니라는 사실이다. 그러므로 독자들은 자신의 천재적 두뇌능력에 대해 자신감을 충분히 가져도 된다. 다만, 그 능력을 SR시스템학습법으로 제대로 발휘하도록 이 책을 충분히 읽고 또 읽어 활용하여야 한다.

지금 나는, 독자들에게 복잡한 생물학 강의를 하려고 과학자의 의견들을 소개하는 것이 아니다. 왜 시스템학습법이 효과적이고 과학적이냐는 나름대로의 근거를 제시하려는 것이다. 시스템학습법은 마음을 편하게 하여 아무런 장애나 거부감 없이 그리고 유연하게 정보를 우리의 뇌가 받아들이도록 하는 데에 큰 장점이 있다. 한번 생각해 보라. 학생시절에 하기 싫은 교과목을 재미없게 가르치는 교사의 강의내용을 우리의 뇌가 잘 수용해서 좋은 지식으로 활용할 수 있었는가? 우리의 뇌는 정보를 선택적으로 수용할 능력이 있으며, 힘들여 들어오는 정보, 억지로 주입되는 정보, 받기 싫은 정보, 꼭 기억해야겠다고 안달하며 받아들이는 정보 등 한마디로 자연스럽지 않은 정보는 우리의 두뇌 신경세포에 잘 새겨지지 않는다는 점이다.

04

시스템학습법은 두뇌가 좋아한다?

이해를 위해 예를 들어 본다. 독자가 좋아하는 야구선수의 생년월일, 키, 몸무게 등 신체치수는 한번 들으면 절대 잊어버리지 않는다. 독자가 좋아하는 어느 매혹적인 팝 가수의 노래가사가 영어인데도 긴 가사를 아무런 어려움 없이 술술 외우고 발음까지 버터를 바른 듯 잘도 읊어댄다.

그런데 똑 같은 분량의 별로 좋아하지 않는 영어책에 나온 영시를 영어 선생님이 외우라고 하면 이상하게 머리에 주름이 잡히는 것 같고 한 달 내내 안달을 해도 외워지지 않을 것이다. 담임선생님의 생년월일? 못생긴 이웃집 여학생의 몇 학년 몇 반? 간단한 것들도 매력 없고 관심없는 것은 외워지지 않는 법이다.

그러기 때문에 SR시스템학습법에서 누차 편하게, 외워지든 말든, 이해하든 말든, 세월아 네월아 하면서 진행하는 이유가 여기에 있는 것이다. 즉, 그래야만이 들어오는 정보가 자유롭게 흘러 두뇌의 신경세포에 한 번 새겨지고, 또 새겨지고, 그리고 또 새겨지는 사이 그 새겨진 것은 독자도 모르게 깊은 형태로 확고히 독자의 지적 재산으로 승화된다.

인간 뇌의 잠재능력 중 95%는 최근 20년 사이에 밝혀진 것들이다. 과학자들의 연구에 의하면 지능은 성장하면서 변한다는 사실이다. 버나드 레블린은 연구논문에서 "IQ에 대한 연구결과 유전 인자가 미치는 영향은 48%를 넘지 않으며 52%는 태교와 환경, 교육에 달려 있다"고 밝혔다. 우리는 원래 천재적인 지적 능력이 있으며 두뇌 자체가 독자가 천재임을 증명하고 있는 것이다. 더욱이 두뇌는 컴퓨터처럼 부팅하거나 포맷할 필요도 없는 놀라운 장치이다.

05

70대까지도 제2 전성기!

커닝엄과 브룩뱅크는 작곡가 283명의 실내악 작곡량을 조사했다. 그 결과 작곡가들의 전성기는 30대 후반이지만, 70대까지도 제2 전성기가 찾아온다는 것으로 나타났다. 창조적인 활동을 지속하는 사람은 노년에도 창조성이 저하되지 않는다는 사실도 밝혀졌다.

뇌는 몸 전체 질량의 2%에도 못 미치지만 우리 몸에서 사용되는 칼로리의 약 20%를 사용한다. 인체의 다른 부분과 비교하면 거의 10배의 칼로리를 사용할 만큼 활동량이 엄청난 것이다. 뇌는 과거의 경험과 정보를 토대로 어떤 결정에 참여하고 스스로 실행자의 역할을 하는데 이것을 '자기조직화 시스템'이라고 한다. 뇌는 끊임없이 외부의 정보를 받아들이면서 자발적으로 새로운 생각을 만들고 있는 자기조직화 시스템인 것이다. 뇌는 유연성이 있다. 이는 뇌가 놀라울 정도로 반응하고 적응하며 궁극적으로는 변화무쌍하다는 의미이다. 우리의 행동, 반응, 인식, 자세를 통해 자신의 정체성과 사고방식을 평생토록 매순간 변화시키고 있는 것이다. 뇌 연구자들은 "건강한 정상인의 뇌는 환경의 필요에 따라 부분적으로 구조가 유연하게 변할 수 있는 것 같다"는 결론을 내렸다. 시스템학습법은 이처럼 놀라운 두뇌능력을 제대로 발휘할 수 있게 하는 노하우이다.

SR

Lesson 3

학습의 원칙

01. 스트레스가 없어야
02. 부드러운 반복이 있어야
03. 집중력이 있어야
04. 경쾌한 속도가 있어야
05. 변화가 있어야

Lesson 3

시스템학습법은 5대 원칙을 기반으로 하고 있다.

- 스트레스가 없어야
- 부드러운 반복이 있어야
- 집중력이 있어야
- 경쾌한 속도가 있어야
- 변화가 있어야

01

스트레스가 없어야

학습에 스트레스는 독약과 같다. 즉, 학습에 있어 스트레스는 학습을 방해하는 최대의 적이다. 스트레스는 두뇌의 사고능력을 억제한다. 스트레스가 높아지면 사고기능이 정지되고 반사기능이 나타난다. 이는 신체를 방어하는 자동적 메커니즘이다. 독일의 생화학자 프레데릭 페스터는 두뇌의 능력에 대한 깊이 있는 연구결과를 발표한 적이 있다. 그의 연구에서 특별히 관심이 가는 것은 스트레스와 학습과의 관계에 관한 것이다. 여기에 그의 연구 발표내용을 약간 언급하고자 한다. 회색 뇌피질의 뇌엽은 사고, 인식, 기억, 조화, 학습, 망각이 일어나는 곳이다. 신경세포 간에 연결하는 부분을 시냅스라고 부르는데 이는 개폐기에 해당된다. 이러한 개폐기 즉 시냅스는 자극 시냅스와 억제 시냅스가 존재한다는 사실이 밝혀졌다. 엄청난 수의 시냅스는 사고하고 기억할 수 있도록 해주며 몇몇의 '적합한' 사고결합을 통해 특정한 것만을 기억하도록 한다.

각인되어야 장기 저장

수많은 정보들이 두뇌에서 장기 저장되기 위해서는 이 기억이 초단기 기억 그리고 단기 기억의 단계를 거쳐야 한다는 것이다. 즉, 우리의 기억은 초단기 기억을 거치고 그 다음에 단기 기억을 지나,

결국 학습된 것은 장기 기억에 저장된다. 우리가 강렬하게 체험하는 것들은 한 번만 입력되어도 항구적으로 저장된다. 보통의 경우 듣거나 읽는 학습에서는 각각의 정보를 여러 번 반복해서 수용해야 한다. 단기 기억은 이러한 잔광을 사진으로 찍어 필름에 담아 두는 것과 같다. 초단기 기억으로부터 단기 기억으로의 이행은 하나의 필터에 해당하며 그 때문에 극히 중요한 기능을 갖는다. 장기간 유지되는 것은 각인되어 저장돼야 한다는 사실이다. 약 20초 내에 들어온 정보가 저장되면 두 번째 단계, 즉 약 20분간 지속되는 단기 기억으로 간다. 단기저장은 과정을 통해 그 정보를 장기저장으로 전달한다. 단기 기억과 장기 기억의 두 단계가 따로 따로 존재한다.

스트레스는 신경세포를 방해

무엇보다 스트레스가 있게 되면 신경세포간의 개폐가 방해받아 차단될 수가 있다는 것이다. 예를 들어보기로 한다. 거액의 상금이 걸려 있는 퀴즈게임이 있다. 강렬한 조명이 비추고 있다. 수많은 관중이 쳐다보고 있다. 이 퀴즈 참가자는 잔뜩 긴장한 채 문제를 듣는다. 즉 스트레스가 높아진 상태가 되었다. 이러한 스트레스 상황에서는 스트레스 호르몬은 두뇌의 사고회로를 폐쇄시키는 역할을 한다. 그래서 이 참가자는 사고회로가 폐쇄되는 스트레스의 영향으로 이미 알고 있던 지식을 재생시키지 못하고 헤매게 되는 것이다. 퀴즈의 제한 시간이 지나서 긴장이 풀리고 스트레스가 없어지면 그때 출연자가 해답을 기억해내는 경우가 종종 있다. 하여튼 스트레스를 받고 있는 동안에는 머릿속에 저장되어 있는 지식이 생각나지 않는다는 것이다. 이는 스트레스가 사고기능을 억제한다는 분명한 증거이다. 스트레스는 기억과 생각하는 기능 즉 학습하는 기능을 방해한다.

낯설고, 잘 모르면 싫어해

두뇌에서는 스트레스가 있으면 학습이 제대로 이루어지지 않는 것이다. 두뇌에 '친숙한 정보'는 스트레스가 적다. 그래서 학습이 제대로 이루어지며 기억작용에 도움이 된다. 새로운 학습내용은 낯선 재료일 때는 스트레스가 높아져 학습이 잘 이루어지지 않는다. 사고회로 폐쇄는 빠르고 반사적인 신체반응을 위한 것이다. 이는 우리가 생존경쟁에서 살아남기 위해 필요한 중요한 기능이다. 사람이 무시무시한 것을 보고 놀라 비명을 지르면 두뇌는 즉각 격렬한 두려움과 자동적인 도피행동을 신호한다. 사고회로가 우선 폐쇄되고 반사반응이 일어나 위기상황을 회피하는 것이다. 이러한 놀람 즉 스트레스가 지난 후에야 비로소 사고가 다시 가능하게 된다. 사실상 수업시간에도 정보들이 '낯설고', '잘 모르고', '적대적'일 때 학습과 기억을 방해한다. 학교수업에서 친절하고 자유스런 질문의 경우에 정답은 91%에 달했다는 연구결과가 있었다. 두려움을 야기하는 질문에서는 정답률이 51%로 떨어졌다. 낯설고 익숙지 않은 표현방식과 억압적인 교사의 질문에는 결과가 41%로 더 나빠졌다. 마지막으로, 연상력이 부족한 추상적인 표현을 통한 질문에는 좌절감이 야기되어 사고회로 폐쇄가 더 강화되었다. 단지 33%만이 올바른 대답을 했다. 요컨대 스트레스는 학습의 독약이며 호기심은 학습의 원동력이다.

친숙한 것들로 포장해서

두뇌는 '낯설다, 적대적이다' 는 신호를 얻게 되면 스트레스 호르몬이 증가한다. 무리하게 애쓰는 중에 사고회로 폐쇄와 좌절만이 더욱 강화되는 것이다. 시스템학습법에서 "이해되든 말든, 외워지든 말든 앞으로만 나아가라"라고 말하는 이유가 바로 이러한 것 때문이다. 그러므로 낯설게 함으로써가 아니라, 친숙한 것들로 포장해서 제공하면 이 정보가 뇌에서 잘 처리될 수 있다. 전문 표현들과 같은 어려운 것을 학습할 경우 스트레스가 증가하여 사고회로 폐쇄가 발생하고 연상의 어려움이 증가한다. 외국어 문법 학습에서 학습자들은 골머리를 썩는다. 이러한 강압적인 학습재료들은 학습능력을 저하시키는 것이다. 학습이 편하고 유쾌할 때 학습효과는 높아지게 되어 있다. SR시스템학습법은 스트레스를 최소한으로 하며 이해하거나 외우려고 하지 않으면서 단계별로 앞으로 전진하기만 한다. 그러면 어느덧 이해되고 저절로 암기가 되어 뛰어난 학습효과를 발휘하게 되는 이유가 바로 두뇌기능과 스트레스의 관계를 충분히 감안하기 때문이다.

학습이 단지 점수를 위한 것?

우리 스스로 강렬하게 체험하는 것들은 종종 한 번만 지각속에 받아들여도 항구적으로 저장하기에 충분하다. 반대로, 보통의 학습에서는 각각의 새로운 정보를 여러 번 반복해서 수용해야 한다.

스트레스란 '불쾌하거나 과도한 또는 부족한 자극' 을 말한다.

스트레스는 완벽주의적인 성향, 지나친 책임의식, 급하게 성취하려는 욕망 등 강박적인 성향이 주요 원인으로 작용한다.

학습은 고생이나 작업이 아니라 정신력과 실력을 향상시켜 주면서 기쁨을 안겨주는 것이다. 학습이 단지 점수를 위한 것이라면 그것은 매우 잘못된 목표이다. 학습이 실력향상으로 이어지고 그것을 실감할 때마다 환희를 느끼기 때문에 긍정적인 결과로 된다. 점수를 위해서 학습하는 것은 "독극물"과 같은 것임을 누차 강조한다. 어떤 부담감 없이 학습이 자연적으로 지속될 때 결과적으로 점수도 높아지게 되는 것이다.

입시 스트레스 증후군

입시 스트레스 증후군이 있다. 이는 진학을 앞둔 수험생이 심리적 압박감으로 인해 겪는 정신적, 신체적 복합 증상을 말한다. 스트레스로 인한 두통, 시력 장애, 잦은 소변, 위장 장애, 현기증 등의 신체적 증상이 있다. 불면이나 자극 과민이 발생하기도 한다. 심한 경우 공부 뿐 아니라 흥미나 의욕 상실, 식욕부진, 무력감 등이 나타나 학업을 포기하는 경우도 있다. 한국의 신경정신과 의사의 연구보고에 의하면, 신경정신과 입원 환자 중에서 청소년 비율이 약 14%나 된다고 한다. 청소년 환자의 발병 원인 중에서 시험 스트레스로 인한 것이 78%에 달하고 있다는 사실이다. 시험 불안이란 시험에 대한 걱정 또는 두려움이다. 시험 스트레스 증후군에 빠지기 쉬운 학생은 지나치게 꼼꼼하고 세심하며 완벽성을 추구하는 강박적 성향이 높다. 대개의 시험 불안은 시험을 보기 전에 불안을 느끼는 '예기 불안'이다. 학습자들이 적당한 긴장감을 갖는 것은 오히려 학습에 도움이 되지만 이것이 지나쳐 스트레스가 되면 학습에 방해가 되는 등 부작용이 발생하는 것이다. 시험에 대해 항상 걱정하는 학생들은 공부 자체에 관심을 기울이기보다는 시험이라는 것에 너무 집착하는 결과, 필요 이상의 걱정 등으로 좋지 못한 결과를 낳는 악순환을 밟는 것이 문제이다.

02

부드러운 반복이 있어야

어린이들을 추동하는 힘

'미국 어린이 텔레비전 연구소'에 의한 연구결과는 반복과 관련된 중요한 정보를 알려준다. 어린이들에게 반복은 지루한 것이 아닐 수 있다는 것이다. 어린이들은 무엇을 지켜볼 때마다 완전히 다른 방식으로 경험하고 있기 때문이다. 텔레비전 쇼 제작자들은 어린이들에게 견본 필름을 시험삼아 보여주었다. 그들에게 연속 닷새 동안 필름을 보여주었는데 어린이들은 매번 반복되는 쇼에 다른 방식으로 반응을 보였으며 그들은 제작자의 질문에 점점 더 활기차게 점점 더 빨리 대답할 수 있게 되었다. 연구자들은 다음과 같이 말했다. "어린이들을 추동하는 힘은 새로운 것에 대한 추구가 아니다. 이들을 추동하는 힘은 이해력과 예측 가능성이다. 어린이들에게 반복은 정말 소중한 것이다. 그들은 반복을 요구한다. 그들은 반복적으로 쇼를 보고 또 보면서 그것을 좀더 잘 이해하게 되는 것 같다." 어린이들이 반복만을 무조건 좋아하는 것은 아니다. 어린이들은 반복을 통해 이해의 차원을 좀더 심화시킬 수 있도록 적당히 복잡해야 하며 '적당히 복잡' 한 것은 그들에게 반복 경험을 추구하게 하는 동기가 된다.

단순접촉효과

학습이론에서 '단순접촉효과' 란 자주 접하면 호감도가 높아지는 현상을 말하는데 빈도가 높은 단어일수록 호감도가 높다는 사실이다. 기계적으로 외우는 것은 퀴즈에서나 유용할 뿐이다. 암기란 지루하게 만든다. 사람은 어떤 정보가 자기와 관련되어 있으면 잘 기억한다. 그러므로 새로운 지식을 개인에게 의미 있는 것으로 만들어야 기억에 도움이 된다. 내용을 자신에게 의미 있는 것으로 만드는 것이 내용을 터득하는 방법이다.

빈도 이론

학습심리학에서 '빈도 이론' 이 있다. 빈도 이론에 따르면, 맞고 틀린 항목들 간의 변별은 각 쌍의 짝들의 상대적 빈도에 기초해서 이루어진다. 이 이론에 대한 기초는 피험자들이 그것들에 대해 반응할 때마다 그 항목은 빈도 단위를 획득하게 된다는 아이디어이다. 항목이 더 많은 빈도 단위를 획득하면 할수록, 피험자들은 그 항목을 맞는 것으로 명명할 가능성이 더 커지는 것이다. 첫째, 항목을 지각하는 것은 그 항목에 빈도 단위를 가산한다. 둘째, 피험자들이 맞는 항목을 말할 때마다 추가적인 빈도 단위가 가산된다. 셋째, 빈도 단위들을 가산하는 가장 중요한 유형의 반응은 시연 즉 반복이다. 그들은 장차 맞는 항목으로서 그 항목을 확인하는 확률을 증가시킨다. 이는 반복이 학습효과를 증진시키는 매우 중요한 요인임을 말하는 것이다.

반복의 효과에 중요한 연구결과가 있다. 이 연구결과 회상 검사의 유형과 처리 수준에 불구하고 반복이 기억의 지속을 돕는다는 것이 증명되었다. 심리학자 넬슨은 '기계적 시연' 도 결국 기억에 도움이 된다는 증거자료를 보고했다. 그 연구결과는 회상 검사유형과 처리 수준에도 불구하고 반복이 기억을 돕고 있다는 것이다. 시스템학습법은 1단계 3회, 2단계 2회, 3단계 5회의 연반추 학습은 10회의 반복학습이 이루어져 절대적인 기억의 우위를 확보하게 되는 것이다.

과잉학습과 망각곡선

학습심리학자 에빙하우스는 빈도의 법칙에 연구의 초점을 맞추었다. 빈도의 법칙이란 경험이 더욱 빈번하게 일어나면 일어날수록 그 경험은 보다 쉽게 재생해낼 수 있다는 것이다. 환언하면, 기억은 반복을 통하여 강도를 더해 간다는 것이다. 에빙하우스는 반복 학습이 되면 될수록 학습의 시간이 점점 줄어드는 현상을 발견하였는데 이를 '절약' 이라고 부른다. 그는 또한 과잉학습(overlearning)이 이루어지면 망각률이 상당히 감소된다는 사실을 발견하였다. 완전습득이 된 다음에도 추가하여 학습을 하는 것을 과잉학습이라고 하는데, 과잉학습은 망각률을 크게 감소시켜 기억의 지속이 훨씬 더 잘된다는 것이다. 에빙하우스는 많은 실험을 거친 끝에 그 유명한 '망각 곡선' 을 발표하였다. 그는 "일련의 심상이 반복 학습에 의해 점점 더 깊이 파고들어온다"고 말했다. 이는 반복 학습이 기억을 확실히 정착시키는 데 중요한 역할을 한다는 것이다. 이 과잉학습 현상은 시험을 위해 공부하는 모든 학생이 실제로 이용할 수 있는 것이다.

인상의 깊이

에빙하우스는 오늘날 '유의미성' 이라고 부르는 것이 학습과 기억의 지속에 어떠한 효과를 미치는지를 연구하였다. 자료가 의미가 있으면 학습률은 더 빠르고 기억의 지속도 훨씬 더 우수하였다. 에빙하우스가 관심을 가진 것은 시간경과에 따른 기억의 지속이었다. 이는 두 가지 요인에 달려있다고 보았다. 하나는 첫 인상의 깊이인데 '인상의 깊이' 는 초기 학습에서 목록이 반복제시된 횟수로 대치될 수 있다고 생각했다. 이는 반복 학습이 인상의 깊이를 더욱 깊게 하는 효과를 말한다. 또 하나는 그 인상이 사라져가게 된 '시간'이다. 학습을 반복함에 따라 절약률이 증가된다. 초기 연습횟수가 많으면 많을수록 재학습하는데 드는 노력은 감소한다.

에빙하우스는 인간의 기억에 대한 이론에서 의미 충만성과 구체성이 있는 것이 기억에 중요하다는 점을 강조한다. 모든 친숙한 단어들은 의미가 충분하다. SR시스템학습법에서, 1단계를 거쳐 2단계를 진입한 학습자들은 이제 핵심어들 중에서 더 핵심이 되는 진핵어를 선택하는 과정을 수행하게 된다. 이는 핵심어가 의미가 있는 단어, 중요한 단어들이며 그 중에서 더욱 핵심이 되는 단어인 진핵어들을 선택하는 과정을 2단계에서 거치는 것은 친숙함과 의미 충만성을 보장하는 과정이라 할 수 있다. 1단계 3회에 이어, 2단계에서 2회의 추가 학습은 반복 제시를 더하여 인상의 깊이가 깊어져 기억이 확고해지며 진핵어를 표시함으로 격리효과가 두드러진다. 시스템학습법은 3단계까지 학습하면 완전학습 내지는 과잉학습을 하게 되어 기억력에서 탁월한 효과를 발휘하게 되는 것이다.

강도가설과 다중흔적가설

우리는 반복이 기억력을 향상시킨다는 것을 잘 알고 있다. 학습심리학 이론에서 '강도 가설'은 한 항목이 반복될 때 그에 상응하는 기억흔적의 잠재력이나 힘은 증가된다고 말하는 것이다. 이는 반복 학습이 기억의 강도를 강화시켜 확실한 기억으로 나아갈 수 있다는 것이다. 다른 하나는 '다중흔적 가설'이다. 이는 한 항목이 여러 번 제시되면 제시될수록 그 항목에 대한 흔적들이 기억 속에 더 많이 남아있을 것이라는 것이다. 요컨대, '강도 가설'이든 '다중흔적 가설'이든 반복 학습이 기억을 강화한다는 사실을 확인한 것이다.

세 개의 저장소

기억에 관한 모형으로서 스탠포드 대학의 아트킨슨 교수와 쉬프린 교수의 모형이 있다. 이 모형은 기억을 세 개의 저장소로 분류한다. 첫 번째 저장소는 감각등록기이다. 감각정보는 거기서 몇 초간 머물러 있다가 사라진다. 두 번째 저장소는 단기기억 저장소로서 단기기억 또는 작업기억이다. 단기기억저장소에는 단지 제한된 항목들만이 잠시 저장될 수 있다. 마지막 장기저장소는 무한한 용량을 가졌다고 가정된다. 장기저장소를 도서관의 보관체계로 생각할 수 있다. 완전히 망각된 듯싶은 항목들도 정확한 검색딱지에 맞으면 여전히 인출될 수 있다. 요컨대, 반복 학습이 있어야 학습된 것이 감각등록기에서 단기기억 저장소로 이동하고 다시 장기저장소로 저장된다는 것이다. 결국 장기저장소에 장기기억으로 남기려면 반복 학습이 필수적이다.

기억과 간섭

노스웨스턴 대학교수 언더우드는 "일단 기억되면 그것은 왜 영구히 기억되지 못할까?"라는 문제를 연구하였다. 그의 가장 영향력 있는 설명은 간섭이다. 즉 어떤 항목의 기억은 그와 비슷하게 학습한 다른 모든 항목들에 의해 간섭받는다. 나중에 학습한 어떤 것의 간섭 때문에 앞서 배운 어떤 것을 망각한다면 이 효과는 역행간섭이다. 어떤 재료의 간섭은 이전에 학습했던 다른 재료에서 올 수도 있다. 이 효과는 순행간섭이다. 반복 학습은 이러한 간섭 즉 역행간섭과 순행간섭을 극복할 수 있게 하는 중요한 방법이다. 반복 학습이 거듭되면 될수록 간섭을 극복하는 힘이 더욱 증가하여 결국 기억의 지속을 확고하게 만들 수 있는 것이다.

좋은 게슈탈트

형태이론의 선구자인 막스 베르트하이머에 의하면, 사전 경험이 좋은 게슈탈트(형태)를 결정하는 데 중요한 역할을 한다. 잘 알고 의미있는 형태가 낯설고 의미 없는 형태보다 좋은 게슈탈트가 되는 경향이 있다. 시스템학습법은 3단계까지 10회에 걸치는 반복학습으로 낯설고 의미 없는 것이 친숙하고 의미 있는 것으로 변하여 좋은 게슈탈트를 형성하는 효과와 같게 된다. 충분히 반복된 3단계 학습은 점점 더 친숙해져 이해도가 높아지고 기억이 강화되는 효과가 있다.

변화가 많을수록 반복의 원리를 추구해야

반복은 학습에 반드시 필요한 요소이다. 여러 번 반복하면 차츰 쉬워지게 된다. 무언가를 반복하여 사람들의 기억에 각인시킬 수 있는 최소 횟수는 3회라고 한다. 유사 표현을 사용하더라도 동일한 의미를 전달하면 된다. 15회 반복기법이란 중요한 표현을 하루 15번씩 며칠간 반복하는 기법을 말한다. 커뮤니케이션에서의 문제는 그 횟수가 충분치 않다는 점이 가장 큰 문제라고 한다. GE의 최고경영자였던 잭 웰치는 반복적인 커뮤니케이션의 대가였다. 불확실하고 변화가 많은 기업일수록 반복의 원리를 추구해야 한다는 것이다.

700번째 반복했을 때 비로소?

반복의 원리는 학습을 촉진하고 지향할 방향을 제시하며 중요성을 강조하는 역할을 한다. 데이비드 모리슨은 "메시지를 똑바로 전달하기 위해서 한두 번이 아니라 700번은 반복해야 한다."라고 그의 저서에서 말한다. 인간은 반복하는 말과 행동에 집중하게 마련이다. 독자는 이 책에서 반복되는 내용을 여러 곳에서 발견하게 될 것이다. 특히 학습심리학자들의 이론들이 반복되어 설명될 것이다. 중요한 내용이기에 일부러 반복하는 것이므로 반복되는 내용일수록 더욱 진지하게 받아들여야 한다. 모리슨의 주장대로 700번을 반복하는 것은 아니니까 염려하지 않아도 된다. 요컨대, 반복은 학습에서 절대적인 것이다. 재래식 학습법에서는 이처럼 중요한 반복이 왜 제대로 실행될 수 없을까? 재래식 학습법은 스트레스가 많은 학습법이다. 마치 비포장 돌밭길과 같이 심리적 마찰이 많고 아주 힘들어 특별한 독종(?)과 같은 사람이 아니면 결코 지속하지 못한다. 시스템학습법은 마치 아스팔트길과 같다. 이해하든 말든 외워지든 말든 부드럽게 앞으로만 전진하는 것이다. 그처럼 쉽고 스트레스가 없어 편하게 반복 학습이 가능하다. 그 결과는 단연코 시스템학습법이 훨씬 우월하다!

연습은 유창함의 열쇠

유창함이란 자동적이고 주저함이 없는 반응을 말한다. 이는 거듭된 연습을 통하여 달인의 경지에 도달한 명인들의 실력을 의미하는 것이다. 외국어에 유창한 사람은 그 외국어를 듣거나 읽으면 바로 모국어로 번역할 수 있다. 연습 즉 반복이 유창함 교육의 열쇠라는 것이다. 미국 워싱턴주 시애틀의 사립학교 창립자인 교육학자 켄트 존슨 박사는 다음과 같은 사실을 증명했다. "효과적으로 배우려면 학생은 배워야할 내용을 많이 접촉할 수 있는 기회를 가져야 한다는 점이다." 이는 반복의 기회를 말한다. 연습이 거듭되고 긍정적 강화가 이루어지면 학생들은 공부를 더 하고 싶어한다는 것이다.

창의성과 강화를 부가하는 반복

플로리다 주립대학의 앤더스 에릭슨 박사는 "성과를 달성함에 있어 성과 편차의 96%가 용의주도한 훈련에서 나온다"고 주장한다. 즉 거듭된 반복 훈련이 타고난 재능을 뛰어넘는다는 것이다. 강화된 반복의 횟수가 학습에 매우 중요한 요소라는 사실이 여러 연구를 통해 증명되었다. 더 많이 반복할수록 강화가 늘어나며, 더 빨리 배우고 오래 보유할 수 있으며 실력을 발휘할 수 있는 능력이 향상되는 것은 확실하다는 것이다. 미국의 인력관리 전문가 오브리 다니엘스 박사는 "반복은 창의성을 감소시킨다는 일반적 생각과는 달리 적절한 상황에서 유창성과 반복은 오히려 창의성을 증가시킨다. 창의적 순간은 수년 간에 걸쳐 기본자세를 연습한 결과이다"라고 말했다. 미국 MIT대학에서 교육학을 가르치고 있는 다니엘스 박사는, "컴퓨터 게임 세대를 지겹게 만드는 것은 반복이 아니다.

이들은 똑같은 컴퓨터 게임을 엄청나게 반복하면서도 지겹다고 느끼지 않는다. 반복적인 업무는 적이 아니다. 다만 반복에 대한 강화의 부족이 문제이다"라고 부언하고 있다. 시스템학습법은 반복의 원칙에 근거하면서도 지루하지 않고 갈수록 학습효과를 느끼게 된다는 사실이다. 이는 강화를 추가하는 것이며 결국 달인의 경지에 도달하게 하는 매우 중요한 요인이다.

03

집중력이 있어야

집중력을 유지하기 위해서는 산만한 상황을 피해야 한다. 집중을 위해서 자신의 주의력에 초점을 두고 시각적으로 잡다한 것들이 없도록 조치해야 한다. 집중력을 발휘하기 위하여는 정신적 긴장이 절대로 필요하다. 그 긴장이 에너지를 집중하는데 사용되어야 한다. 환경을 단순하게 하는 것이 집중에 좋다. TV시청이나 음악은 주의를 산만하게 한다. 음악은 마음을 평화롭게 하는 음악이 학습에 좋다. 마음을 자극하는 음악이나 가사가 있는 음악은 주의를 산만하게 한다.

싫증은 집중의 적

싫증은 집중의 적이다. 칼스테인이라는 학자는 어린이들에게 싫증이 날 때까지 어떤 일을 시켜보는 실험을 하였다. 그 결과 어린이들은 싫증을 느끼기 시작하면서 집중력이 저하되고 무질서하게 행동하였다. 인간은 흥미가 없는 것에는 오랫동안 주의를 집중시키지 못한다. 인간은 냉정할수록 집중력이 높아진다. 자신을 제어하고 하는 일에 몰두하는 것이 집중이다. 자신을 쉽게 흥분 상태에 놓는 사람은 에너지를 소진하여 집중력을 저하시킨다.

연필로 밑줄을

일본의 평론가 이토가와 히데오는 '요점 숙어' 라는 방법에 의해 속독을 한다. 요점에 연필로 밑줄을 그으면서 읽는 것이다. 이 방법은 시스템학습법 1단계에서 시행하는 방법이다. 그러한 과정을 여러 번 반복하여 되풀이해가면서 읽으면 중요한 것들이 머릿속에 정리가 된다는 것이다. 이는 책에서 필요한 지식만을 얻을 수 있는 좋은 방법이다. 빠른 속도로 읽는 것은 집중력이 높아지기 때문에 기억력을 높이는 효과가 있다.

모차르트의 집중력

위대한 작곡가 모차르트는 누구보다도 열심히 노력했다. 스물여덟 살이 되었을 때는 그동안 너무 오랜 시간 연습하고, 연주하고, 늘 펜을 쥐고 작곡하느라 손이 기형이 되어버릴 정도였다. 모차르트는 엄청난 노력과 집중력을 발휘하였던 것이다. 모차르트가 친구에게 보낸 편지에는, "사람들은 내가 쉽게 작곡한다고 생각하지만 그건 실수라네. 단언컨대 친구여, 나만큼 작곡에 많은 시간과 생각을 바치는 사람은 없을 걸세. 유명한 작곡가의 음악 치고 내가 수십 번에 걸쳐 꼼꼼하게 연구하지 않은 작품은 하나도 없으니 말이야." 라고 말하고 있다. 모차르트의 집중력은 대단했다. 그는 마차 안에서 작곡을 끝내 무대의 막이 오르기 직전에 단원들에게 악보를 전달하거나, 가족을 부양하고 끊임없이 돈에 쪼들리면서 심란한 마음을 달래가며 일해야 했다. 두려움과 잡념은 집중력에 위험요소이다. 모든 사람은 잡념으로 인해 어려움을 겪는다는 사실이다. 집중력은 학습을 비롯한 모든 활동에 매우 중요하다.

현대무용 거장의 집중력

여성으로서 현대무용의 거장으로 인정받는 트와일라 타프는 자신이 집중력을 높이는 방법으로, "연필을 항상 소지하고 무엇인가를 메모해야 한다. 창조적인 사람에게는 고요함이 필요하다. 이는 단순한 고독이 아니며 외로움이 없는 고요함이다. 이는 명상과는 다르다. 고요함을 통하여 생각하고 두뇌를 정리하는 것이다. 텔레비전, 신문, 잡담, 전화, 컴퓨터 등이 우리 자신의 고요함을 어지럽히는 요소가 될 수 있다."라고 말하고 있다.

그녀는 자신이 창조적인 아이디어를 얻는 비결을 공개하였다. "아이디어를 긁어모으는 가장 보편적인 방법은 독서다. 독서야말로 머리가 비는 것을 막는 최우선의 방법인 것이다. 책을 읽을수록 정신적으로 강해지는 기분을 느낀다. 뭔가를 읽는다는 것은 아이디어를 창출해내는 것이다. 내가 만약 독서를 중지한다면 내 사고도 멈출 것이다."라고 그녀는 말했다. 그녀는 이렇게 말하고 있다. "내 최고의 걸작들이 탄생된 과정을 돌이켜보면 나는 내 정신을 산만하게 하는 요소를 모두 제거하고, 즐거움을 주는 거의 모든 것을 희생시키며 오로지 한 가지 일에만 전념할 수 있는 격리된 방에 들어가 내 삶을 쌓아나갔다." 결국 트와일라 타프가 거장으로서 인정받은 배후에는 끊임없이 학습을 지속하였다는 사실, 특히 집중력을 가지고 자신의 노력을 지속하였다는 사실이 두드러진다.

노소설가의 집중력

소설가 필립 로스는 60대의 노년에 접어들며 주목할 만한 작품들을 연달아 발표했다. 그는 "책상에 머무를 것", "다른 일에 연연해하지 말 것" 등 두 가지를 메모지에 써서 책상 근처에 붙여 놓았다. 이는 먹기, 쓰기, 운동, 수면, 고독 등 5가지 기본요소 이외의 다른 유혹을 피하라는 것이다. 엄격하고 금욕적인 생활처럼 보일지 모르지만, 그는 의외로 행복감을 느끼며 최고의 전성기를 구가하고 있었다는 사실이다. 필립 로스가 집중력을 갖지 못했다면 즉 잡다한 일에 연연하고 잡다한 일에 바쁘기만 했다면 그는 주목할 만한 작품들을 창작할 수 없었을 것이다. 창작은 학습과 같은 정신적 활동이며 집중력은 매우 중요하다.

자제력과 집중력

앤더스 에릭슨은 플로리다 주립대학교 심리학자인데 지난 20년간 천재와 영재들 즉 다양한 분야에서 우수한 성과를 거둔 사람들을 연구해 왔다. 에릭슨은 "가장 중요한 요소는 자신을 한계상황까지 몰아넣고, 이로 인한 성과에 대해 자제력을 키우려는 의지"라고 말한다. 에릭슨은 서베를린 음악 아카데미를 대상으로 했던 연구결과를 예로 들었다. 우수한 학생들은 1주일에 평균 24시간 동안 연습에 투자하지만 보통 학생들은 1주일에 평균 9시간만 연습에 투자한다는 것이다. 그러한 투자가 수년간 지속되면 성과가 확연히 차이가 난다는 것이다. "우수한 성과를 거둔 사람들은 단순히 같은 일을 지속적으로 반복하는 데 그치지 않고 자기영역의 모든 것을 마음대로 다스릴 수 있는 더 높은 수준에 도달하려고 한다. 그래서 그들은 연습과 훈련을 지루하다고 느끼지 않으며 최선을 다했다"라고 에릭슨은 말한다. 자신의 일에 집중하여 시간을 투자하는 것은 단순하지만 매우 중요하다.

10년 법칙과 집중력

유명한 첼리스트 카잘스는 "어떤 곡이든 모든 부분을 완벽하게 연주하려면, 끊임없이 개선하려는 생각을 마음속에 품고 있어야 한다. 이런 자세로 노력하다 보면 어떤 내용이든 항상 개선의 여지를 발견하게 된다"라고 말했다. 프로 골퍼들은 철저한 연습이야말로 가장 핵심적인 요소라는 사실에 동의한다. 다양한 연구를 바탕으로 에릭슨은 '10년 법칙' 이라는 규칙을 만들어냈다. 10년 법칙의 핵심은 "최고 수준의 성과와 성취에 도달하기 위해서는 최소한 10년 정도의 필수적인 시간을 투자한 사람만이 원하는 성과를 얻을 수 있다"는 것이다. 에릭슨은 최고의 골프선수 10명의 연습습관을 연구한 후에 이렇게 결론을 내렸다. "그들은 강한 집중력을 보여주었는데, 이것은 고도의 통제력을 발휘하면서 자신을 변화시키는 능력과 연결되었다"라고 말한다. 집중력은 학습만이 아니라 모든 활동에 중요한 것이다.

주의 설정과 주의 산만

실험에 의하면 사람들은 주의가 산만해지면 작업 능률이 떨어진다. 카네기 멜론 대학교의 인지 두뇌영상센터에서의 연구결과가 있다. 연구원들은 문장을 읽을 때 마음속으로 다른 생각을 하면 두뇌 활동이 53%까지 줄어든다는 사실을 발견하였다. 우리 뇌는 한 번에 한 가지 일만을 해야 효과적으로 수행한다는 사실이다. 심리학 박사인 탐 스태포드는 "음악이나 텔레비전 화면은 주의력을 분산시킨다. 이는 집중력을 방해한다."라고 말했다. 우리는 우리 스스로가 설정한 우선순위에 따라 주의를 배당하여 어떤 것에는 주의를 집중하고 어떤 것은 무시한다. 심리학에서는 이를 '주의 설정' 이라고 한다. 주의란 일부 정보의 처리를 중시하고 나머지 정보는 무시하는 메커니즘을 가리키는 표현이다. 사람들은 어떤 것에 주의력을 기울일 때 다른 정보를 무시하거나 파악하지 못하는데, 집중력이 학습에서 중요한 이유는 바로 그것 때문이다. SR시스템학습법의 1단계에서 핵심어 밑줄치기를 하는 이유는 바로 집중력 향상에 절대적인 효과가 있기 때문이다. 핵심어를 고르면서 연필로 밑줄치기를 하는 사람과 그저 눈으로만 읽는 사람은 잡념이나 주의 집중력에서 큰 차이를 보인다는 것이 사실이다.

조급, 피로, 권태, 산만은 집중력의 반대

한 가지 일에 '집중'할 때 인간의 두뇌는 최고의 기능을 발휘한다. 업무에 집중하는 것은 중요하다. 조급함, 피로, 권태, 산만한 정신은 집중력에 장애가 되며 사고의 원인이 된다. 19세기 영국에서 빠른 수술 속도를 자랑했던 로버트 리스튼이라는 외과의사가 있었다. 그는 조급한 성격이 있었다. 리스튼은 탈저병에 걸린 다리를 단 2분 30초만에 절단한 적이 있는데 환자의 고환을 함께 잘랐다. 리스튼은 그보다 짧은 시간에 다리를 절단한 적이 있었는데 이 때는 조수의 손가락이 함께 잘렸다. 조급함은 집중력의 적이며 실수의 원인이다. 피로는 정신집중에 방해가 되며 실수의 원인이 된다. 휴식도 계획을 짜서 취해야 한다. 토막잠도 좋다. 편하게 10분 정도라도 눈을 붙이면 도움이 된다. 따분함 즉 권태는 집중력을 감퇴시킨다. 산만한 정신은 정작 필요한 주의력을 방해한다.

마음의 근육 집중력

심리학자인 다니엘 골드먼 박사는 "사람은 집중하는 습관을 들임으로써 마음의 근육인 '집중력'을 발달시킬 수 있다"라고 주장했다. 스포츠 분야에서 최고의 위치에 오른 사람들은 놀라운 집중력의 소유자다. 현재라는 순간에 몰두하는 것이야말로 집중력 그 자체다. 이를 재미없게 만드는 것은 일의 내용이 아니라 일을 대하는 사람의 마음가짐이다. 아인슈타인은 "혁명적인 이치가 숨어있는 것은 항상 단순한 방정식이다"라고 말했다. 무슨 일이든 너무 복잡하게 생각하지 않아야 한다. 그래야 집중력이 생긴다. 시스템학습법이 단순하고 단계에 따라 나아가기만 하면 되는 과정은 집중력을 높이는 점에서 매우 중요한 효과를 발휘한다.

04

경쾌한 속도가 있어야

"학습에서 경쾌한 속도가 있어야 한다"는 말은 독자에게 생소할지 모른다. 그러나 중요한 요소이다. 대부분의 재래식 학습자들은 학습 과정에서 반드시 이해되지 않는 것들, 외워지지 않는 것들을 만나게 된다. 그럴 때 그들의 반응을 어떠할까?

빠르게가 느리게보다 쉽다

학습을 하는 과정에서 이해되지 않거나 외워지지 않음으로 지체되고 있다면 이는 음악으로 말하면 "엄청나게 느리게"로 진행되는 것이다. 사람의 심리적 저항선은 대개 어느 한계가 있다. 독자는 "엄청나게 느리게"로 연주되는 음악을 감상해 본 적이 있는가? 음악에 대해 유식하며 음악성이 남보다 심오하다(?)고 자부하는 분도 "엄청나게 느리게"로 연주되는 곡을 며칠 동안 반복하여 들을 수 있겠는가? 특별히 인내심이 있거나 도사와 같은 경지에 들어서지 않는 한 그러한 음악을 즐기기는 어렵다. 열정의 천재 음악가 볼프강 아마데우스 모차르트는 1756년에 태어나 1791년에 죽기까지 35세의 나이에 600여 곡을 작곡하였는데 모차르트는 바이올린, 피아노, 오르간의 뛰어난 연주가였다. 모차르트는 그의 아버지 레오폴트 모차르트에게 1778년에 보낸 편지에서, "빠르게 연주하기가 느리게 연주하는 것보다 훨씬 쉽다는 건 다 아는 사실입니다"라고 썼다. 빠르게 연주하는 것이 경쾌하여 흥이 더 나며, 느리게 연주하는 것은 꼼꼼함이 요구된다. 느리게 연주하는 것은 단조롭고 자칫 권태감이 높아지기 때문이었을 것이다.

경쾌한 속도가 중요

학습에서 '정교화' 한다는 것은 학습한 내용을 두뇌가 잘 정리하여 체계화된 지식으로 만드는 것을 말한다. 학습심리학자 왕(Wang)은 얼마나 많이 정교화하는가의 실험에서, 빨리 학습하는 사람들은 느린 학습자들보다 현저한 우위를 보여주었다. 다른 말로 하면, 빠른 학습자가 훨씬 더 우월한 정교화를 이루었다는 것이다. 이는 빠른 학습이 학습 효과가 더 뛰어나다는 것이다. 학습에서 정교화는 풍부하고 다양한 기호화로 의미를 더하는 것이고 차별화는 다른 정보와 뚜렷이 구별하게 하여 깊은 처리로 유도하는 것이다. 시스템학습법에서 2단계와 3단계에서 이루어지는 시스템속해는 정교화가 높아져서 오히려 이해력을 증진시키며 기억력도 향상된다는 점을 왕의 연구결과는 지지하고 있다. 시스템학습법 2단계는 고속학습이며 3단계는 초고속학습이다. 이는 높은 정교화가 이루어져 집중력이 높아지고 이해력과 암기력에서 탁월한 효과가 나타난다. 그러므로 시스템학습법에 익숙하게 되면 어떤 시험에서도 상대적으로 고득점을 확보하게 되는 것이다.

학습심리학자 왕이 빠른 학습자가 느린 학습자보다 더 뛰어난 정교화를 이룩하였음을 발견했듯이, 천천히 읽는 것보다 빨리 읽는 것이 집중력과 이해력을 돕는다. 천천히 읽는 것은 정신을 분산시키며 산만해져 집중력이 흐트러질 수 있다. 자동차를 운전할 때 시속 40킬로로 달리는 사람과 80킬로로 달리는 사람중에서 누가 집중력이 높을까? 당연히 빨리 달리는 운전자의 집중력이 높다. 학습에서도 마찬가지이다. 빠른 학습이 학습에서 집중력을 높여주며 학습효과가 높다는 사실이다. 조급함과 빠른 학습은 전혀 다른 것이다. 조급함은 마음의 여유가 없는 상태이며 집중력의 장애가 되지만, 빠른 학습은 집중력을 높여준다. 시스템학습법에서 2단계는 고속학습이며 3단계는 초고속학습을 하는 이유가 바로 여기에 있다.

어느 학습심리학자는 "연필과 같은 것을 사용하여 한 줄에서 다음 줄로 재빨리 넘어가면서 읽는 것은 좋은 방법이다"라고 말했다. 물론 핵심어에 밑줄치기를 하면서 말이다. 1960년대 미국에서 유행한 속독법은 모든 독서에 이 테크닉을 쓸 수 없다는 치명적 단점이 있었다. 시스템학습법은 속독법이 아니다. 빠른 이해에 기반을 둔 빠른 학습이며 기존의 속독법과는 원리와 방법이 다른 것이다.

05

변화가 있어야

변화는 단조로움을 방지

학습에서 변화는 단조로움을 방지하여 권태감과 역겨움을 발생하지 않게 하는 중요한 역할을 한다. 변화는 재미를 높여주며 스트레스 감소에도 도움이 된다. 앨렌 랭거 하버드대 심리학과 교수는 "학습내용에서의 변화가 주는 중요한 역할을 인식해야 한다. 학습에서 새로운 변화를 경험할 때 집중력이 발휘된다. 학습은 즐거운 놀이가 되어야 열중할 수 있다. 단순접촉효과가 있는데 이는 빈도가 높은 단어일수록 호감도가 높다는 사실이다. 암기하려 하지 않고 새로운 특징에 주목하면 이해는 깊어지고 생각이 풍요로워지며 사고는 끝없이 확대된다. 이는 창조적 사고의 바탕이다"라고 말했다. 독일의 피아니스트 발터 기제킹은 피아노를 공부하는 학생들에게 "피아노를 떠나 음악을 공부하라. 그러면 연주의 정확함이나 기능을 벗어나 음악성에 집중할 수 있다"고 말했다. 이는 변화가 도움이 된다는 것을 지적한 것이다.

집중하려면 변화시켜야

1898년에 심리학자 제임스 윌리엄은 "시선을 집중시킬수록 그 대상은 변화하는 것처럼 보인다"는 사실을 발견했다. 일정한 시간 동안 집중을 하기 위해서는 그 대상을 변화시켜야 가능하다는 것이다. 놀 때에는 자연스럽게 새로움을 찾아 집중하기가 쉽다. 주의를 쏟는 대상을 변화시키면 기억이 더욱 선명해진다는 것이 명백한 사실이다. 주의의 정도를 바꾸면 즐거움은 커지고 마음에 여유가 생긴다. 단조로운 것과 단순한 것은 다르다. 변화가 없는 환경에서는 집중할 수가 없다는 것이다. 집중력이란 끊임없이 변화하는 환경 속에서 비로소 유지된다. 변화가 없으면 집중력은 퇴화하고 주의력은 동요하여 흐트러진다. 실험에 의하면, 사람들은 아무 것도 보지 않고, 아무 소리도 듣지 않고, 아무 것도 손으로 만지지 못하게 하면서 며칠을 보내면 집중력이 급격히 감퇴하였다고 한다.

변화가 없으면 집중력은 퇴화

사람들은 새로운 변화를 원한다. 사람들이 대상을 보는 각도를 약간 바꾸게 되면 변화는 새롭고 흥미로우면서 호기심을 자극하는 것이 된다. “변화라는 것은 우리 삶의 필수적인 요소이다”라고 아나톨 프랑스는 말했다. 캐나다 맥길 대학의 도날드 헵 교수는 다음과 같은 실험을 하였다. 작은 방의 침대에 피험자가 거하면서 아무 소리도 들려주지 않고 외부와 완전히 차단시켜 5일간 지내게 하면 어떻게 될지를 관찰하였다. 이러한 환경에서 5일을 잘 참아낸 사람도 있지만 2일 이상을 견디지 못한 사람도 있었다. 처음부터 그들은 잠만 잤지만 하루가 지나자 조는 것 외에 잠을 자지도 못했다. 그들은 지루해하고 점점 안절부절 못하며 어떤 일에도 정신을 집중하지 못했다. 그들이 그러한 상태에서 풀려나온 후에도 불안정한 상태가 얼마간 지속되었다는 것이다. 사람의 의식이나 집중력은 끊임없이 변화하는 환경에서 유지될 수 있다. 변화가 없으면 집중력은 퇴화하고 주의력도 떨어진다. 시스템학습법은 1단계, 2단계, 3단계로 변화하는 과정으로 되어 있다. 각 단계는 학습의 방법과 학습 속도가 다르다. 즉 단계마다 변화한다. 어느 단계의 각각의 학습은 같은 방법이지만 미묘한 변화가 있게 되며 학습속도가 다르기에 변화를 느끼게 된다. 이처럼 변화는 학습에 중요한 요소인데, 변화를 토대로 하고 있는 시스템학습법을 실천해 나아가면 어떤 학습법보다도 권태감이나 역겨움이 없이 저절로 학습의 달인이 되는 것이다.

잠깐만

모든 물체는 자신의 운동상태를 그대로 유지하려는 성질이 있다. 정지한 물체는 계속 정지하려 하고, 움직이는 물체는 원래의 속력과 방향으로 계속 가려고 한다. 갈릴레이가 발견하고, 뉴턴이 '운동의 제1법칙'으로 체계화한 '관성의 법칙'이다. 관성이 인간의 생활에 적용되면 '타성' 또는 습관이 된다. 늘 하던 방식을 답습하고 웬만해선 바꾸려 하지 않는 경향이다. 인간의 타성은 시간이 오래될수록 벗어나기 어렵다. "세 살 버릇이 여든까지 간다"는 속담이 그것이다. 독자가 지금까지 수년 혹은 수십년 동안 습관화된 학습 방법은 재래식 방법이었다. 그러한 습관, 타성에서 벗어나 새로운 학습법인 시스템학습법으로 바꾸어 학습하려면 익숙해지는 기간이 절대로 필요하다. 새로운 습관을 익히는 과정은 좀 서툴기도 하고 불편하기도 할 것이다. 그러나 "재래식 방법으로는 도저히 제대로 된 학습이 불가능하다"는 판정이 내려진 이 판에 무엇이 문제인가? 올바른 방법으로 새로운 습관이 형성될 때까지 그저 오늘도 내일도 실천하면 스스로 달라진 자신을 발견하게 될 것이다. 그때까지 인내심과 겸손함을 가지고 꾸준하게 실천하는 것만이 유일한 비결임을 명심하자!

Lesson 4

SR시스템학습법 기본 원리

Lesson 4

시스템학습의 3대 기본원리

SR시스템학습법은 연반추, 시스템속해, 집중-분산 학습의 3대 기본원리를 바탕으로 하고 있다. 이는 학습의 5대 원칙을 기반으로 한 것이다.

공부가 재미있는 사람은 1%

우리는 너무나 힘들게 공부를 해 왔다. 편하게, 즐겁게 해도 천재 소리를 들을 만큼 잘 할 수 있는데 괜히 핏대만 올리고 공부해 온 것이 죄이다. 그 결과로 지금도 그 핏대가 우리를 정상에 오르는 길을 완강히 가로 막고 맨날 밑바닥에서 기고 있는 상황이 되어있는 것이다. 서울대의 김원중 교육학 박사는 "서울대학생들을 대상으로 조사해 보아도 공부가 재미있다는 사람은 1%에 불과하였다"고 그의 연구결과에서 말한다. 한국에서 가장 학습을 잘하는 사람들, 가장 많은 학습을 할 수 있는 사람들로 인정받는 그들 중 1%만이 학습을 제대로 하는 사람들이라는 것이다. 이는 재래식 학습법으로는 결국 실패한다는 것을 단정하는 엄연한 증거라고 할 수 있다. 더욱이, 김원중 박사는 "공부는 원래 지겨운 것이고 스트레스가 많이 쌓이는 일이다"라고 말한다.

점수 따기의 노예?

학습은 '점수 따기'를 위해서 하는 것이 아님을 명심해야 한다. 학습을 통하여 순수한 기쁨을 누리려는 마음이 중요하다. 어떤 분은 이렇게 말할 것이다. "그것은 현실을 너무 모르는 터무니 없는 말입니다. 현실은 우리에게 점수 따기가 가장 중요한 과제임을 강요합니다. 이러한 현실을 무시하고 돈키호테 같은 엉뚱한 말을 하십니까?" 상당히 현실적이고 일리가 있는 것 같은 주장이다. 그러나 이러한 말을 하는 분은 하나는 알고 둘이나 셋은 모르는 분이다. 그렇게 '현실'을 중시한 결과 이 땅의 모든 학습자들은 스트레스의 굴레에 노예로 팔렸고 결국 학습의 낙오자가 되었다는 현실이다. 필자의 말대로 "학습은 '점수 따기'를 위해서 하는 것이 아님을 명심해야 한다. 학습을 통하여 순수한 기쁨을 누리려는 마음이 중요하다."라는 말을 실천하는 사람들만이 학습에서 진정으로 승리할 수 있다. 그리고 그들만이 '우수한 점수를 딸 수 있다'는 것이 진실이고 현실임을 알아야 한다.

스스로 자학하며 들볶았던 것

시스템학습법의 1단계부터 3단계까지 단계별로 학습을 하는 이유가 바로 그러한 문제 때문에 있는 것이다. 즉, 1회의 학습에 완벽하게 이해하거나 외우려고 하지 말고 그저 편한 마음으로 나아가면 된다. 절대로 1회에 이해하거나 외우려고 해서도 안 되고 그렇게 할 수도 없다. 자동차의 원리를 이해하면 쉽게 알 수 있다. 자동차가 처음에 시동이 걸린 후에는 1단 기어에서 동력이 전달된다. 그런데 성질이 급한 사람이 1단 기어에서 전속력으로 가려고 가속페달을 강하게 밟으면 자동차가 아주 잘 갈까? 아마 자동차는 무리한 작동으로 조만간 이상이 나타나고 고장날 것이 틀림없을 것이다. 더욱이 연료만 낭비하면서 속도는 나지 않고 검은 매연을 내뿜어 뒤에 따라오는 자동차에 역겨운 피해를 안겨준다. 자동차 엔진과 다른 부속품들에도 무리를 주어 조만간 '병든 차'가 될 것임에 틀림없다. 아무리 성질이 급해도 순리대로, 과학적으로 운전해야 한다는 점이다.

즉, 1단 기어에서 전속력으로 나아가지 말고 서서히 2단 기어로 나아가고 어느 정도 진행되면 3단 기어 등으로 점차 기어를 변환시키면서 나아가는 것이 순리이며 자동차의 성능이 제대로 나올 수 있는 것이다. 지금까지 재래식 학습자들은 마치 1단 기어에서 전속력으로 가속페달을 밟아 자동차가 빠른 속도가 나오기를 바랐던 것과 같다. 즉 처음 읽는 책을 당장 이해하고 당장 외워서 어떻게 해서라도 '높은 점수'를 따려고 아둥바둥하다 보니 두뇌의 기능도 제대로 되지 않았다. 더욱이 심리적으로 스트레스가 높아져 학습의 효과는 극히 저조한 상태에서 헛바퀴만 돌았다. 그러면서 "왜 이해되지 않을까? 왜 외워지지 않을까?"를 스스로 자학하며 들볶았던 것이다. 아주 지혜로운 행동이었을까? 참으로 어리석고 효과 없는 행동이었던 것이다. 시스템학습법은 과학적이다. 당장 이해하려고 하지 않고, 당장 외우려고는 더더욱 하지 않는다. 그저 이해되든 말든, 외워지든 말든 앞으로만 나아가는 것이다. 그러한 과정을 3단계에 걸쳐서 부드럽게 반복 학습하고 또 되풀이하는 중에 저절로 이해되고 외워지는 것이다. 혹시, 그래도 잘 외워지지 않는 것으로 판단되는 상황이 교재에 따라서 있을 수도 있으나 그것은 신경쓰지 않아도 된다. 그래도 아무 지장이 없다. 당장 이해하려고 하는 것, 당장 외우려고 하는 것은 스트레스의 원인이 되며 스트레스는 학습의 독이 되어 모든 학습을 망친다.

01

스트레스 없이 학습하는 것

시스템학습법의 기본 개념은 스트레스 없이 학습하는 것이다. 그래서 이해하려 하지 말고, 외우려고 하지 말라는 것이다. 이해하려 하지 않아도, 외우려 하지 않아도 어느 단계에 가면 저절로 이해되고 저절로 외워져 실력이 갖춰지는 것이다. 자동차가 1단에서 부드럽게 2단으로 나아가고, 어느 정도 진행되어 부드럽게 3단으로, 또 더 나아가 부드럽게 높은 단계의 기어로 변환되면 저절로 제 속도가 나고 자동차의 모든 기능이 저절로 잘 가동되는 것이다. 이러한 사실을 모든 운전자들이 잘 알고 있기에 아무리 성급(?)한 운전자라도 당장 속도를 내려고 하거나 당장 자동차의 실력이 나오기를 강요하지 않고 최고 기어의 단계에 오르도록 서서히 작동하는 것이다. 그러면 모든 운전 기능이 정상으로 가동된다. 학습도 마찬가지이다. 꼼꼼하게 학습하려는 마음은 재래식 학습에서 습관이 된 학습자세 때문이다. 독자가 걱정하지 않아도 두뇌는 너무나 엄청난 능력이 있으므로 학습에 문제가 되지 않는다. 오히려, 단번에 이해하고 외우려는 마음이 학습에 방해가 되는 것이다.

시스템학습법을 실천하다가 실패를 가장 많이 하는 사람은 학습을 꼼꼼하게 하는 사람들이다. 그러므로 절대로 이해하거나 외우려고 하지 말고 그저 게임 하듯이 가벼운 마음으로 학습하라는 당부를 책에서 되풀이하여 강조하는 것이다. 학습은 스트레스 없이 그저 게임하듯이 즐겁게 지속하게 되면 저절로 이해되고 기억으로 승화되어 엄청난 실력이 쌓이게 된다. 그럼에도 머리에 쥐가 나듯 그처럼 스트레스를 받아가며 악을 쓰듯 학습을 하니 결코 목적지에 도달하지 못하고 도중 하차하게 되는 것이다.

02

부드러운 반복, 그것이 연반추

부드러운 반복, 그것이 연반추이다. 그리고 학습은 작업이 아니라 게임이며 즐거움의 원천이다. 이해되든 말든, 기억되든 말든 그저 정해진 아스팔트길을 편하게 가면 목적지에 도달하며 성과를 넘치게 얻게 되는데, 무엇을 더 욕심내어 스트레스와 무거운 짐을 지려고 하는가? 제 속도로 죽죽 나아가면 오늘도 내일도 학습할 수 있는 것이다. 그렇게 될 때까지 자신의 기존 학습방법에서 벗어나 새로운 학습법에 익숙하게 하는데 심리적인 어려움을 극복해야 한다. 그리고 2회째 학습하면서 이해되면 좋고 외워지면 좋지만 그렇게 되지 않아도 염려할 필요가 없다. 그리고 3회째 학습을 하면 1단계가 끝나면서 새로운 자신의 모습을 발견하게 되는 것이니 얼마나 간단한가? 재래식 학습보다 훨씬 더 빠른 것이 시스템학습법의 큰 장점이다. 일단 3단계에 진입한 이후에는 3단계로만 학습하므로 학습에 걸리는 시간이 대단히 적으며 학습효과는 3단계에서 대부분 이루어지기 때문에 매우 경제적이다. 이해와 암기가 대부분 3단계에서 이루어진다.

핵심어 보물찾기 게임

1단계는 핵심어 보물찾기를 하면서 진행하기에 제 속도로 학습이 나아가므로 주의가 집중되는 좋은 효과가 있다. 2단계는 1단계에서 찾아 놓은 핵심어들을 보면서 그 중에서 진짜 핵심어(진핵어)만을 고르면서 앞으로만 전진하는 단계이다. 3단계는 핵심어와 진핵어를 중심으로 문맥을 파악하는 단계로서 초고속단계이므로 더더욱 주의가 매우 집중되고 학습효과는 3단계가 최고로 높아지는 단계이다. 그러기 때문에 시스템학습법으로 3단계를 거치는 시간은 재래식으로 학습하는 것보다 더 빠르며 학습효과는 10배 이상 되는 것이다. 3단계에서는 엄청난 속도의 학습이 이루어진다. 독자가 이 학습법에 능숙하게 되면 앞으로 큰 경쟁력을 갖게 되어 인생을 편하고도 즐겁게 살게 될 것을 보장한다. 1단계에서 3회의 부드러운 반복학습에 기초를 쌓고, 2단계에서 2회에 걸쳐 확실한 다지기를 한 학습교재를 기반으로, 3단계는 전체적인 맥락을 짚어가면서 초고속으로 나아가는 과정이다. 이 3단계에서 속도가 매우 빠르므로 학습이 매우 경쾌하며 독자 자신의 실력이 높아져 있다는 것을 실감할 것이다. 시스템학습법은 단순히 외우는 것이 아니다. 또한 단순히 속독하는 것이 아니다. 특히 3단계에서 이 학습법의 효과가 나타난다. 이러한 과정에서 학습교재를 이해하고 암기하게 되면서 깊은 학습효과가 이루어지는 것이다. 독자는 매일 조금씩이라도 학습해야 함을 명심해야 한다. 매일 매일의 학습이 매우 중요하다.

03

진행 중에 정지되는 일이 없어야

시스템학습법을 실천하는 경우, 학습 교재를 꼼꼼하게 이해하거나 외우려고 스트레스를 받는 일이 없어야 한다. 1단계는 핵심어 보물찾기 게임만 하면 되며, 2단계는 핵심어 중에서 진핵어만을 형광펜으로 표시하면서 나아가면 된다. 제대로 따라갈 수 있든 아니든 그냥 전진하라는 것이다. 잘 따라 하는 분도 있고 좀 못하는 분도 있겠지만, 그냥 전진만을 하면 된다. 이러한 상황들이 있기에 2단계는 2번의 반복 과정이 마련되어 있는 것이며 3단계는 더 놀라운 학습효과가 이루어지게 되어 있다.

하루 세 끼를 굶는 법?

시스템학습법은 단순히 이론이 아니다. 실제로 수많은 독자들이 효과를 보고 있으며 나 자신도 이러한 방법만이 가장 효과적인 학습의 지름길임을 체험하였기에 구체적인 단계별 실천사항을 제시한 것이다. 학습은 의지나 끈기로 해서는 결코 완주하지 못한다. 의지나 끈기는 점차 약해지기 때문이다. 그저 자신의 욕심을 비우고 세월아 네월아 하면서 제대로 된 길을 편한 마음으로 걸어가기만 하면 되는데, 좀더 잘 해보려고 애를 쓰니 안 되는 것이다. 하루라도 학습을 하지 않는 경우 독자는 다음과 같은 실천사항을 지키면 틀림없이 성공한다. 즉, "학습하지 않은 다음 날은 하루 세 끼 밥을 먹지 않는 스스로의 법을 만들어 실천"하면 학습은 틀림없이 이루어진다. 필자는 하루라도 학습하지 않는 경우는 다음날 세 끼 밥을 굶는다. 시스템학습법을 창안한 초창기에 필자는 게으름과 핑계 등으로 어떤 날에는 학습을 건너뛰어 그 다음날 하루 세 끼를 굶어본 적이 있다. 정말 괴로웠다. 길거리마다 자장면 냄새가 나면 미치게 배가 고픈 것을 느꼈었다. 그처럼 괴로운 스스로의 법 집행(?)의 엄격함을 겪고 난 후에 필자는 달라지기 시작했다. 학습이 조금 건너뛸 가능성이 있게 되면 조건반사적으로 내일 세 끼를 굶으면서 괴로워할 필자의 처량한 모습이 강하게 상상되었다. 이러한 시련의 과정을 몇 번 거치면서 필자는 파블로프의 조건반사 이론이 결코 이론이 아니라 진리임을 실감하였다. 그러한 경험을 겪은 이후에는, 지난 수년간 한 번도 굶은 날이 없었음을 볼 때 나는 하루도 학습하지 않고 지나친 날이 없었던 것이다. 학습은 인생에서 결정적인 경쟁력의 원동력인데 그저 "해도 좋고 말아도 좋고" 라는 것은 절대로 안 되는 것이다. 다만, 스트레스 없이 게임을 하듯 재미삼아 학습하는 것이 중요하다. 정직하게 실천하면 독자는 반드시 성공한다!

04

시스템학습의 3대 기본원리

SR시스템학습법은 연반추, 시스템속해, 집중-분산 학습의 3대 기본원리를 바탕으로 하고 있다. 이는 학습의 5대 원칙을 기반으로 한 것이다.

연반추(soft review)의 과학적 근거

연반추란 부드럽게 반추하는 것을 말한다. 학습자료를 스트레스 없이 편하게 복습하는 것으로서 반복학습의 효율을 높이는 학습법이다. 연반추 학습은 SR시스템학습법의 제 1단계, 제 2단계, 제 3단계의 전과정에 걸쳐 적용되는 원리이다.

학습과 두뇌의 스트레스는 밀접한 관계에 있다는 것이 분명히 밝혀져 있다. 학습을 부드럽게 하지 않고 마찰이 있게 되면 스트레스가 생긴다. 스트레스로 사고 기능이 폐쇄되면 학습에 막대한 장애를 가져오는 것이다. 두뇌는 정보들이 '낯설고' '잘 모르고' '적대적' 일 때 스트레스가 증가되어 학습과 기억을 방해한다. 학습에서 학습 내용을 친숙하게 만들어 제공하면 이 정보가 뇌에서 스트레스 없이 받아들여 학습 효과가 높아진다는 것이다. 그러므로 학습에서 학습자료를 좀더 친숙하게 해야 하며 학습자료에 편한 마음으로 부드럽게 되풀이하여 접촉해야 한다는 것이다. 학습이 편하고 유쾌할 때 학습효과는 높아지게 되어 있다. 시스템학습법은 스트레스를 최소한으로 하며 이해하거나 외우려고 하지 않는다. 그저 단계별로 앞으로 전진하기만 하면 어느덧 이해되고 저절로 암기가 되어 뛰어난 학습효과를 발휘하게 되는 것이다. 중요한 것은 학습과정을 스트레스로부터 벗어나게 하는 것이며 또한 학습을 유쾌하고 멋진 게임처럼 하는 것이다.

학습심리학적 근거

과잉학습(overlearning)에서 그 효과가 증명되었듯이, 연습횟수가 많으면 많을수록 재학습하는 데 드는 노력은 감소한다. 특히, 완전학습을 초과하는 반복 학습은 기억을 강화시킨다. 이 현상을 과잉학습이라고 부른다. 이 과잉학습은 시험을 위해 공부하는 모든 학생이 실제로 이용할 수 있는 것이다. 당황과 무대공포와 같은 스트레스가 밀려오는 상황에서 우리는 흔히 두뇌에 가지고 있는 정보가 기억나지 않는 현상을 경험한다. 그러나 과잉학습이 되어 있는 경우는 정보의 회상이 원활하게 되어 시험을 치는 등 스트레스가 심한 방해물이 등장하더라도 기억력이 제대로 발휘될 수 있다. 즉, 매우 친숙한 정보는 '그 인출을 막을 수 없다' 즉 '기억이 제대로 된다'는 실험결과가 있다. 이를 '자동인출'이라 부르며 과잉학습이 정보의 회상을 보장한다는 증거이다. 과잉학습은 무의미한 내용이든 의미 있는 내용이든 학습효과를 발휘한다. 연반추 학습은 과잉학습을 가능하게 하여 놀라운 기억력의 향상을 가져온다.

학습에서 반복의 중요성은 수많은 세계적인 학습심리학자들에 되풀이하여 그 효과가 입증되었다. 연반추는 단순히 반복이 아니라 이해하거나 외우려고 악을 쓰지 말고 그저 편안하게 부드럽게 반추하는 것이다. 그 중요성을 뒷받침하는 학자들의 이론을 일부 소개한다.

학습심리학자 넬슨은 기계적 시연도 결국 기억에 도움이 되며 처리의 깊이가 증가하는 것만이 절대적인 기준은 아니라는 자료를 보고했다. 회상 검사의 유형과 처리 수준에 불구하고 반복이 기억을 돕는다는 것이 증명되었다. 연반추는 단순한 기계적 반복학습은 아니지만 반복학습이 효과가 있다는 점은 분명하다.

도날드 헵은 계속되거나 반복되는 학습 활동은 뇌 속에 영구적이고 구조적인 변화를 점진적으로 유발시킨다고 보고했다. 두뇌의 단기저장은 그 정보를 복사하는 과정 즉 '응고' 라는 과정을 통해서 일시적인 것으로부터 영구적인 형태로 정보를 전환시킨다고 한다. 단기저장 내에서의 반복 학습은 단기저장 흔적의 강도를 지속시켜 그 항목을 기억시켜주는 '시연' 즉 반복이다. 연반추 학습이 결국 깊은 이해와 암기력으로 진행됨을 지지하는 것이다.

스탠포드대학의 로렌스 교수는 '획득된 단서 특출성' 을 말한다.

로렌스 교수는 학습세트가 형성하는 것으로 이를 설명했다. 학습자가 과제를 대상으로 학습을 연속적으로 실시하면 학습은 점점 더 빨라진다. 여러 문제들을 충분히 경험하게 되면 학습자들이 새 문제들을 풀 때 얻는 점수는 거의 완벽한 수준에 도달하게 된다. 그러면 그들이 학습세트를 형성했다고 본다. 획득된 단서특출성은 학습세트 형성의 한 단면이다. 한 문제에서 다른 문제로 넘어갈 때마다 학습이 더 나아지고 빨라진다. 이는 연반추 학습과 이에 이어지는 시스템속해 학습이 과학적으로 근거가 있음을 확인한 것이다.

형태이론의 선구자인 독일의 막스 베르트하이머는, 지각영역에서 사전 경험이 좋은 게슈탈트를 결정하는 데 중요한 역할을 한다. 잘 알고 의미있는 형태가 낯설고 의미 없는 형태보다 좋은 게슈탈트가 되는 경향이 있다. 연반추 학습은 낯설은 내용을 점차 친숙하게 하여 의미 있는 것으로 변화시키는 것이다.

브랜스포드와 존슨의 실험이 있다. 그 실험에는 세 조건이 있었다. 첫째는, 문장의 주제를 알리지 않고 제시되는 것이고, 둘째는 피험자들이 문장을 읽은 후에 그것이 옷을 세탁하는 것에 관한 것임을 말해주는 것이고, 셋째는 그들에게 문장을 읽기 전에 이러한 정보를 주는 것이다. 셋째 집단에 있는 피험자들이 다른 두 집단의 피험자들보다 두 배 이상 회상하였다. 이는 힌트를 얻는 것이 학습효과를 높이는 데 중요하다는 증거이다. 우리가 기억하고 있는 것은 문장에 있는 정보와 우리의 기존지식과의 상호작용으로 생긴 것이다. 연반추 학습에서 1단계와 2단계 학습은 본격적인 단계에 이르기 전에 핵심어와 진핵어를 선택하는 과정을 통해 충분한 힌트 즉 정보를 주는 역할을 하기 때문에 학습효과가 나타나는 것이다.

하버드대학 교수인 스키너는 "학생은 잘 아는 학습재료로부터 잘 모르는 재료로 서서히 옮아가면서 필요한 변별을 학습할 기회를 가져야 하며 강화도 받아야 한다."라고 말했다. 연반추 학습은 잘 모르는 재료를 1단계와 2단계에서 부드럽게 반추하면서 서서히 알게 되는 효과를 발휘한다.

스탠포드대학의 아트킨슨과 쉬프린 교수의 모형이 있다. 이 모형은 기억을 세 개의 저장소로 분류한다. 첫 번째 저장소는 감각등록기이다. 감각정보는 거기서 몇 초간 머물러 있다가 사라진다. 두 번째 저장소는 단기기억 저장소로서 단기기억 또는 작업기억이다. 마지막 장기저장소는 무한한 용량을 가졌다. 보통 기억해야 할 목록의 앞부분과 뒷부분을 중간부분보다 더 잘 기억한다. 앞부분을 잘 기억하는 것을 초두효과라고 부르고, 뒷부분을 잘 기억하는 것을 신근효과라고 한다. 초두효과는 처음 항목들이 더 주의를 받거나 목록의 나머지 항목들이 제시되는 동안 암송되기 때문에 생기는 듯

하다. 신근효과는 실제로 최신성 때문이다. 단기 저장고의 항목들은 시연을 통해 유지될 수 있다. 만일 항목들이 시연되지 않으면 단기저장으로부터 상실될 것이다. 단기저장에서 장기저장으로 이전되기 위해서는 그것들은 시연되어야만 한다. 연반추 학습은 여러 차례 되풀이 되는 중에 초두효과가 반복되고 신근효과가 반복되어 장기기억으로 원활하게 이행되어 결국 암기력에서 뛰어난 효과를 나타나게 된다.

독일의 에빙하우스는 최초로 인간학습과 기억에 관한 본격적인 실험을 하였다. 에빙하우스가 관심을 가진 것은 시간경과에 따른 기억의 지속이었다. 기억은 두 가지 요인에 달려있다고 보았다. 하나는 첫 인상의 깊이인데, '인상의 깊이' 는 초기 학습에서 목록이 반복제시된 횟수로 대치될 수 있다. 또 하나는 그 인상이 사라져가게 된 '시간' 이다. 학습을 반복함에 따라 절약률이 증가된다. 초기 연습횟수가 많으면 많을수록 재학습하는데 드는 노력은 감소한다. 많은 연구자들은 의미가 충만한 과제들을 더 쉽게 학습한다는 사실을 발견했다. 모든 친숙한 단어들은 의미가 충분하다. 연반추 학습을 통하여 학습의 절약률이 증가된다.

학습심리학자 오스벨은 텍스트에 앞서 실마리가 되는 정보를 '선행 오거나이저' 라고 하면서 어떤 텍스트을 받아들이기 쉽게 하는 정보를 미리 주고 지식 속에 실마리를 만들어 주는 것이 효과가 있음을 말한다. 즉, 선행 오거나이저를 주는 것이다. 학습재료는 선행 오거나이저를 실마리로 하여 기존 지식에 쉽게 관련지을 수 있게 되며 학습자가 갖고 있는 지식과 교재로 받은 정보와의 관련을 촉진시킨다. 실험결과 어느 테스트에서나 선행 오거나이저를 준 집단의 성적이 좋았다고 한다. 연반추 학습은 학습교재를 충분히 이해하고 친숙해지기 전에 부드러운 접촉으로 핵심어와 진핵어를 선행 오거나이저로 작용시킨다.

왓슨은 학습에 관한 두 원리로서 '빈도'와 '최신성'을 제시한다. 빈도원리는 자극에 대해 어떤 반응이 더 빈번할수록 그 자극이 또 다시 제시되면 그 반응을 할 가능성이 더 많음을 뜻한다. 최신성(신근성)원리는 제시된 자극에 대하여 보다 최근에 한 반응일수록 그 자극이 또 다시 제시되면 그 최근의 반응을 할 가능성이 많음을 뜻한다. 이 이론에 대한 기초는 피험자들이 그것들에 대해 반응할 때마다 그 항목은 빈도 단위를 획득하게 된다는 아이디어이다. 빈도 단위들을 가산하는 요소는 '시연'이다. 시연 즉 반복은 장차 맞는 항목으로서 그 항목을 확인하는 확률을 증가시킨다. 연반추 학습은 빈도를 증가시키는 직접적인 역할을 한다. 또한 이러한 연반추가 진행됨에 따라 신근성이 되풀이되어 그 효과를 발휘하게 만드는 것이다.

캘리포니아 대학원의 전정재 박사의 학습에 관한 연구는 의미가 있다. 그에 의하면, 모르는 단어라도 문장에서 최소 7번 이상을 접해 보면 그 단어의 뜻을 조금씩 알게되고 8번째부터는 점점 더 알게 된다. 주위의 문맥에 의해 그 뜻을 짐작할 수 있고 여러 번 되풀이한 단어는 자신도 모르게 알게 된다. 모르는 단어라도 읽는 책 내용에서 80% 정도만 단어를 알면 나머지는 그냥 읽어도 그 문장의 뜻이 무엇인가를 짐작으로 알 수 있다. 핵심어를 찾아내고 주제문장, 마지막 문장, 처음에 나오는 문장을 잘 읽으면 상당한 내용을 파악하게 되어 많은 시간이 절약된다. 재래식 학습법은 한 번 학습하는 것도 너무 힘들어 한 번 완독하는 것도 잘 되지 않는다. 하지만, 연반추 학습은 이해하거나 외우려고 하지 않아 그저 게임하듯 전진하므로 매우 편하고 쉽게 완독이 가능하다. 이러한 과정이 1단계, 2단계, 3단계에 걸치면서 10회의 학습이 이루어지면 7번 이상의 학습이 이루어지는 것이므로 놀라운 학습결과로 이어지는 것이다.

크레이크와 록하르트는 가장 깊이 있는 처리인 의미를 다루었다. 즉, 처리가 깊을수록 단어들의 기억은 더 좋았다. 깊은 처리는 단어 기억의 가장 중요한 면을 포함한다. 의미를 포함하는 처리가 가장 깊은 처리이다. 상이한 처리깊이가 상이한 파지(지속)기간을 가져온다고 강조하는데, 단기기억과 장기기억을 구분하는 모형의 대안이다. 연반추 학습은 단기기억에서 장기기억으로 이행시키는 강력한 힘이 있다. 이는 매 단계마다 속도와 방법이 변화를 갖기 때문에 상이한 학습의 결과 상이한 파지기간을 초래하게 되어 결국 좋은 장기기억이 형성되는 것이다.

학습심리학자 피아제의 스키마는 어떤 지식에 대해 갖고 있는 지식체계를 말한다. 피아제는 사례에서 스키마가 단계에 따라 구축되는 방식을 보여 주었다. 스키마는 새로운 지식에 의한 조절을 통해 변한다. 피아제의 연구에서 새로운 학습재료가 제시되면 이미 있는 도식으로 통합되고 어떤 경우에는 도식을 수정한다. 지식의 획득과정에서 학습이나 기억도 사람이 갖고 있는 스키마로부터 제약을 받고 있다. 연구논문을 여러 개 읽고 있으면 그것을 읽는데 소요되는 시간이 차차로 단축된다. 스키마와 정보의 상호작용을 활발히 하는 것이 지식의 발전을 촉진하게 된다. 연반추 학습을 통하여 새로운 지식을 기존의 지식체계인 스키마에 원활한 연합이 이루어지게 할 수 있다.

시스템속해의 과학적 근거

시스템속해(systematic rapid comprehension)란 단순한 속독이 아니다. 학습단계가 점진됨에 따라서 학습의 속도가 가속도로 빨라지며 이는 빠른 이해를 기반으로 하는 학습법이다. 시스템속해는 SR시스템학습법에서 1단계를 마친 후 2단계부터 3단계를 마칠 때까지 적용되는 원리이다. 즉, 1단계에서는 적용하지 않는다.

학습내용은 새로운 정보를 통해 기억영역과 결합된다. 새 정보를 친숙한 것들로 포장해서 제공하면 뇌에서 신속한 정보처리가 가능하다. 우리 두뇌능력이 엄청난데 지금까지 점수 따기를 위한 학습을 하다보니 당장 이해하려고 하고, 당장 외우려고 너무 느리게 학습을 하였다. 학습이 느려지면 짜증이 나며 이는 스트레스의 원인이다. 운전할 때 시속 100킬로미터로 가는 길에서 시속 10킬로미터로 계속 나아가면 운전자는 엄청나게 답답함을 느낀다. 또한 스트레스가 높아지게 되고 짜증을 내게 되는 것이다. 재래식 학습법이 바로 이와 같이 너무 느리게 학습하였던 것이다. 시스템학습법은 학습 속도가 빠르다. 더욱이 이해를 기반으로 하는 빠른 학습이며 이것이 시스템속해이다. 인간은 얼마든지 두뇌가 많은 정보를 처리할 수 있음에도 너무 적은 양의 정보를 너무 느리게 흡수하다 보니 학습효과도 매우 저조했던 것이다.

느리면 답답하다

요컨대, 시스템속해는 기존의 학습방법에서 발생하는 두뇌의 스트레스를 극히 감소시켜 학습이 작업이 아니라 게임과 같은 흥미와 즐거움을 느끼게 된다. 시스템속해는 단순한 속독이 아니다. 1단계, 2단계, 3단계를 거치는 동안 특히 2단계와 3단계에서 속도가 매우 빨라지면서 이해도는 더욱 높아지며 학습의 유쾌함이 증가된다. 두뇌는 학습속도가 빠를수록 더욱 잘 처리할 수 있다. 시스템속해를 통하여 두뇌능력을 좀더 제대로 활용할 수 있다는 것은 분명히 과학적이다. 1단계보다 2단계가 빠르고, 2단계보다 3단계는 더 빠르다. 그런데 학습속도가 빨라질수록 학습효과는 더욱 증가되는 현상이 나타난다. 이것이 시스템속해의 놀라운 효과인 것이다.

학습심리학적 근거

스탠포드대학의 로렌스 교수는 '획득된 단서 특출성' 을 말한다. 다른 예를 학습세트의 형성에서 찾아볼 수 있다. 학습에서 변별과제를 연속적으로 실시하면 학습은 점점 더 빨라진다. 여러 문제들을 충분히 경험하게 되면 학습자들이 새 문제들을 풀 때 얻는 점수는 거의 완벽한 수준에 도달하게 된다. 그러면 그들이 학습세트를 형성했다고 본다. 획득된 단서특출성은 학습세트 형성의 한 단면이다. 학습을 반복하는 과정 즉 한 문제에서 다른 문제로 넘어갈 때마다 학습이 더 나아진다. 이는 시스템속해 학습이 과학적으로 근거가 있음을 확인한 것이다.

에빙하우스가 관심을 가진 것은 시간경과에 따른 기억의 파지였다. 파지(기억지속)는 두 가지 요인에 달려있다고 보았다. 하나는 첫 인상의 깊이인데 '인상의 깊이'는 학습에서 목록이 반복제시된 횟수로 대치될 수 있다. 또 하나는 그 인상이 사라져가게 된 '시간'이다. 학습을 반복함에 따라 절약률이 증가된다. 학습의 절약률이 증가된다는 것은 학습속도가 빨라진다는 것을 의미한다. 학습의 속도가 빨라지는 것은 학습에 매우 긍정적인 효과를 미치며 시스템속해는 학습의 본격적인 효과를 발휘하게 하는 것이다.

학습심리학자 왕은 얼마나 많이 정교화하는가의 실험에서, 빨리 학습하는 사람들은 느린 학습자들보다 현저한 우위를 보여주었고 빠른 학습자가 느린 학습자보다 더 많이 정교화함을 발견했다. 정교화란 지식을 질서있고 치밀하게 두뇌에서 처리하는 것을 말하며, 정교화가 높다는 것은 지식을 우수하게 소화하였음을 의미한다. 보다 빠른 학습자의 학습결과가 느린 학습자의 것보다 더 우월하였음이 증명되었다. 시스템속해는 정교화가 높아져서 오히려 이해력을 증진시키며 기억력도 향상된다는 연구결과가 입증한다.

'묶음'으로 학습하는 것은 복잡한 정보를 하나의 '아이디어'로 통합하게 만들어 준다. 여러 부호를 하나로 통합하는 과정을 '묶음'이라 하며, 묶음은 기억능력에 극적 효과를 준다. 단어들은 친숙한 단위 즉 묶음이며, 묶음을 통해서 피험자는 일련의 문자에 대한 기억이 크게 증가될 수 있다. 정보를 묶음으로 처리하는 이 능력이 놀라운 인지기술의 중요한 일부가 된다. 이는 학습심리학자 머독크가 한 실험에서 잘 설명된다. 머독크의 피험자는 세 철자조합보다 세 문자단어를 훨씬 더 잘 기억했다. 시스템속해는 한 개 한 개의 단어가 아니라 여러 단어를 묶음으로 하여 전체적 문맥에 비추어 신속한 이해를 바탕으로 빠른 학습이 이루어지게 하는 것이다. 인간의 두뇌가 여러 단어를 묶음으로 파악하여 그 전체를 이해하는 능력은 매우 놀라운 것인데, 이러한 능력을 시스템속해를 통하여 제대로 발휘할 수 있는 것이다.

'점화 효과'는 노출된 목표 항목을 보기 전에 그것과 관련된 단어를 보았다면 이들에 대한 인식이 보다 빠르고 정확하게 이루어질 것이라는 사실을 말한다. 점화 효과는 공동 연구자들인 워드, 케펠, 포스트맨, 자보르팅크 등이 연구하였다. 이들은 학습에서 사전준비가 중요함을 확인하였는데 이는 '사전준비 효과'가 있기 때문이다. 점화가 깊이 처리될수록 두 번째 단어에 대한 인식이 보다 빠르게, 보다 정확하게 이루어졌음을 발견했다. SR시스템학습에서 1단계를 거쳐 2단계를 넘어가게 되면 이미 1단계에서 3회에 걸쳐 목표항목인 핵심어를 보았기 때문에 점화 효과가 나타나기 시작한다. 그러므로 점화 효과에 의해 신속한 이해가 된 기반 위에서 빠른 학습이 이루어지며 이것이 시스템속해가 되는 것이다.

집중 - 분산학습의 과학적 근거

집중-분산학습(concentrated-distributed study)이란 집중력을 기반으로, 단번에 학습자료를 다 이해하고 기억하려고 하는 것이 아니라, 시간의 간격을 두고 반복하면서 차차로 이해하고 기억하는 학습법을 말한다. 집중-분산학습은 SR시스템학습법의 1단계, 2단계, 3단계의 전과정에 적용되는 원리이다.

두뇌는 정보들이 '낯설고' '잘 모르고' '적대적' 일 때 스트레스가 증가되어 학습과 기억을 방해한다. 학습 내용을 친숙한 것들로 포장해서 제공하면 스트레스 없이 받아들여 학습 효과가 높아진다. 그러므로 학습자료에 부드럽게 되풀이하여 접촉해야 한다는 것이다. 시스템학습법은 스트레스를 최소한으로 하며 이해하거나 외우려고 하지 않는다. 단계별로 앞으로 전진하기만 하면 어느덧 이해되고 저절로 암기가 되어 뛰어난 학습효과를 발휘하게 되는 것이다.

당장 점수 따기의 모순

재래식 학습법은 당장 이해하고 당장 외워서 당장 점수따는 것을 염두에 두면서 학습을 해왔기 때문에 스트레스가 매우 심하였다. 시스템학습법은 당장 점수를 얻으려고 하지 않는다. 오히려, 이해하려고 하지 않아도, 외우려고 하지 않아도 저절로 이해되고 저절로 외워져 점수는 결과적으로 좋아지는 학습법이다. 그 근거는 여러 단계에 걸쳐 시간을 두고 학습하는 분산학습에 있는 것이다. 분산학습이 두뇌과학에서 증명하는 학습의 효과가 있음을 이제 독자는 인정할 수 있을 것이다. 시스템학습법을 실천함에 있어서 분산학습의 의미를 이해하고 적용하게 되면, 지금보다 훨씬 더 학습의 잠재능력을 향상시킬 수 있는 입장에 서게 될 것이다. 그 능력을 시스템학습법으로 제대로 발휘하도록 이 책을 충분히 읽고 또 읽어 활용하여야 한다.

학습심리학적 근거

학습심리학분야에서 집중연습, 분산연습의 연구는 긴 역사를 갖고 있다. 최근의 연구들은 일관되게 분산 효과의 우수함을 발견하였다. 학습의 분산 효과는 자유회상 학습에서 나타났다. 이는 피로에 관한 현상과도 관계가 있다. 분산 학습의 연구에서 그 효과를 강력하게 증명한 것으로서 '지연효과' 라는 의미있는 학습효과를 발견하였다.

학습심리학자 도날드 헵은 계속되거나 반복되는 형태의 활동은 뇌 속에 비교적 영구적이고 구조적인 변화를 점진적으로 유발시킨다고 말했다. 두뇌의 단기저장은 그 정보를 복사하는 과정 즉 응고라는 과정을 통해서 일시적인 것으로부터 영구적인 형태로 정보를 전환시킨다고 한다. 단기저장 내에서의 반복 학습은 단기저장 흔적의 강도를 지속시켜 그 항목이 머무르는 것을 연장시키는 시연이다. 이러한 응고과정은 반복 즉 복사하는 과정을 통하여 여러 번 분산하여 이루어지면서 확고하게 되는 것이다. 시스템학습법에서 단 번의 학습으로 끝내지 않고 3단계에 걸쳐 이루어지는 분산학습이 그래서 효과가 있는 것이다.

스탠포드대학의 로렌스 교수는 '획득된 단서 특출성'을 말한다. 다른 예를 학습세트의 형성에서 찾아볼 수 있다. 변별과제를 연속적으로 실시하면 학습은 점점 더 빨라진다. 여러 문제들을 충분히 경험하게 되면 학습자들이 거의 완벽한 수준에 도달하게 된다. 그러면 그들이 학습세트를 형성했다고 본다. 획득된 단서특출성은 학습세트 형성의 한 단면이다. 이는 분산학습에 의해서 점점 더 학습의 절약률이 증가하여 학습속도도 빨라지고 이해도도 높아지는 것이다.

형태이론의 선구자인 막스 베르트하이머는 학습은 자신이 이제 정말로 이해한다는 느낌을 가지고 있을 때 갑자기 일어난다고 말한다. 이런 학습을 통찰이 포함되는 학습이라고 한다. 지각영역으로 옮아가면, 사전 경험이 좋은 게슈탈트를 결정하는 데 중요한 역할을 한다. 잘 알고 의미있는 형태가 낯설고 의미 없는 형태보다 좋은 게슈탈트가 되는 경향이 있다. 이러한 효과를 얻으려면 시간을 분산하여 학습이 반복하여 이루어질 때 좋은 게슈탈트로 이어지게 되는 것이며 분산학습 효과가 발생하는 것이다.

멜튼은 이 현상을 '지연효과(lag effect)'라 명명했다. 다른 말로 하면 분산연습이 집중연습보다 우월하다는 것이다. 분산 효과들은 자유회상 학습에서 나타났다. 일반적으로, 간격을 둔 학습이 자유회상에서의 우월한 기억으로 인도한다. 멜튼의 지연효과는 시스템학습법의 효과를 매우 극명하게 입증하는 것이다. 분산학습이 어느 시점에 이르게 되면 저절로 학습의 효과를 발휘하게 된다고 필자가 누차 강조하는 것은 근거가 있는 것이다.

스탠포드대학의 아트킨슨과 쉬프린 교수의 모형은 기억을 세 개의 저장소로 분류한다. 첫 번째 저장소는 감각등록기이다. 두 번째 저장소는 단기기억 저장소이다. 마지막 장기저장소는 무한한 용량을 가졌다. 단기 저장고의 항목들은 시연을 통해 유지될 수 있다. 단기저장에서 장기저장으로 이전되기 위해서는 그것들은 시연되어야만 한다. 장기기억으로 확실하게 정착시키기 위해서는 분산하여 여러 번에 걸쳐 학습해야 한다는 연구결과를 보여주는 것이다.

학습심리학자 에빙하우스가 관심을 가진 것은 시간경과에 따른 기억의 파지였다. 파지(지속)는 두 가지 요인에 달려있다고 보았다. 하나는 첫 인상의 깊이인데 '인상의 깊이'는 초기 학습에서 목록이 반복제시된 횟수로 대치될 수 있다. 또 하나는 그 인상이 사라져가게 된 '시간'이다. 학습을 반복함에 따라 절약률이 증가된다. 연습 횟수가 많으면 많을수록 재학습하는데 드는 노력은 감소한다. 완전 학습을 초과하는 반복은 파지의 정도를 증가시킨다는 점이다. 이 현상을 과잉학습이라고 부른다. 분산학습을 통하여 시간 간격을 두고 여러 번 학습을 하게 되면 두뇌에 인상이 각인되고 학습의 절약률이 증가된다는 것을 증명하는 것이다.

에스테스 하버드대 교수는 회복과 망각을 감안할 때 일련의 연속적인 연습의 중요성을 강조한다. 이것은 단순히 많은 양의 연습이 아니고 최대한으로 가능한 학습을 달성하기 위해 시간상 분산된 학습을 뜻한다. 따라서 벼락 공부나 집중적으로 모여 있는 학습에 문제가 있음을 암시한다. 에스테스의 이론은, 학습은 그 과정이 시간적으로 넉넉히 분산되어 시행될 때 가장 효과적이라는 다른 많은 교육자들과 같은 입장을 취한다. 이는 시스템학습법의 집중-분산 학습이 왜 의미있는가를 명백히 밝혀준 것이다.

학습심리학자 왕의 기호화 다양성이란 주어진 자극이 많은 다른 속성 또는 성분들로 구성되었다는 아이디어를 말한다. 이는 분산연습이 풍부하고 보다 구별되는, 보다 다양한 기호화로 인도한다는 것이다. 기호화는 집중연습에서보다는 분산연습에서 보다 다양할 가능성이 높고 따라서 보다 강할 확률이 높다. 이는 3단계에 의한 분산 학습이 보다 효과적인 학습방법임을 말해준다.

왓슨은 학습에 관한 두 원리로서 빈도와 최신성을 제시한다. 빈도원리는 자극에 대해 어떤 반응이 더 빈번할수록 그 자극이 또 다시 제시되면 그 반응을 할 가능성이 더 많음을 뜻한다. 최신성(신근성)원리는 제시된 자극에 대하여 보다 최근에 한 반응일수록 그 자극이 또 다시 제시되면 그 최근의 반응을 할 가능성이 많음을 뜻한다. 이 이론에 대한 기초는 피험자들이 그것들에 대해 반응할 때마다 그 항목은 빈도 단위를 획득하게 된다는 것이다. 빈도 단위들을 가산하는 요소는 시연이다. 이는 분산학습을 통하여 빈도 단위를 증가시키는 것이 학습에 매우 중요함을 말한다. 그러므로 암기를 하려고 쓸데없이 머리에 힘을 주며 애쓰지 않아도 분산학습을 하면 저절로 암기되는 것이다.

크레이크와 록하르트는 가장 깊이 있는 처리인 의미를 다루었다. 즉, 처리가 깊을수록 단어들의 기억은 더 좋았다. 깊은 처리는 단어 기억의 가장 중요한 면을 포함한다. 의미를 포함하는 처리가 가장 깊은 처리이다. 한 항목이 단기기억에서 장기기억으로의 이동여부를 결정하는 것이 처리깊이 아이디어라고 말할 수 있다. 분산학습이 이루어지면 매번의 학습마다 다른 깊이의 학습이 이루어지며 이것은 상이한 기억의 지속을 가져오고 장기기억으로 인도하는 효과로 작용한다.

피아제의 스키마는 기존 지식의 체계화된 것을 말한다. 피아제의 도식기억에서 새로운 학습재료가 제시되면 사람들은 그것을 기억과 지식구조에 통합시킨다. 지식의 획득과정에서 학습은 사람이 갖고 있는 스키마로부터 제약을 받고 있다. 사람은 연구논문을 여러 개 읽으면 그것을 읽는데 소요되는 시간이 차차로 단축된다. 분산학습을 통하여 새로운 지식을 기존의 지식체계인 스키마에 서서히 그리고 원활한 연합이 이루어지게 할 수 있다.

헐 예일대학 교수는 많은 노력을 요구하는 과제들을 학습할 때 짧은 휴식시간을 중간중간에 두어 연습하는 분산연습이 더 좋은 결과를 가져온다고 말했다. 이는 분산학습의 효과를 지지하는 연구이다.

강도(strength)이론은 한 항목의 각각의 제시가 그 항목의 한 번의 단일 표상에 강도를 더하게 된다고 주장한다. 다중흔적 이론에 따르면 당신이 '다'를 지각할 때마다 그것은 서로 독립된 표상으로 저장된다. 강도 모델은 외적 대상의 단일 표상이 그 자극에 대한 반복 노출로 강도가 증가한다고 주장한다. 대조적으로, 다중흔적 모델은 구별되는 뚜렷한 표상들이 각각의 연습 시행에서 첨가되고 이들 구별되는 표상 요소들 모두의 합 전체에 의해 반영된다고 한다. 항목이 제시된 회수가 많으면 많을수록 기억 속에 있게 될 그 항목의 흔적들이 많아진다. 이처럼, 시간적 차이를 두고 분산학습이 이루어지면 기억의 강도가 강해지고, 다중흔적이 형성되어 결국은 학습한 내용에 대한 암기력이 매우 높아지게 되는 것이다.

학습심리학에서 점화 효과는 노출된 목표항목을 보기 전에 그것과 관련된 단어를 보았다면 이들에 대한 인식이 보다 빠르고 정확하게 이루어질 것이라는 사실을 말한다. 점화 효과가 처리의 깊이에 의해 영향을 받을 수 있음을 보여주었다. 점화가 깊이 처리될수록 두 번째 단어에 대한 인식이 보다 빠르게, 보다 정확하게 이루어졌음을 발견했다. 분산학습에서 목표항목이 여러 차례 시간의 차이을 두고 노출됨에 따라 학습의 사전준비 효과가 발생하는 것이다.

분산학습이 이루어지게 되면 학습한 내용에 대한 회상(recall)으로서 '무엇이 항목인가?' 와 재인(recognition)으로서 '이것이 항목인가?' 라는 기억이 매우 원활하게 나타나게 되어 결국 점수를 목적으로 하지 않아도 저절로 높은 점수를 얻게 되는 학습이 되는 것이다.

잠깐만

이 집중–분산 학습에 관해서 읽으신 독자는 분산학습에 관한 얘기만 하고, 왜 '집중'에 대해서는 아무런 언급을 하지 않았는지 궁금할 것이다. 집중–분산학습의 주된 초점은 분산학습에 있다. 그러면 왜 '집중'이라는 단어를 첨가하였는지 물을 것이다. 다음 장에 나오는 구체적 실천 단계에서 알게 되겠지만 간단히 설명하고자 한다. '집중' 현상은 분산학습이 이루어지는 과정에서 즉, 1단계, 2단계, 3단계를 거치는 과정에서 저절로 이루어지는 현상이다. 즉, 1단계에서 핵심어를 찾고 거기에 밑줄을 치는 과정, 2단계에서 핵심어 중에서 진짜 핵심어인 진핵어를 찾아 형광펜으로 표시하는 과정을 하게 되면 저절로 시선과 주의력이 집중되게 되어 있다. 집중은 학습에서 매우 중요한 요소이다. 그러나 집중하려고 노력한다고 이루어지기는 어렵다. 시스템학습법은 의지나 억지로 학습하는 방법이 아니다. 그저 편안하게 정해진 시스템대로만 나아가면 저절로 주의력이 집중되고 어느 단계에 가면 이해가 되면서 저절로 암기가 되는 학습법이라는 사실이다. 그래서 '집중'에 대해서는 언급을 하지 않은 것인데, 독자는 SR시스템학습법이 집중력에서 탁월한 효과가 있음을 앞으로 이해하게 될 것이다.

05

SR시스템학습법의 구체적 실천

SR시스템학습법은 과학적인 근거가 있다. 두뇌의 학습능력은 일반적으로 생각하는 것보다 훨씬 뛰어나며 그 잠재력은 나이를 초월한다는 사실이다. 미국의 세계적인 학습심리학자인 샤이(Schaie)와 그의 동료들은 21~81세를 대상으로 하여 언어, 공간, 추리 등 세 가지 능력 테스트를 21년간 연구하였다. 몇 년 정도가 아니라 오랜 기간에 걸쳐 수많은 대상을 한 연구이기에 주목할 만하며 신뢰성이 매우 높다는 점을 유념해야 한다. 그들은 다음의 사실을 발견했다. 사람의 언어능력은 53세까지 꾸준히 증가하여 최상의 능력상태에 이르고 그 상태를 계속 유지하다가 65세 경부터 서서히 감소한다는 것이다. 공간능력은 46세에 최고상태에 이르고 그 이후에 그 상태를 유지하다가 65세 경부터 감소한다. 추리능력은 60세에 최고상태에 이르고 60세 이후 서서히 감소한다는 것이다. 언어능력은 53세부터 65세 까지 최고의 학습능력을 발휘한다고 하였다. 그러므로 독자 중에 53세에서 65세에 해당되는 분은 지금이야말로 가장 외국어 학습능력이 발휘되는 나이임을 명심해야 한다.

엉뚱하게 비뚤어져 살아온 것

지금까지 우리의 두뇌능력에 대해서 터무니없는 잘못된 인식이 있어 왔기에 인생의 길이 엉뚱하게 비뚤어져 살아온 것이다. 필자는 여러 기관들의 초청으로 특강을 하기도 하는데, “내가 지금 가장 원기왕성한 20대 초반의 일류대학생과 학습하는 경쟁을 하게 되면 내가 매우 유리한 위치에 있다.”라고 말하곤 한다. 나의 엉뚱한 자만심이나 과대망상 때문에 그런 말을 하는 것이 아니다. 과학적인 근거가 있기에 그런 주장을 하는 것이다. 따라서 나이가 들어도 지적 활동을 계속하는 사람들은 뇌의 능력이 더 활발함을 알 수 있다. 나이 먹는 것을 걱정할 필요없이 시스템학습을 실천하기만 하면 된다. 독자의 두뇌능력을 시스템학습법으로 제대로 발휘하도록 3단계 방식으로 이 책을 충분히 읽은 후에 실천해야 한다.

06

SR시스템학습법의 주요내용

- 물 흐르는 학습
- 핵심어 밑줄치기
- 충분한 반복학습 / 3단계에 의한 학습
- 묶음으로 읽기
- 핵심학습의 원리

물 흐르는 학습

SR시스템학습법은 편하게 학습하는 것이 대원칙이며 이해하려고 외우려고 안달하지 않는다. 그저 편한 마음으로 부드럽게 반추한다. 핵심어를 연필로 밑줄을 치면서 물이 흐르듯 진행해간다. 물 흐르는대로 진행시키면서 다시 부드럽게 복습 즉 연반추 단계로 이행된다. 이 과정을 편안하게 나아가면 두뇌 속에 저절로 새겨져 실력이 쌓여간다. 스트레스가 없이 명상하듯 평온한 마음으로 진행되므로 뇌파는 알파파에 가까운 상태에서 학습이 진행된다. 즉, 최고의 능률이 오르는 두뇌상태인 것이다.

왜 물 흐르는 학습이 중요할까?

공자는 "학습을 열심히 하는 사람은 학습을 좋아하는 사람을 당할 수 없다"고 말했다. 또한, "학습을 좋아하는 것보다 학습을 즐기는 것이 학습효과가 더욱 뛰어나다"는 것을 공자는 말하였다. 학습을 좋아하는 것과 더 나아가 학습을 즐기는 것이 학습능률에 가장 중요함을 지적한 것이다. 장기적인 학습의 여로를 가는데 있어서 중도포기하지 않는 것이 대단히 중요하다. 장기간의 학습은 의지를 가지고 열심히 하는 것보다는 좋아서, 즐기면서 하는 것이 더 지속력을 가진다. 보통 사람의 경우에 학습에서 가장 큰 문제는 학습이 힘들다는 점이고, 권태와 피로 등으로 지속적인 학습이 어렵다는 점이다. 물 흐르는 학습은 학습에 따르는 권태감, 피로 등을 극복하는데 뛰어난 효능이 있다.

이해가 되든 말든, 기억이 되든 말든, 신경을 곤두세우지 말고 물이 흐르듯 진행시키는 학습이라면 우선 반갑다. 누구나 할 수 있는 편하고 쉬운 일이다. 우리의 두뇌는 기적 같은 엄청난 능력이 있음을 독자는 이미 읽었을 것이다. 그렇게 진행시키면서 반복학습이 이루어지면 어느 틈에 이해되고 외워진다. 저절로 이해되고 외워지니 어찌 즐거움이 없을 것인가? 자기도 모르게 성과가 생기는 것을 느끼는 학습자는 야릇한 희열을 느끼게 된다. 그 희열이 학습의 여로를 편하고 즐겁게 만드는 것이다. 학습에서 이해하려고, 외우려고 아무리 아둥바둥 하더라도 안 되는 것을 되게 할 수는 없다. 오히려 우리의 의지를 좌절시키는 독소가 되고 즐거움을 차단시킨다. 물 흐르는 학습의 진가가 여기에 있다. 시스템학습법의 물 흐르는 학습은 이처럼 머리와 몸에 쓸데없는 스트레스를 주지 않고 부드럽게 흐르는 학습이다. 이해하면 이해하는 대로, 외워지면 외워지는 대로 안달하지 말고 나아가라는 것이다. 그것이 우리 두뇌가 엄청난 실력을 축적하는 지름길이다.

정신적 피로와 만성적 스트레스

정신적 피로는 만성적 스트레스가 가장 흔한 원인이며, 그 외 우울증, 불면증, 불안증 등이 중요한 원인이 된다. 정신적 피로를 방지하려면 스트레스를 피하고, 근심걱정을 잊어버리고, 충분한 수면을 취하는 것이 필요하다. 인구 5명중에 1명 정도가 만성피로를 호소할 정도로 많은데, 그 중에서 가장 많은 원인은 정신적인 문제가 차지하고 있다. 기존의 학습방법은 학습피로를 계속 누적시키기 때문에 학습자는 학습에 대해서 권태감이 계속 증가되어 간다. 시스템학습법의 물 흐르는 학습은 긴장과 압박감이 없이 진행되기 때문에 스트레스가 거의 없다. 기존의 학습법은 학습에 대한 싫증으로 머리가 아프거나 무겁고 정신이 흐려지기도 한다. 신체적 증상으로 목덜미, 어깨, 팔다리 등이 무겁고 빼근한 전신권태, 건망증, 식욕부진, 신열, 자한, 설사 등의 병적인 상태가 나타나기도 한다. 물 흐르는 학습은 게임을 하듯이 진행하므로 압박감이 없어 학습자에게 정신적, 신체적으로 무리를 주지 않는다. 따라서 학습자는 매우 편하고 부담이 없는 상태에서 약간 즐거움마저 느끼며 학습을 진행할 수 있다. 기존의 학습법으로 학습하는 사람들은 스트레스에 크게 노출되면 안색, 움직임, 자세 등에 이상이 나타나고 기억력 등의 정신기능이 부정확해질 수 있다. 그러나 물 흐르는 학습은 물이 흘러가듯 스트레스가 거의 없으므로 이러한 부작용에서 해방될 수 있다.

긍정적인 사고방식

물 흐르는 학습은 긍정적인 사고방식에 근거한 학습방법이다. 그러므로 규칙적인 학습생활이 되어 저절로 생활의 리듬을 찾게 된다. 기존의 학습법은 학습을 지나치게 심각한 태도로 해 왔다. 즉, 학습을 처음부터 너무 완벽하게 하려고 하기 때문에 늘 스트레스가 가중되고 피로가 누적될 수밖에 없는 것이다. 그러나 물 흐르는 학습은 그저 핵심어 밑줄치기 하는 편한 학습으로 자신의 에너지를 아끼면서 최대의 효과를 거두는 결과를 본다. 기존의 학습법은 학습능률이 오르지 않기 때문에 비관적인 생각, 짜증섞인 감정을 초래한다. 물 흐르는 학습은 단계가 진행됨에 따라 자기도 모르게 실력이 늘어나는 것을 학습자가 느끼게 되므로 희열과 긍정적인 생각으로 나아가게 된다. 모든 만성피로의 90% 이상은 정신적 피로, 긴장과 스트레스에서 비롯된다고 의학자들이 말하고 있듯이, 기존의 학습법은 만성피로의 주범이라고 말할 수 있다. 물 흐르는 학습은 학습의 희열을 느끼며 스트레스가 없는 실로 학습자의 이상이라고 할 수 있다.

게임을 하듯이

더 쉽게 말하면, 게임을 하듯이 학습하는 것이다. 요즘, 컴퓨터 게임을 하면서 힘들다고 하소연하는 사람을 필자는 본 적이 없다. 아마, 어떤 독자는 의아한 표정으로 이렇게 반문할지 모른다. "그처럼 가볍게 성의 없이 게임을 하듯이 학습을 하면 어떻게 이해하고 기억할 수 있습니까?" 이 질문은 일리가 있는 듯 하지만 그 대답은 곧 알게될 것이다. 필자는 가볍게 성의 없이 학습하라고 한 적이 없다. 게임을 할 때 독자는 성의 없이 하는가? 오히려 사실상 가장 성의 있게 그리고 흥미진진하게 게임에 몰두하고 있을 것이다. 가슴이 뛰는 즐거움과 흥미진진한 흥분을 느끼며 게임에 빠져있을 것이다. 그리고 게임을 하는 동안 스트레스 때문에 머리를 쥐어짜거나 심각하지 않더라도 내용이 머리속에 쏙쏙 들어온다. 누가 시키지 않아도 게임에 푹빠져 밤샘을 거뜬히 할 정도로 몰두하게 될 것이다. 물 흐르는 학습은 성의 없이 가볍게 읽은 듯 하지만 어떤 학습을 한 것보다도 기억내용이 살아 있다.

핵심어 밑줄치기

우리가 학습내용을 다룰 때 전체 내용을 시시콜콜 다 알고 외워야 실력이 늘고 시험에서 고득점을 받을까? 정답은 '아니다' 이다. 전체 내용을 시시콜콜 다 알고 외운다는 것 자체가 제한된 시간과 에너지를 가진 평범한 우리로서는 거의 불가능에 가깝다. 설혹 가능하다 하더라도 책 한 권 학습하려다가 세월을 다 보내고 말 것이다. 중요한 것은 학습내용의 주된 개념, 다른 개념과의 차이점, 핵심적인 요소를 파악해야만 학습했다고 할 수 있는 것이다. 그러면 주된 개념, 핵심요소를 어떻게 파악할 수 있는가? 그것을 나타내주는 핵심어를 파악하면 된다. 핵심어는 주로 명사 또는 동사이다. 형용사나 부사 등 다른 품사는 가끔 있을 수 있다. 학습내용 중에

'모르는' 단어, '중요하다'고 생각되는 단어들이 눈에 띈다. 그 단어들이 핵심어이다. 핵심어에 연필로 밑줄을 긋도록 하라. 첫 번째의 물 흐르는 학습이 편하게 끝나고, 두 번째 읽기로 들어간다. 첫 번째 읽을 때 눈에 띄지 않는 중요 단어들이 두 번째에서 눈에 띈다. 당연히 밑줄을 긋는다.

두 번째 읽기도 물 흐르는 학습으로 부드럽게 마치고 세 번째 읽기로 간다.

세 번째 읽을 때 새로이 눈에 띄는 단어에 밑줄을 그으면 중요단어의 99%는 발견되어 연필로 밑줄이 그어졌을 것이다. 나의 물 흐르는 학습으로 학습하니까 세 번째 읽더라도 그리 힘들지 않았다. 그런데 잠깐! 이처럼 쉬운 밑줄 긋기가 '고상하신 분들'에게는 너무나 힘들 수 있다. 속담에 "말 타면 마부 부리고 싶어한다"는 말이 있다. 이 말은 쉬운 것도 노력하지 않고 더 편하게만 하려는 인간의 약점을 지적한 것이다.

감나무의 감을 리모콘으로?

물 흐르는 학습으로 편하게 나아가면서 연필로 핵심어에 밑줄을 긋는 것도 하기 싫어하는 사람들이 분명히 있다는 사실이다. 사람은 습관의 동물이다. 그래서 지금까지의 습관과 다른 행동은 쉬운 것이라 할지라도 따라하는데 어려움을 느낄지 모른다. 내가 시스템학습법을 실제로 여러 사람들에게 권해 보았을 때 이처럼 쉬운 것을 제대로 실천하지 않는 사람들이 꽤 있었다는 것을 알았다. 그리고, 그들은 더 편한 학습법만을 원하고 있다는 사실이다. 비유를 들면, 감나무의 감을 딸 노력은 하지 않고 입을 벌리고 누워있으면 감이 입으로 들어올 것을 바라는 사람들이 종종 있다. 한술 더 떠서 "감을 리모콘으로 조종해서 입으로 들어오게 할 수 없을까?"하고 생각하는 사람도 있을지 모른다. 독자들은 그동안 학습에 너무 많은 고생을 하신 분들이라 밑줄치기 정도라면 틀림없이 따라할 것이라고 믿는다.

밑줄치기는 시각적으로 자극

세 번째 읽기를 물 흐르는 학습으로 끝낸 독자는 이제 1단계가 끝난 것이다. 그러므로 특별한 경우가 아니라면 핵심어를 골라 밑줄치기 하는 게임은 1단계에서 끝난다. 책을 읽으면서 밑줄치는 학생이, 그렇게 하지 않은 학생보다 회상점수가 높았다는 실험결과가 있다. 시각적 기억이 언어적 기억보다 상당히 우수하다고 한다. 밑줄 그은 부분이 시각적으로도 자극이 되어 기억에 도움이 되는 것이다. 어차피 우리는 완전한 문장을 기억하기 어렵다. 따라서 밑줄을 그은 핵심 단어들을 기억함으로써 그 주변에 있는 학습내용들을 함께 연상하여 우리의 지식으로 승화시킬 수 있다. 그리고 핵심어를 중심으로 기억해야 학습량을 충분히 소화할 수 있다. 그러면 핵심어에 대한 이해도가 증가된다. 핵심어에 밑줄을 그을 때 학습자료에 주의력이 집중되는 좋은 효과가 있는 것이다.

충분한 반복학습/3단계에 의한 학습

학습의 지연효과에 관하여 생각해 본다. 학습을 시작하면 처음부터 꼼꼼히 학습하려는 사람들이 대부분이다. 이들은 학습에서 몇 번 반복하는 것이 힘들어 결국 학습을 중도포기하게 된다. 재래식 학습방법의 엄청난 폐해이다. 그보다는 신속하게 여러 번 훑어보는 것이 더 효과적이다. 물 흐르는 학습을 하면 편하면서도 속도가 3배는 빠르다. 이러한 학습이 반복되어 이루어지면 어느덧 학습내용에 대한 이해가 이루어지고 저절로 암기가 이루어진다. 심리학자들은 이를 지연효과라고 한다. '지연효과' 라고 부르는 것은 의미가 있다. 학습의 효과는 당장에 얻어지는 것이 아니라, 학습이 반복되고 반복되어지면서 그 효과가 '나중에' 즉 '지연되어' 나타난다는 것이다. 재래식 학습법은 당장 이해하고 당장 외워서 '점수 따기' 만을 목표로 하였다는 심각한 결함이 있었다. 재래식 학습은 그 열매를 맺을 수 없다는 사실을 학습심리학자들이 '지연효과' 라는 용어까지 사용하면서 설명하고 있는 것이다. 그럼에도 재래식 학습자들이 당장 '점수 따기' 를 목표로 하는 학습을 고집하는 것은 매우 비과학적인 것임을 쉽게 알 수 있다. 시스템학습법은 재래식 학습법의 비과학적 방법을 탈피하여 과학적 원리에 순응하는 방법이다. 학습심리학자들은 정보를 반복할 때 더 기억되며 정보의 구분이 더 잘된다는 것을 실험으로 입증하였다.

강박관념과 악성 습관

여기에서 나는 사족을 덧붙인다. 우리 한국인들은 '덜렁거린다, 대충대충한다'는 얘기를 듣는다. 그런데 학습할 때는 거꾸로 처음부터 꼼꼼하게 학습하려고 한다. 재래식 학습은 초등학교에 입학할 때부터 대학졸업 때까지 중독이 된 학습방법이다. 학습을 하는 목적이 점수 따기에 있었던 것이 재래식 학습법이다. 그러므로 당장 이해하려고 한다. 당장 외우려고 한다. 그것이 마음대로 되지 않으니 스트레스가 엄청나게 높아져 학습효과는 극히 나쁘게 되어 있다. 학습이라는 것을 점수를 따기위해서 했기 때문이다. 그러니 강박관념으로 억지로 학습해 와서 악성 습관으로 뿌리박힌 것이다. 그러니까 힘은 힘대로 들고 지쳐서 결국 대부분이 중도포기자가 된다. 시스템학습법은 오히려 반대이다. 즉, 편하게 세월아 네월아 하면서 외우려고 안달하지도 않고 그저 전진한다. 그렇게 편한 마음으로 반복하는 사이에 자기도 놀라는 학습의 지연효과가 축적된다. 중도포기할 가능성이 매우 적고 어떤 학습도 쉽게 하니까 재미있다. 그런데도 어느 단계에 이르면 저절로 이해가 되고 저절로 암기가 이루어지면서 실력은 높아져있는 것이다. 사실, 천재와 둔재는 재능의 차이가 아니라 이러한 단순한 차이에서 나온다! 우리가 학습내용을 몇 번 정도나 반복해서 학습해야 할까? 재래식 학습방법으로는 세 번 반복하는 것도 너무 힘들어서 헉헉된다. 재래식 학습법이 비포장 길이라면 나의 물 흐르는 학습은 아스팔트 길이다. 비포장 길을 세 번 왕복하는 것보다 아스팔트 길을 열 번 왕복하는 것이 쉽고 편하다. 그리고 결과적으로 더 빠르다. 편하니까 중도에 포기할 이유가 없다.

묶음으로 읽기

독서속도와 이해능력을 생각해 본다. 우리가 독서 속도를 빨리하면 집중력이 떨어지고 이해하기 힘들어질까? 우리의 두뇌는 엄청난 양의 정보를 순식간에 수용하여 처리할 수 있다. 그러므로 독서속도가 빠르다고 이해력이 떨어지는 것은 아니다. 이제, 독자는 물 흐르는 학습을 하고 있다. 그리고 핵심어 밑줄치기를 통해 충분한 반복학습을 해 왔다. 독자가 학습하는 교재에는 연필로 밑줄을 그은 핵심어들이 각 페이지마다 이곳 저곳에 눈에 띈다. 세 번째 읽기를 마치면 핵심어 밑줄치기가 거의 마무리 되어 네 번째부터는 읽기가 아주 편해지고 집중력은 더욱 높아지게 된다. 이제, 독자의 눈빛이 이전보다 예리해져 있음을 보게 된다. 밑줄이 쳐진 핵심어들과 2단계에서 형광펜으로 표시한 진핵어들을 중심으로 시선이 따라가면서 술술 나아간다. 핵심어와 진핵어를 중심으로 문장들이 덩어리로 이해되기 시작한다. 이전보다 읽어가는 속도가 상당히 빨라졌음을 느낄 수 있다. 이제, 독자는 핵심어와 진핵어를 중심으로 문맥들을 파악하게 되는 것이다.

의미단위의 덩어리로

인간은 정보를 의미단위의 덩어리로 받아들인다. 이제 독자는 학습내용을 묶음으로 파악하는 능력이 생긴 것이다. 지금까지 독자는 재래식 학습법으로 학습하면서 낭비가 너무 많았다. 꼼꼼하게 힘들이며 학습을 하니 힘은 힘대로 들고 성과는 느낄 수 없었다. 그러나 이제 독자는 시스템학습법으로 엄청난 학습능력을 갖게 되었다.

이 단계에 이른 독자는 핵심어를 중심으로 묶음으로 읽는 것이 이해력에도 큰 도움이 된다는 것을 실감하게 된다. 따라서 빠르게 읽는 속독능력이 생겼을 뿐만 아니라 빠르게 이해하는 속해능력이 생겼다. 재래식 학습의 경우 안구를 움직이는 속도가 느릴뿐만 아니라 고개를 돌려가면서 읽는 사람도 있다. 시스템학습법은 핵심어를 따라가면서 하는 물 흐르는 학습이기 때문에 시선의 움직임이 빨라진다.

핵심학습의 원리

우리의 두뇌는 참으로 놀라운 능력의 원천이다. 독자가 추석 때, 방문한 고향의 옛 산을 바라보면 수십년 전에 그 산에서 놀던 수많은 추억들이 얼키설키 실타래가 풀어지듯 생각난다. '옛 산' 이라는 중심개념이 그것을 둘러싼 수많은 정보를 소생시켜 주는 것이다. 우리의 학습에도 이와 같은 원리가 있다. 독자는 그동안 물 흐르는 학습을 통하여 세월아 네월아 하면서 나아왔다. 아스팔트 길을 미끄러지듯 온 것이고, 물 흐르듯 핵심어를 밑줄치면서 편안하게 진행하여 왔다. 그리고 핵심어와 진핵어를 중심으로 묶음으로 이해하면서 반복하다보니 어느덧 여러 번 읽게 되었다. 이제, 독자가 밑줄쳐진 핵심어와 진핵어를 보면 어떤 현상이 일어날까? '옛 산' 을 바라보면 어린시절의 추억이 줄줄이 생각나듯이 핵심어를 중심으로 묶음으로 이해한 내용들이 줄줄이 생각날 것이다.

옛 산의 기억들

시스템학습법으로 독자가 알게 모르게 두뇌 속에 받아들인 정보는 재래식 학습법에 의한 것보다 엄청나게 많은 것이다. 시스템학습법의 가치는 지식의 중심인 '옛 산' 을 통해서 새로이 재생되는 막대한 지식이 독자를 지식사회의 주인공으로 만든다는 데에 있다. 대체로 지식은 서로 유기적으로 연결되어 있기 때문에 중요하고 상관성이 큰 10개나 20개를 알면 나머지 80~90개는 그 핵심내용과의 관련을 통해 자동적으로 알 수 있게 된다. 다시 말하면, 핵심을 파악하면 주변의 내용들도 쉽게 파악하게 된다. 사람이란 자기실력이 늘어가는 것을 느끼면 자신감과 용기가 생긴다. 그리고 실제로 시스템학습법을 터득한 사람은 보통사람보다 3배나 뛰어난 학습능력을 가진 인재로 변신하게 된다! 시스템학습법의 달인이 되면 대학교수나 박사들보다 더 학습을 많이 하는 사람이 된다. 그러면 독자는 당당한 자신감을 가지고 무슨 일이든 도전하고 정복하는 사람으로 변신하게 될 것이다!

Lesson 5

시스템학습법 제1단계

Lesson 5

1단계 실천 요령

1단계는 핵심어 보물찾기 게임을 하는 것이다

이러한 보물찾기 게임을 세 번 하는 것이 1단계이다. 즉 3회의 학습을 한다. 핵심어는 '중요한 단어', '모르는 단어'를 말한다. 이러한 요건에 맞는다고 생각되는 단어에 연필로 밑줄치기를 하면 되는 것이다. 첫 페이지부터 마지막 페이지까지 핵심어에 밑줄치기를 하면서 끝까지 전진하기만 하면 된다. 500쪽 책이라면 1쪽부터 500쪽까지 전부 하라는 것이다. 쩨쩨하게 100쪽이나 200쪽 정도만 겨우 하면서 나아가지 못하면 안 된다. 500쪽까지 전부 보물찾기 게임을 하면 한 번 학습이 끝나는 것이다. 마치 보물찾기 게임을 하듯 편하게 하라는 말이다. "편하게"라고? 그렇다. 정말 편하게 학습해야 한다. 학습하는 자료가 이해가 되지 않는다고 머리에 주름잡거나 외워지지 않는다고 외우려고 안달해서는 안 된다.

기(杞)나라 사람들

성격상 강박관념의 증상이 있으신 분 즉 외출할 때 가스차단기를 제대로 잠갔는지 3번 이상 확인하시는 분, 대문을 제대로 잠갔는지 3번 이상 확인해야만 거리를 나설 수 있는 너무나 꼼꼼하신 분들은 좀 조심해야 한다. 이런 분들은 모든 단어가 모두 중요해서 전부 핵심어 대접을 하려는 경향이 있다. 이는 잘못된 것이며 강박관념이다. 습관이나 성격 때문에 잘못된 성향이 누적되어 있는 것이다. 옛날에 중국의 기(杞)나라 사람이 하늘이 무너질까 걱정하느라고 항상 기를 못 펴고 살았다고 하는데 그런 쓸데 없는 걱정을 기우(杞憂)라고 한다. 사실 상당수의 학습자들이 기나라 사람처럼 쓸데없는 걱정과 스트레스 때문에 학습을 괜히 힘들게 해왔다. 그 결과는? 형편 없는 학습효과밖에 얻지 못해 스스로 학습의 문제아로 잘못 인식하게 되었다.

잠깐만

'시작이 반'이라는 말이 여기에도 적용된다. 심리적으로 책 전체를 전부 읽었다는 것은 매우 의미있는 자신감을 독자에게 주는 것임을 명심하기 바란다. 이미 독자의 두뇌 속에는 한 번 읽은 내용이 한 줄로 새겨지기 시작하였다. 시스템학습법은 절대로 학습을 어렵게 하거나, 힘들여 하거나, 안달하려 하지 않는다. 이해되든 말든, 외워지든 말든, 세월아 네월아 하면서 한없이 편하게 부담없이 하는 데에 그 엄청난 잠재력이 있음을 이 과정을 진행하면서 독자들은 결국 알게 될 것이다. 하여튼, 고기 맛을 본 사람이 고기를 먹는 재미를 알 수 있는 것이다. 첫 경험은 그 사람의 장래를 결정짓는 중요한 갈림길이 되기도 한다. 그러므로 1단계의 첫 번째 학습하기를 무조건 성공하는 것만이 앞으로의 창창한 대로를 독자에게 약속해 줄 것이다. 그러므로 정말 까다롭거나 꼼꼼하게 학습하려 하지 말고 그저 편하게 이해되거나 말거나 외워지거나 말거나 거침없이 전진하기만 해야 한다. 이해가 잘 안 된다고 멈추어 이해하려고 한다든지, 좀더 확실히 외우려고 다시 읽는 일은 절대로 해서는 안 된다. 이해하지 못해도 외우지 못해도 다음에 몇 번이고 또 학습할 기회가 마련되어 있으므로 그냥 넘어가라!

01

휴일날에 밥을 먹으면 더 좋다?

그런데 여기서 중요한 것은 매일 하루에 30분 이상은 반드시 학습해야 한다는 것이다. 휴일날도 마찬가지이다. 학습에는 결코 휴일이 없다. 우리가 밥먹는 것을 “일”하는 것으로 느끼며 산다면 얼마나 지겨울 것인가? 다행스럽게도 먹고 마시는 것은 결코 "일"이 아니고 즐겁고 편한 것이라고 우리는 느끼고 있다. 그러기 때문에 사시사철 하루도 먹지 않는 휴일이 없어도 귀찮거나 싫증나거나 하는 일이 없다. 오히려 휴일날에 식욕이 더 난다.

독자가 자진적으로 참여하는 "학습 달인의 길"은 이해하려고 힘들여 하는 길도 아니고 외우려고 골때리며 닥달하는 길도 아니다. 그저 즐기듯 편안하게 매일매일 하는 것이므로 평일이든 휴일이든 밥을 즐겨먹듯이 매일 편안하게 이 길을 가기만 하면 되는 것이다. 또 하나! 독자가 한 번 "지나간" 코스의 내용이 기억나지 않거나, 잘 모르겠거나, 확실한 실력이 붙었는지 의심스럽거나 어떻든 전혀 걱정해서는 절대로 안 된다. 특히 "똑똑하신" 분들이 여기서 결정적인 과오를 범하면서 장래를 망치는 일이 허다하다.

02

두 번째 게임을 시작한다

자, 우리는 아직도 1단계에서 "게임"하고 있는 중이다. 처음에 하던 게임을 다시 해본다. 즉, 두 번째로 학습교재를 보면서 첫 페이지를 시작으로 하여 마지막 페이지까지 편안하게 진행시켜 간다.

이제 두 번째 학습하는 것이므로 처음에 학습할 때보다 조금 더 이해가 되는 것 같다고 느끼시는 분도 있으리라. 아니면, 별로 발전이 없다고 느끼는 분도 있을 수 있다. 여하튼, 아무 상관없는 일이다. 이미 독자는 성공의 반을 건너 왔다고 내가 보증하고 있다. 실력이 늘었다고 느끼는 사람이나 아니라고 느끼는 사람이나 내 말대로만 그대로 진행하면 모두 "학습 달인"의 길로 들어설 것이다. 여기서 절대로 중요한 것은, "잔꾀"를 부려 이 성공의 편한 길로 가지 않고 다른 길로 접어드는 불쌍한 염소가 되지 않는 것이다.

만약 두 번째 학습하는 "보물찾기 게임"이 혹시 편하지 않다던가, 힘들었다고 느끼시는 분들은 절대로 주의해야 한다. 아직도 목에 핏대를 올리거나 머리에 주름을 잡으며 스스로를 학대하고 있다면 독자는 잘못하고 있는 것이다.

잠깐만

기존의 재래식 방법으로 학습하는 사람들은 보통 두 번째 학습할 때는 상당히 이해하고 외워지기를 기대하면서 학습하기 때문에 우선 마음이 긴장된다. 그리고 무엇인가 머리속에 분명히 새겨져서 두 번의 학습의 열매가 좀 보기 좋게 보여지기를 은연중 바라게 된다. 그러기 때문에 머리가 가뿐하지 못하고 목덜미도 긴장된다. 머리와 마음이 모두 무거워서 숨이 벌써 약간씩 힘들다. 그러나 시스템학습법에 참여하는 독자는 어떠한가? 아직도 전혀 무리가 없다. 학습 교재가 이해되든 말든 외워지든 말든 그저 앞으로 전진만 하고 있다. 편하게 나아가기만 할 뿐이다. 그래도 독자의 머리속에는 두 번째 학습한 내용이 알게 모르게 새겨지고 있다는 엄연한 사실이다. 아무런 걱정일랑 하지 말고 그저 담담히 게임하면서 앞으로만 나아가라!

03

세 번째는 마무리다

처음 학습을 할 때와 같이, 그리고 두 번째 학습할 때와 “똑같이” 교재를 보면서 학습 교재에서 핵심어 보물찾기를 시작한다. 다만 이미 밑줄치기가 된 핵심어는 볼 필요가 없으므로 밑줄이 없는 내용 중에서 핵심어가 혹시나 있는지 찾아서, 혹시 나오면 밑줄치기를 하고, 없으며 넘어가면 된다.

우리 프로그램에 참여하고 있는 독자들은 지금까지 힘들거나 골때리거나 안달하는 일이 없었다. 이해되지 않든 말든, 외워지든 말든 고민해야 하는 이유도 없었다. 그러므로 지금 이 세 번째로 학습할 때까지 탈락하는 사람은 아마도 급한 열병에 걸려 긴급히 입원한 환자 외에는 없었으리라. 그 환자분도 열만 내리면 차분하게, 그리고 편안하게 다시 따라 하면 되므로 엄밀하게 탈락자는 아니다.

04

참으로 꽉 막힌 사람

좀 유식하다고 하는 혹자는 말한다. "이 프로그램은 누구나 아는 것으로서 뭐 특별한 것이 없지 않느냐?"고. 이런 말을 하는 분은 뭐 특별한 것이나 복잡한 것만이 좋은 것이라고 생각하는 사람이다. 참으로 꽉 막힌 사람이다. 답답하다. 이 답답한 분은 "진리는 그리 복잡하거나 까다로운 것이 아님"을 아직도 모르고 있는 사람이다. 이 엄청난 진실된 결과를 보면서도 그런 무책임한 말을 하고 있으니....... 아인슈타인의 상대성 원리는 매우 간단하다. 그러나 그 원리의 배후에는 심오한 이치가 있다는 사실이다. 시스템학습법도 방법은 매우 간단하다. 그러나 학습심리학 근거, 두뇌과학적 근거는 매우 심오하며 놀라운 원리를 바탕으로 하고 있다는 것을 알아야 한다.

기존의 재래식으로 똑같은 학습교재로 시작하면 100명중에 90명은 1단계 즉 3회의 학습을 제대로 마치는 경우가 거의 없다. 대부분 도중하차하고 오로지 "독하신 분"들 몇 명만이 겨우 살아남았다는 엄연한 현실을 우리는 경험해 왔다. 그러나 이 프로그램에 참가한 우리 독자들은 열병에 걸린 가엾은 분 빼고 전원 살아남았다는 엄청난 현실을! 더욱이 살아남은 우리 독자들은 "독하신 분"들이 아니라 그저 평범한 분들이라는 것을 알아야 한다.

05

적은 차이가 천재와 둔재로

가토 마사하루는 일본 광고회사의 기획 컨설턴트이다. 그는 그의 저서에서 "한 권의 책에서 의미가 있고 중요한 부분은 단지 10% 내외라고 한다. 따라서 책을 읽을 때에는 필요한 부분을 찾아 자신의 지식으로 삼으면 된다는 점이다."라고 말하고 있다.

천재와 둔재로 갈리는 것은 아주 적은 차이에서 비롯된다는 것을 엄숙히 기억해 주기 바란다. 독자가 1단계에서 세 번째 학습하기를 마치면 이제 성공의 길을 60% 돌파한다는 엄청난 낭보가 기다리고 있음을 확신하라. 세 번째 학습하기도 이해가 가든 안 가든, 외워지든 말든, 아무 상관할 바 없이 이제 엄숙히 마치게 된다.

왜 나는 "엄숙히" 마친다고 선언하는가? 세 번째 학습하기를 마친 독자의 두뇌에는 학습 교재의 내용이 3중으로 새겨져 있으며 앞으로 도약할 수 있는 실력이 알든 모르든 확고히 심어져 있기 때문이다. 그리고 사실상 아무 걱정이나 조바심이나 안달이나 좌절이나 욕심도 없이 그저 편하게 또 편하게만 따라 왔다. 그럼에도 독자의 말랑말랑한 두뇌신경에 학습 내용이 장애물 없이 심겨져 엄청난 정보가 아주 잘 보존되어 있고, 독자는 교재 내용을 대충 알게 되고 전체적인 흐름을 이해하게 되는 상태가 된다. SR시스템학습법에서 1단계는 이해하거나 암기하는 것이 아니라 그저 보물찾기 게임하듯 핵심어 찾기 게임을 하는 것이다. 그러므로 1단계에서는 이해가 되지 않을 것이고 더구나 암기는 이루어지지 않는다.

☑ 실제 학습사례

로크의 사회계약론

로크의 사회계약론은 두 가지 문제점이 있다. 첫째, 사회계약의 역사적 사실성에 관한 문제다. 곧 "상호간에 독립되고 평등한 일단의 사람들이 함께 모여 이런 방법으로 정부를 시작하고 수립하였던 실례는 역사상 어디에서도 발견되지 않는다."고 반론이 제기될 수 있다. 이에 로크는 "정부는 어느 곳에서든 간에 기록보다 앞선다."라는 말로 대답한다. 로크는 국가의 기원에 관한 역사적 설명에서 최초의 정부가 가정에서 시작되었고 처음의 지배자가 가부장적 군주였다고 보았다. 그는 "가족의 자연적인 아버지가 눈에 띄지 않는 변화를 거쳐서 또한 그들의 정치적 군주가 되었다."는 사실을 인정하였다. 그가 부정한 것은 단지 군주가 그 자격을 갖는 것이 부권에 의한 것이라는 점이다. 부권과 정치적 권력은 전혀 별개의 권력이며, 따라서 아버지가 군주로 변신하는 것은 오직 "자식들의 명시적 또는 묵시적 동의"에 의해서일 뿐이다.

로크는 역사의 초기에 정부가 아버지인 군주 한 사람의 수중에 있었다는 사실이 자신의 주장, 곧 정치사회의 기원은 하나의 공동체를 수립하여 거기에 가입하려는 각 개인들의 동의에 의존한다는 주장을 훼손하는 것은 아니라고 강변한다. 로크의 사회계약의 관념은 "하나의 설명장치, 한 사회의 구성원들이 마치 상호 계약을 맺은 것처럼 행동하지 않고서는 그 사회가 존재할 수 없다고 말하려는 하나의 방식"이었다.

두 번째 문제는 최초의 국가 설립자들의 후손들의 지위를 어떻게 설명할 것인가 하는 것이다. 계약 이론이 처한 딜레마는, 한편으로 만일 그것이 사회의 기원을 설명하기 위한 순수한 역사이론으로 간주된다면, 뒷 세대의 권리에 대해서는 전혀 아무런 의미도 갖지 못하게 되어 정치적 의무의 설명으로는 무용지물이 되어 버리는 반면, 만일 그것을 일차적으로 정치적 의무의 분석장치로 취급한다면, 그것에서 도출되는 이론적 개인주의-누구든지 간에 복종할 것을 개인적으로 직접 동의한 정부가 아니고는 복종할 의무가 없다고 주장하는-는 정부 그 자체와 양립하기 어렵게 된다는 점이다.

중세 이래 동의의 개념은 일반적으로 공동체의 유기적 연속의 관념과 결부되어, 어느 한 시기에 행해진 동의는 당대인들뿐만 아니라 동일사회의 같은 구성원으로서 그 후속 세대들도 구속하는 것으로 인식되었다. 그러나 로크의 견해에 의하면, 오늘날 사람들은 비록 어떤 국가 안에서 태어나기는 하지만, 출생 그 자체만으로는 결코 어느 국가의 시민도 되지 않는다. 그들은 자유로운 존재이며, 자유로운 인간인 그들을 한 국가의 구성원으로 만들어 주는 것은 오로지 그들의 자발적인 동의뿐이다.

그와 같은 동의는 명시적 동의와 묵시적 동의로 구분되는데 문제가 되는 것은 묵시적 동의이다. 로크는 "누구든지 어떤 정부의 영토를 어느 일부라도 소유하거나 향수하는 사람은 모두 그것으로써 묵시적 동의를 행하는 것이며, 그리고 그렇게 향수하고 있는 동안은 그 정부 밑에 있는 다른 어떤 사람들과 똑같은 정도로 그 정부의 법률에 복종할 의무가 있다."고 말한다. 또 영토의 소유나 향수가 자손에게 상속되는 영구적인 소유이든,

불과 한 주일의 체류이든, 또는 단지 공로를 자유롭게 여행하고 다니는 것에 지나지 않든 상관이 없으며, "어느 누가 그 정부의 영토 안에 있다고 하는 바로 그 사실" 자체도 묵시적 동의라고 주장하였다.

묵시적 동의만 한 사람은 그가 향수하는 토지를 "증여나 매각 또는 다른 방법으로" 처분만 해 버리면, 언제든지 그 의무에서 벗어나 자유롭게 되며 그렇게 되면 그는 어느 다른 나라에 가입하여 그 일원이 될 수도, 혹은 다른 사람들과 더불어 미답의 곳에서 새로운 국가를 세울 수도 있는 것이다.

그러나 이 묵시적 동의는 그를 그 나라의 항구적인 국민, 완전한 시민으로 만들어 주지는 않으며 명시적 동의만이 사람을 한 나라의 시민으로 만들 수 있다. 이것은 그를 그 나라에 영원히 결박시킨다. 근래 많은 로크 전문가들이 동의 논의와 관련하여 곤혹스러워 하는 것은 명시적 동의에 대해서이다. 로크의 동의 논의에서 발생하는 오해와 혼란은 그가 명시적 동의와 묵시적 동의를 서로간에 본질적인 기능의 차이가 있는 것으로 성격규정한 데서 오는 것이다. 양자는 단지 동의의 표명방식의 차이에서 구별된 것인데, 거기에 기능상의 본질적 차이를 부여할 이유가 어디에 있는가?

로크 정치사상의 전체적인 맥락에서 볼 때, 명시적 동의와 묵시적 동의가 내용상 서로 구별되는 것으로 이해되어야 할 아무런 근거가 없다. 따라서 묵시적 동의는 그 동의자에게 시민권, 완전한 성원의 자격을 부여해주지 못하며, 그것은 오직 명시적 동의로써만 가능하다는 진술은 로크 자신의 전체적 입장과 직접적으로 상충되는 것이다. 동의에 있어서 중요한 것은 무엇에 동의했는가 하는 동의의 내용에 놓여 있는 것이지, 그것을 어떤 방식으로 표명했는가 하는 형식에 놓여 있는 것은 아니기 때문이다.

이상의 학습예문을 어떻게 물 흐르는 학습을 적용하여 학습할 수 있는가? 물 흐르는 학습은 부드럽게 편한 마음으로 학습하는 것이다. 핵심어를 연필로 밑줄 치면서 물 흐르는대로 진행시킨다. 스트레스 없이 평온한 마음으로 진행되므로 뇌파는 학습에 가장 좋은 상태이다. 명심할 것은 이해가 되든 말든, 기억이 되든 말든, 그냥 물이 흐르듯 진행시키는 것이다. 그렇게 진행시키면서 부드러운 반추(연반추)학습이 이루어지면 단계가 더 진행되면서 어느 틈에 이해되고 외워진다. 물 흐르는 학습의 진가가 여기에 있다. 게임을 하듯이 학습하는 것이다. 그것이 우리 두뇌가 엄청난 실력을 축적하는 지름길이다.

'연'이란 연시 특 말랑말랑한 감

위의 예문은 독자에 따라 쉬운 내용일 수도 있고 아닐 수도 있다.

하여튼 물 흐르는 학습을 토대로 접근하면 된다. 이해가 되는 부분도 있고 아닌 부분도 있을 것이다. 독자는 아마도 빨리 확실히 이해하기 위하여 처음 읽을 때부터 쌍심지를 돋우며 긴장하는 것이 버릇이 되어 있을지 모른다. 정말 나쁜 우리 모두의 지금까지의 학습방법이다. 물 흐르는 학습은 정말 편하게 술술 읽어내려 가라는 것이다. 보통의 학습내용은 부드럽게 세 번째 읽기 시작하면 눈에 꽉 차 들어오는 것을 느낀다. 바로 연반추 효과이다. '연'이란 연시 즉 말랑말랑한 감을 말할 때의 '연'을 말하는 부드러운 연, 연할 연이다. '반추'란 되새김을 의미하며 반복을 의미하는 것으로서 지적 음식을 부드럽게 여러 번 되새김하여 완전 소화흡수가 되도록 하는 학습활동이다. 어려운 내용은 일곱 번째로 읽을 때 내용이 눈에 차 들어온다. 물은 높은 곳에서 아래로 흘러가게 되어 있듯이 그저 나아가는 대로 물 흐르는 학습을 편안히 진행하면 반드시 학습내용을 파악하게 되어 있다. 우리가 스트레스 없이 읽어가는 사이에 우리의 두뇌에는 그 동안 읽은 내용이 소리 없이 새겨지고 있다는 사실을 알아야 한다. 우리가 외워야 한다고, 이해해야 한다고 아무리 의식적으로 노력한다고 해도 그렇게 되는 것은 아니다. 오히려, 게임을 하듯 편하고 즐기듯 읽어야 두뇌는 더 잘 돌아간다. 1단계는 문맥 중에서 핵심어를 연필(샤프펜슬)로 밑줄을 쳐 나아가되 3회를 실시한다. 핵심어란 모르는 단어, 중요한 단어로 생각되는 단어를 말한다.

06

핵심어 밑줄치기

우리가 학습자료를 학습할 때 중요한 것은 학습내용의 핵심 개념, 다른 개념과의 차이점, 핵심적인 요소를 파악해야만 학습을 했다고 할 수 있는 것이다. 그러면 핵심 개념, 주요 요소를 어떻게 파악할 수 있는가? 그것을 나타내 주는 핵심어를 파악하면 된다. 핵심어는 주로 명사 또는 동사이며 기타 약간 있다고 생각하면 무난하다. 학습내용 중에 모르는 단어, 중요하다고 생각되는 단어들이 눈에 띈다. 이것을 '핵심어'라고 부르기로 한다. 그 단어들을 연필로 밑줄을 치도록 하라. 노스웨스턴대학교 교수이며 언어학 박사인 로저 생크는 "단기기억에서 장기기억으로 이전되어 저장되는 것은 그 정보가 가지고 있는 중요성에 달려 있다."라고 말했다. 핵심어가 중요한 단어이므로 밑줄치기를 하는 것이다.

주의사항

밑줄을 치는 일은 반드시 연필(샤프)로만 해야 한다. 간혹, 잘못된 단어에 밑줄을 긋는 일도 있고 익숙하게 되기 전까지는 실수가 종종 있으므로 잘못 밑줄을 친 경우 지우개로 지울 수 있어야 한다. (*사실은, 지우개로 지우는 일은 없다. 좀 밑줄이 비뚤어져도 되고 좀 잘못되어도 그리 문제될 것이 없는 것이다. 핵심어를 고르는 것은 그것이 정말로 핵심어냐 아니냐가 중요한 것이 아니다. 더 중요한 것은 핵심어에 밑줄치기를 하는 것 그 자체가 집중력을 높이는 매우 효과적인 방법이라는 점이다. 그러므로 너무 정확하게, 너무 꼼꼼하게 핵심어를 선택하려고 해서는 안 된다. 편한 마음으로 그저 게임하듯 하면 되는 것이므로 진짜 핵심어가 아닌 단어에 밑줄을 쳐도 상관이 없는 것이다.) 볼펜으로 밑줄을 치고 나면 지우개로 지울 수 없을뿐더러 지면이 너저분하게 되어 시각적으로 학습에 방해가 되고 정신의 집중에 좋지 않다. 그러므로 반드시 밑줄을 긋는 일은 연필(샤프펜슬)로만 하도록 하라. 가능하면 샤프펜슬을 항상 여러 개 준비하고 있도록 당부한다. 또한, 깨끗하게 밑줄을 치기 위해서 자를 대고 밑줄을 치는 일도 전혀 필요가 없다. 그렇게 자를 대고 밑줄을 치지 말라. 그처럼 꼼꼼하게 하려는 마음이 오히려 스트레스의 원인이 되므로 그저 게임하듯이 하면 된다. 게임을 하는 사람은 재미로 하는 것이지 엄밀하게 하려고 해서는 안 되는 것이다.

이제 1단계를 다시 살펴보도록 한다. 첫 번째로 읽는 물 흐르는 학습이 편하게 끝나면 냉수 한 잔을 마신 후 두 번째 읽기로 들어간다. 어떤 독자는 냉수 한 잔을 마시라니까, 한참 쉬었다가 하라는 것으로 오해하여 "얼마 동안 쉰 후에 두 번째 학습을 해야 합니까?" 라고 질문을 보내온 분이 있다. 너무 복잡하거나 꼼꼼하게 생각하지 않아야 한다. 그저 냉수 한 잔 마시는 시간은 사람마다 조금 다르겠지만 5분이면 어떻고 사정상 30분이면 어떻겠는가? 그저 편한 마음으로 또 전진하면 되는 것이다. 첫 번째 읽을 때 눈에 띄지 않는 핵심어들이 두 번째에서 눈에 띈다. 크게 신경 쓸 것 없이 당연히 밑줄을 긋는다. 두 번째 읽기도 물 흐르는 학습으로 부드럽게 마치면 이제는 녹차 한 잔 슬슬 마신 후 세 번째 읽기로 간다. 세 번째 읽을 때 새로이 눈에 띄는 단어에 밑줄을 그으면 핵심어의 99%는 발견되었다고 생각해도 될 것이고 그것들도 연필로 밑줄이 그어졌을 것이다.

유의 사항

어떤 독자는 "1단계에서 밑줄칠 때 눈으로만 읽어야 되는지, 소곤소곤 거리는 정도로 빠르게 읽는건 안되는지…"를 질문해 왔다. 나의 대답은 이러하다. 학습하는 내용의 양이 많지 않을 때는 소곤소곤하듯이 읽어도 된다. 그러나 인생은 죽을 때까지 학습해야 하며 특히 젊은 나이에는 학습량이 지금보다 몇 배 더 많아야 제대로 된 실력과 정신력을 남보다 월등하게 갖출 수 있다. 그러기 위해서는 소곤소곤 거리는 식의 학습으로는 그 많은 양의 학습량을 소화할 수 없을 것이다. 눈으로만 읽는 것이 훨씬 더 빠르기 때문이다. 성경이나 특별히 깊은 의미가 심오한 책일 때에는 명상을 위해 소곤소곤거리는 정도의 음독이 필요한 경우도 있겠지만, 이러한 경우의 학습은 지식이나 경쟁력과는 관계없이 단지 명상을 위한 독서일 경우에만 한해서 하는 것이다. 요컨대, 학습을 통하여 실력과 정신력을 습득하기 위해서라면 지금보다 훨씬 많은 학습량을 소화해내야 하며 이를 위하여는 눈으로만 학습해야 한다.

학습은 작업이 아니라 게임이며 즐거움의 원천이다. 1단계에서, 속도를 빠르게 하여 죽죽 나아가면 1시간에 적어도 50페이지 이상 학습할 수 있어야만 된다. 능숙하게 되면, 1단계의 1회째 학습을 한 시간에 약 100페이지 학습하는 것이 바람직하다. 그렇게 될 때까지 자신의 기존 학습방법에서 벗어나 새로운 학습법에 익숙하게 하는 데 심리적인 어려움을 극복해야 한다. 그리고 2회독을 하면서 또 핵심어를 발견하면 밑줄치고, 없으면 안 치면 되는 것이므로 고민할 필요도 없다. 그리고 3회독을 하면서 핵심어가 나오면 밑줄치면 되고 없으면 안 치면 된다. 2회와 3회독을 할 때는 이미 밑줄 친 핵심어는 제쳐놓고 밑줄이 없는 곳에서 핵심어를 발견하는 것이니 1회독보다는 2회독이 더 빨리 나아가며, 2회독보다는 3회독이 더 빨리 나아가야 한다. 1시간의 학습을 기준으로 하면 1단계 1회째에 적어도 50페이지, 1단계 2회째에 60페이지, 1단계 3회째에 70페이지를 학습하게 된다. 2단계는 속도가 더 빨라지게 된다. 각각 약 100페이지씩 학습하게 될 것이다. 이는 1단계에서 첫 번째 학습을 1시간에 적어도 50페이지 하는 것을 기본으로 하는 것이므로, 좀더 빠르게 학습할 수 있다면 더 좋다. 즉 첫 번째 학습을 1시간에 100페이지를 한다면 그 이후의 속도도 그에 비례하여 속도를 높이면 된다. 보통의 학습보다 훨씬 더 빠른 것이 SR시스템학습법의 큰 장점이며 2단계, 3단계로 갈수록 속도는 더 빨라진다.

1단계는 쾌속

1단계는 쾌속으로 진행하기에 중얼거릴 짬도 없을 만큼 빠른 속도로 학습이 나아가므로 주의가 집중되는 좋은 효과가 있다. 독자가 시스템학습법에 능숙하게 되면 앞으로 큰 경쟁력을 갖게 되어 인생을 편하고도 즐겁게 살게 될 것을 보장한다. 3단계는 1단계에서 찾은 '핵심어'와 2단계에서 선택한 '진핵어'만을 대상으로 읽는 과정이다. 이 3단계에서 핵심어, 진핵어간의 의미를 연결시키면서 읽어 나아가면 대부분의 내용을 명확하게 이해할 수 있다. 혹시 이해가 안 되거나 내용이 비약하는 느낌이 있는 경우가 있다. 이는 핵심어를 너무 적게 골랐기 때문이다. 이런 경우는 이해되지 않는 문맥 부분, 내용이 비약한다는 생각되는 부분에서 핵심어를 몇 개 더 선택하면 문제가 해결될 것이다.

1단계에서, 핵심어는 다 읽고 나서 찾는 것이 아니라 읽어가면서 동시에 모르는 단어, 중요한 단어라고 생각되는 단어를 즉각적으로 골라 밑줄을 쳐야 한다. 아마, 핵심어가 아닌 단어를 잘못 밑줄 치는 일이 있을 수도 있으나 그것은 아무런 문제가 되지 않는다. 속도를 빨리 나가면 핵심어를 제대로 고르지 못하고 빠뜨릴까봐 걱정하는 것도 쓸데없는 걱정이다. 핵심어를 빠른 속도로 고르면서 나아가기 때문에 1번의 학습으로는 결코 핵심어를 다 고르지 못한다. 그러기 때문에 1단계는 3회를 반복하는 것이다. 3회를 반복하면 핵심어를 빠른 속도로 고르는 데도 대부분의 핵심어가 포착되게 될 것이다. 혹시, 1단계에서 핵심어 중에 선택되지 않은 것 즉 빠뜨린 핵심어가 있더라도 그리 걱정할 문제가 아니다. 그래서 2단계가 있고 또 3단계가 예비되어 있는 것이다. 필자도 가끔 1단계에서 고르지 못한 핵심어를 3단계에서 발견하고 고르는 경우도 있다. 그러더라도 핵심내용을 이해하고 외우는 데는 지장이 없다. 우리의 두뇌는 그처럼 놀라운 성능을 가지고 있기 때문이다. 독자는 안심하고 좀 더 속력을 내보시기 바란다. 조금 과속이라도 시스템학습법에서는 '과속 딱지'를 발행하지 않으므로 범칙금이 없어 절대 안전하다. 편안한 마음으로 실천해 본다면 머지않아 학습의 달인으로 변화하는 스스로를 발견하게 될 것이다.

잔상효과에 대해 설명하기로 한다. 1단계에서 2회독을 할 때 1회독에서 밑줄치기를 한 핵심어는 제쳐두고 밑줄이 쳐지지 않는 부분에서만 핵심어가 추가로 있는지 보물찾기를 하여 핵심어가 있으면 밑줄치고, 없으면 그냥 넘어가면 된다. 이러한 과정에서 우리의 두뇌에서 작용하는 놀라운 능력이 나타난다. "잔상 효과"가 작용하여 이미 밑줄이 쳐진 핵심어가 저절로 무의식적으로 인식되는 학습현상인 것이다. "잔상 효과"란 시각에서 의식하지 못하는 것처럼 보이지만 우리 두뇌는 순간적으로 정보를 수용하면서 두뇌에 저장되며 그것이 잠재 정보로 작용한다. SR시스템학습법은 바로 이 "잔상 효과"까지 감안한 학습법으로서 매우 과학적이라는 점이다. 결론으로 말하면, 1단계에서 2회독, 3회독을 할 때 기존의 밑줄친 단어들은 제쳐두고 읽기 바란다.

1단계는 이해하려고 하지 않고, 외우려고도 하지 않으면서 그저 편안한 마음으로 핵심어 보물찾기 게임하듯 하는 것이다. 이러한 학습방법은 익숙하지 않는 독자에게 약간 이상한 느낌을 줄 수 있다. 지금까지 점수 따기 학습을 해왔던 독자가 전혀 그러한 노력없이 3회의 핵심어 밑줄치기 게임을 하고 나면 어떤 현상이 일어날까? 어떤 독자는 "어안이 벙벙하다", 또는 "멍청해진 것 같다"라고 말할 것이다. 그러한 느낌은 매우 정상적인 것이다. 지금까지 쌍심지를 돋우며 신경질적으로 학습하던 독자들이 이제는 스트레스를 받지 않고 학습을 하니 그런 느낌이 드는 것이다. 그런데 1단계 다음의 2단계로 들어가 2회의 학습을 마치면 학습내용이 대충 무엇에 대해 말하는 것인지 감이 잡히게 된다. 그리고 3단계 학습이 끝나면 저절로 이해가 되고 저절로 외워지게 되는 것이다. 그러므로 스트레스가 없으며 속도가 빠르고 결국 이해도와 암기도가 매우 높아지게 된다. 결과적으로, 시험성적이 나빠질래야 나빠질 수가 없는 것이다.

합격자가 된 것은 우연이 아니라

필자가, 1999년 금융감독원이 시행하는 손해보험중개인 국가고시에서 1200여명의 응시자중 수석으로 합격했던 것은 SR시스템학습법이 아니었다면 엄두도 내지 못할 결과였다. 120명만을 선발하는 시험에 나보다 대부분 젊은 20대, 30대 응시자 중에서 120번째로 합격하는 것도 나로서는 대성공으로 생각할 일이었다. 그런데, 시스템학습법으로 3단계를 마치고, 추가하여 몇 번 더 3단계 방식으로 학습을 더하니 실력이 저절로 붙었다. 또한, 시험에 임했을 때 어렵고 복잡한 내용의 시험교재 내용이 저절로 암기가 되어 있어 골치 아픈 일도 겪지 않고 전국 최고의 성적으로 합격하였던 것이다. 이는 필자가 잘 나서도 아니고, 머리가 좋아서도 아니고, 더구나 열심히 악을 써서 공부했기 때문도 아니다. 바로 시스템학습법이 과학적으로 학습효과를 발휘하여 결과적으로 높은 점수로 연결된 것이다. 필자는 이러한 현상이 재미가 있어, 그 다음 해인 2000년 금융감독원이 시행한 생명보험중개인 국가고시에 응시하였는데 합격자를 매년 50명만 선발하는 시험이기에 손해보험중개인 시험보다 더 합격하기가 어려운 국가고시였다. 손해보험중개인 응시생처럼 많은 응시생이 있었는데 나는 3등으로 합격하였다. 이것도 마찬가지로, 재미로 한 시스템학습법에 의한 공부가 저절로 고득점을 얻게 했던 것이다. 그래서 그 다음 해인 2001년 어떤 기관에서 시행하는 금융자산관리사(FP)자격시험에 응시하였는데 합격률은 9%에 불과한 좀 어려운 시험이었다. 시스템학습법으로 공부하는 한 고득점이 보장되니, 필자가 91%의 불합격자 명단에 속하지 않고 9%의 합격자 명단에 포함된 것은 역시 우연한 일이 아니었던 것이다.

물 흐르듯 부드럽게 밑줄을

시스템학습법의 물 흐르는 학습으로 학습하니까 세 번째 읽더라도 그리 힘들지 않았다는 것을 느낄 것이다. 그런데 잠깐만 생각해보자! 이처럼 쉬운 밑줄 긋기가 고상하신 분들에게는 이상하게도 실천하는 것이 힘들 수 있다. 물 흐르는 학습으로 편하게 나아가면서 연필로 핵심어에 밑줄을 긋는 것도 큰 일이라고 하기 싫어하는 사람들이 분명히 있는 것이 현실이다. 사람은 습관의 동물이다. 지금까지의 습관과 다른 행동은 쉬운 것이라 할지라도 제대로 따라하는데 어려움을 느낄지 모른다. 독자들은 그동안 재래식 학습으로 너무 많은 고생을 하신 분들이라 밑줄 긋기 정도라면 싱긋 웃으며 그냥 따라할 것이라고 믿는다. 세 번째 읽기를 물 흐르는 학습으로 끝낸 우리는 99% 밑줄 긋기를 끝냈기 때문에 네 번째 읽기부터는 밑줄 긋는 일을 거의 할 필요가 없음을 알게 된다. 그저 물 흐르는 학습으로 부드럽게 밑줄을 그은 단어들을 읽어가면서, 주변에 있는 것들도 가볍게 눈을 스치면서, 앞으로만 전진하면 된다.

따라서 밑줄을 그은 핵심어들을 부드럽게 반추함으로써 그 주변에 있는 학습내용들을 함께 연상하여 우리의 지식으로 승화시킬 수 있다. 그리고 핵심어를 중심으로 기억해야 학습량을 충분히 소화할 수 있다. 그러면 핵심어에 대한 이해도가 증가된다. 핵심어에 밑줄을 그을 때 우리의 두뇌는 집중하게 되며 이는 학습자료를 이해하고 기억하는데 도움이 된다.

☑ 실제 학습사례

로크ㄱ의 사회계약론ㄴ

로크ㄱ의 사회계약론ㄴ은 두 가지 문제점ㄱ이 있다. 첫째ㄱ, 사회계약ㄱ의 역사적 사실성ㄴ에 관한 문제다. 곧 "상호간에 독립ㄱ되고 평등ㄱ한 일단의 사람들이 함께 모여ㄱ 이런 방법으로 정부를 시작ㄷ하고 수립하였던 실례ㄴ는 역사상 어디에서도 발견되지 않는다ㄷ"고 반론ㄴ이 제기될 수 있다. 이에 로크는 "정부ㄴ는 어느 곳에서든 간에 기록보다ㄴ 앞선다."

라는 말로 대답한다. 로크는 국가ㄱ의 기원ㄴ에 관한 역사적 설명에서 최초의 정부ㄱ가 가정ㄴ에서 시작되었고 처음의 지배자ㄷ가 가부장적 군주ㄱ였다고 보았다. 그는 "가족의 자연적인 아버지ㄷ가 눈에 띄지 않는 변화ㄴ를 거쳐서 또한 그들의 정치적 군주ㄱ가 되었다."는 사실을 인정하였다. 그가 부정한 것ㄴ은 단지 군주ㄷ가 그 자격ㄱ을 갖는 것이 부권ㄱ에 의한 것이라는 점이다. 부권ㄴ과 정치적 권력ㄷ은 전혀 별개ㄷ의 권력이며, 따라서 아버지가 군주로 변신ㄱ하는 것은 오직 "자식들ㄷ의 명시적 또는 묵시적 동의ㄱ"에 의해서 일뿐이다.

로크는 역사의 초기에 정부ㄴ가 아버지인 군주 한 사람ㄷ의 수중에 있었다는 사실이 자신의 주장, 곧 정치사회의 기원ㄱ은 하나의 공동체ㄴ를 수립하여 거기에 가입ㄷ하려는 각 개인들의 동의ㄷ에 의존한다는 주장을 훼손하는 것은 아니라고 강변한다. 로크의 사회계약ㄷ의 관념은 "하나의 설명장치, 한 사회의 구성원ㄱ들이 마치 상호 계약ㄴ을 맺은 것처럼 행동하지 않고서는 그 사회가 존재ㄱ할 수 없다고 말하려는 하나의 방식"이었다.

두 번째 문제ㄱ는 최초의 국가 설립자들의 후손들의 지위ㄷ를 어떻게 설명할 것인가 하는 것이다. 계약 이론ㄴ이 처한 딜레마ㄴ는, 한편으로 만일 그것이 사회의 기원ㄷ을 설명하기 위한 순수한 역사이론ㄷ으로 간주된다면, 뒷 세대의 권리ㄱ에 대해서는 전혀 아무런 의미도ㄴ 갖지 못하게 되어 정치적 의무ㄱ의 설명으로는 무용지물ㄷ이 되어 버리는 반면, 만일 그것을 일차적ㄴ으로 정치적 의무ㄱ의 분석장치로 취급한다면, 그것에서 도출되는 이론적 개인주의ㄱ-누구든지간에 복종ㄷ할 것을 개인적으로 직접 동의ㄱ한 정부가 아니고는 복종할 의무ㄱ가 없다고 주장하는-는 정부 그 자체와 양립하기 어렵게ㄷ 된다는 점이다.

중세 이래 동의의 개념ㄱ은 일반적으로 공동체의 유기적 연속ㄴ의 관념과 결부되어, 어느 한 시기에 행해진 동의는 당대인들뿐만ㄱ 아니라 동일 사회의 같은 구성원으로서 그 후속 세대들도ㄱ 구속하는 것으로 인식되었다. 그러나 로크의 견해에 의하면, 오늘날 사람들은 비록 어떤 국가 안에서 태어나기는 하지만, 출생 그 자체ㄷ만으로는 결코 어느 국가의 시민ㄴ도 되지 않는다. 그들은 자유로운 존재ㄱ이며, 자유로운 인간인 그들을 한 국가의 구성원ㄷ으로 만들어 주는 것은 오로지 그들의 자발적인 동의뿐ㄴ이다.

그와 같은 동의는 명시적 동의ㄱ와 묵시적 동의ㄱ로 구분되는데 문제ㄴ가 되는 것은 묵시적 ㄴ동의이다. 로크는 "누구든지 어떤 정부의 영토를 어느 일부라도 소유ㄱ하거나 향수ㄴ하는 사람은 모두 그것으로써 묵시적 동의ㄱ를 행하는 것이며, 그리고 그렇게 향수하고 있는 동안은ㄷ 그 정부 밑에 있는 다른 어떤 사람들과 똑같은 정도로 그 정부의 법률에 복종할 의무ㄱ가 있다."고 말한다. 또 영토의 소유나 향수가 자손에게 상속되는 영구적인 소유이든, 불과 한 주일의 체류이든, 또는 단지 공로를 자유롭게 여행하고 다니는 것에 지나지 않든 상관이 없으며,"어느 누가 그 정부의 영토 안에ㄷ 있다고 하는 바로 그 사실" 자체ㄷ도 묵시적 동의ㄱ라고 주장하였다.

묵시적 동의만 한 사람ㄴ은 그가 향수하는 토지를ㄱ "증여나 매각 또는 다른 방법으로"처분ㄷ만 해 버리면, 언제든지 그 의무에서 벗어나ㄴ 자유롭게 되며 그렇게 되면 그는 어느 다른 나라ㄱ에 가입하여 그 일원이 될 수도, 혹은 다른 사람들과 더불어 미답의 곳에서 새로운 국가ㄱ를 세울 수도 있는 것이다.

그러나 이 묵시적 동의ㄱ는 그를 그 나라의 항구적인 국민ㄴ, 완전한 시민으로 만들어 주지는 않으며 명시적 동의만ㄱ이 사람을 한 나라의 시민ㄴ으로 만들 수 있다. 이것은 그를 그 나라에 영원히 결박ㄷ시킨다.

근래 많은 로크 전문가들이 동의 논의와 관련하여 곤혹스러워ㄷ 하는 것은 명시적 동의ㄱ에 대해서이다.

로크의 동의 논의에서 발생하는 오해와 혼란ㄴ은 그가 명시적ㄱ 동의와 묵시적ㄱ 동의를 서로간에 본질적인 기능의 차이ㄴ가 있는 것으로 성격 규정한 데서 오는 것이다. 양자는 단지 동의의 표명방식의 차이ㄴ에서 구별된 것인데, 거기에 기능상의 본질적 차이ㄴ를 부여할 이유가 어디에 있는가?

로크 정치사상의 전체적인 맥락ㄷ에서 볼 때, 명시적ㄱ 동의와 묵시적ㄱ 동의가 내용상 서로 구별ㄴ되는 것으로 이해되어야 할 아무런 근거가 없다ㄷ. 따라서 묵시적 동의ㄱ는 그 동의자에게 시민권, 완전한 성원ㄴ의 자격을 부여해주지 못하며ㄷ, 그것은 오직 명시적 동의ㄱ로써만 가능하다는 진술은 로크 자신의 전체적 입장과 직접적으로 상충ㄷ되는 것이다. 동의에 있어서 중요한 것은 무엇에 동의했는가ㄴ 하는 동의의 내용ㄱ에 놓여 있는 것이지, 그것을 어떤 방식으로ㄷ 표명했는가 하는 형식에 놓여 있는 것은 아니기 때문ㄷ이다.

이상의 학습예문을 핵심어 밑줄치기를 하면서 부드럽게 학습하면 되는 것이다. 다시 한번 주의를 환기시키고자 한다. 핵심어 밑줄치기는 반드시 볼펜이 아닌 연필(샤프펜슬)로만 해야 한다. 연필로 해야 밑줄치기를 잘못 하더라도 수정이 쉽다. 지워지지 않는 볼펜자국은 수정하기도 어려울뿐더러 시각적으로 학습내용을 어지럽힌다. 볼펜으로 밑줄치기를 하면 고칠 수 없기 때문에 틀리면 안 된다는 강박관념이 생기고 이로 인해 스트레스가 발생하여 학습효과가 급격히 감소하게 될 것이다.

통용의 의미를 점차 체득

학습예문에서 밑줄치기를 한 단어에 ㄱ을 붙인 것은 첫 번째 읽을 때 밑줄을 친 단어이고, ㄴ을 붙인 것은 두 번째에서, ㄷ을 붙인 것은 세 번째로 읽을 때에 밑줄 친 것을 의미한다. 이 사례의 ㄱ, ㄴ, ㄷ의 적용례는 단지 핵심어 줄치기를 하는 방법을 설명하기 위하여 예로 든 것일 뿐이므로 실제로 이와 같은 똑같은 예문이 있다고 하더라도 독자에 따라서 다른 단어에 밑줄치기를 할 수도 있다. 아마 매우 꼼꼼한 분은 많은 단어를 핵심어로 선택하여 밑줄을 칠 것이다. 그와 정반대의 성격이신 분은 좀 적은 단어를 핵심어로 선택하여 밑줄을 칠 것이다. 그러나 걱정할 필요가 없다. 시스템학습법에 익숙해지면 성격이 꼼꼼하신 분들은 좀 대범해지며, 반대인 분들은 상대적으로 좀 꼼꼼해지게 된다. 이는 도를 닦는 사람들이 도를 닦으면서 융통성과 원만한 성격으로 변해가듯이 중용의 의미를 점차 체득해 나아가기 때문일 것이다.

하여튼, 핵심어 밑줄치기는 물 흐르는 학습에서 연반추 학습에 절대적으로 필요한 것이다. 이것마저 귀찮다고 생각하는 분이라면 필자의 책을 구입하기 위해 시내에 나가지도 않았을 것이니 독자 중에는 그런 분이 없을 것이다. 핵심어 밑줄치기는 세 번을 읽는 동안에 99%로 대부분 완성하게 된다. 그 이후는 극히 일부분만 이삭줍기 정도로 밑줄치기를 할 것이다. 별로 어려울 것도 없는 이 간단한 방법은 독자가 위대한 업적을 이루는 엔진이 될 것임을 조만간 알게 될 것이다.

07

연반추 학습

우리가 학습자료를 몇 번 정도나 반복해서 학습해야 이해하고 충분히 기억할까? 재래식 학습방법으로는 책을 세 번 정도 반복하여 학습하는 사람은 매우 의지가 강한 사람으로서 열 명에 한 명 정도 있을 것이라고 한다. 사실, 학습이란 것이 재래식 학습법으로는 너무 힘들어서 헉헉된다. 재래식 학습법이 험한 비포장 돌밭길이라면 SR시스템학습법의 물 흐르는 학습은 아스팔트길이다. 험한 비포장 돌밭길을 세 번 왕복하는 것보다 아스팔트길을 열 번 왕복하는 것이 쉽고 편하다. 결과적으로 더 빠르다. 시스템학습법으로 학습하는 사람은 중도포기할 확률이 거의 없다. 재래식 학습법으로 충분한 실력을 갖출 때까지 완주하는 사람이 1%라면 시스템학습법으로 완주할 사람은 90%로서 100명 중에 90명은 된다. 결국 재래식 학습법보다 90배의 성공확률을 가진 시스템학습법인 것이다. 사실, 재래식 학습법으로 충분한 실력을 갖출 때까지 학습하는 것은 시스템학습법으로 3단계를 마친 사람과 비교할 때 에너지 소모가 훨씬 더 많고 시간도 훨씬 더 걸린다는 것을 앞으로 알게 될 것이다. 그리고, 시스템학습법에 의한 학습자와 재래식 학습법의 학습자의 실력은 큰 차이가 있다.

‘과잉학습’의 효과

보통 정도의 학습내용이라면 세 번 정도 반추하면서 핵심어 밑줄치기를 하여 읽으면 그 내용이 이제 이해되기 시작한다. 핵심어 밑줄치기는 보통 세 번째에 마무리되며 그 이후에는 이삭줍기 정도밖에는 없을 것이다. 좀 어려운 내용이라면 일곱 번을 읽으면 이해되기 시작한다. 따라서 어려운 내용도 일곱 번을 읽은 이후에 또 읽으면 점점 더 쉽게 이해된다. 시스템학습법은 물 흐르는 학습으로 열 번을 연반추하는 것을 기본으로 한다! 열 번 이후에 읽는 것은 더 편하고 더 잘 이해되므로 잘 활용하면 엄청난 보너스가 기다리고 있다! 그 이유는 과학적 근거가 있는 ‘과잉학습’의 효과로 설명된다. 그런데 이상하게도 재래식 학습법으로 세 번 읽는 것보다 시스템학습법으로 열 번을 읽는 것이 훨씬 편하고 재미있다는 사실이다. 시험공부에서 열 번 정도를 학습하면 시험합격확률이 훨씬 높다. 시스템학습법은 재래식 학습법보다 세 배의 효과가 있으며 합격확률은 열 배나 높다는 사실이다. 합격 커트라인 바로 밑에 있는 점수를 합격선 위로 간단히 들어 올려주기 때문이다. 충분한 반추학습은 두뇌의 기적을 일으킨다. 반추학습은 학습자도 모르게 두뇌의 잠재의식에 새겨지는 놀라운 효과를 보여 준다. 그래서 학습내용이 꿈에서도 가끔 나타나는 경우가 있다. 둔재가 천재로 뒤바뀔 수 있는 비법인 것이다.

08

학습심리학과 제1단계 시스템학습법의 조화

학습심리학자 넬슨은 기계적 시연(rote rehearsal)도 결국 기억에 도움이 되며 처리의 깊이가 증가하는 것만이 절대적으로 기본적인 것은 아니라는 것을 암시하는 자료를 보고했다. 회상 검사의 유형과 처리 수준에 불구하고 반복이 기억을 돕고 있다는 것이 증명되었다. 1단계에서 3회의 연반추 학습을 통해 이루어지는 학습은 기억에 도움이 된다.

도날드 헵은 계속되거나 반복되는 한 형태의 활동은 뇌 속에 영구적이고 구조적인 변화를 점진적으로 유발시킨다고 보고하였다. 두뇌의 단기저장은 그 정보를 복사하는 과정 즉 응고라는 과정을 통해서 일시적인 것으로부터 영구적인 형태로 정보를 전환시킨다고 한다. 단기저장 내에서의 반복적 학습은 기억을 연장시키는 시연이다. 심도처리가 깊을수록 기억흔적은 더 강하고 오랫동안 지속한다. 1단계의 핵심어 밑줄치기가 3회 반복됨에 따라 정보의 복사과정이 이루어지고 영구적인 정보로 강화된다.

스탠포드대학의 로렌스 교수는 '획득된 단서 특출성' 을 말한다. 그 예를 학습세트의 형성에서 찾아볼 수 있다. 변별과제를 연속적으로 실시하면 학습은 점점 더 빨라진다. 여러 문제들을 충분히 경험하게 되면 학습자들이 새 문제들을 풀 때 얻는 점수는 거의 완벽한 수준에 도달하게 된다. 그러면 그들이 학습세트를 형성했다고 본다. 획득된 단서특출성은 학습세트 형성의 한 단면이다. 이는 1단계의 핵심어 밑줄치기를 3회 반복하는 과정에 핵심어의 단서 특출성이 포착되며 이것이 반복되어 2단계로 넘어갈 때에는 학습은 더욱 빨라지게 되는 것이다.

형태이론의 선구자인 막스 베르트하이머는 지각영역에서, 사전경험이 좋은 게슈탈트를 결정하는 데 중요한 역할을 하고, 잘 알고 의미있는 형태가 낯설고 의미 없는 형태보다 좋은 게슈탈트가 되는 경향이 있다고 했다. 1단계에서 핵심어 밑줄치기를 3회 연반추하는 과정이 진행되면서 낯설은 정보가 점점 친숙하고 의미를 갖게되어 좋은 게슈탈트로 나아가게 되는 것이다.

멜튼은 이 현상을 지연효과라 명명했다. 최근의 연구들은 일관된 분산 효과를 얻어냈다. 분산 효과는 자유회상 학습에서 나타났다. 일반적으로, 간격을 둔 제시가 자유회상에서의 우월한 파지로 인도한다. 1단계에서 3회에 걸친 연반추 학습은 지연효과의 발생이 되는 기초학습이 되는 것이다.

브랜스포드와 존슨의 실험이 있다. 그 실험에는 세 조건이 있었다. 첫째는, 문장의 주제를 알리지 않고 제시되는 것이고, 둘째는 피험자들이 문장을 읽은 후에 그것이 옷을 세탁하는 것에 관한 것임을 말해주는 것이고, 셋째는 그들에게 문장을 읽기 전에 이러한 정보를 주는 것이다. 셋째 집단에 있는 피험자들이 다른 두 집단의 피험자들보다 두 배 이상 회상하였다. 1단계에서 3회에 걸쳐 핵심어를 찾는 과정은 사전에 정보를 얻는 과정인 것이다. 이것이 기초가 되어 본 학습이 이루어지게 되어 학습효과가 높아지게 된다.

스키너 하버드대학 교수는 "학생은 잘 아는 학습재료로부터 잘 모르는 재료로 서서히 옮아가면서 필요한 변별을 학습할 기회를 가져야 한다."라고 말했다. 1단계에서 3회에 걸친 반복학습은 잘 모르는 학습자료로부터 서서히 잘 아는 자료로 옮아가는 과정이 되는 것이다.

스탠포드대학의 아트킨슨과 쉬프린 교수의 모형은 기억을 세 개의 저장소로 분류한다. 첫 번째 저장소는 감각등록기이다. 두 번째 저장소는 단기기억 저장소로서 단기기억 또는 작업기억이다. 마지막 장기저장소는 무한한 용량을 가졌으며 도서관의 보관체계로 생각할 수 있다. 보통 기억해야 할 목록의 앞부분과 뒷부분을 중간부분보다 더 잘 기억한다. 앞부분을 잘 기억하는 것을 초두효과라고 부르고 뒷부분을 잘 기억하는 것을 신근효과라고 한다. 단기 저장고의 항목들은 시연 즉 반복을 통해 유지될 수 있다. 만일 항목들이 시연되지 않으면 단기저장으로부터 상실될 것이다. 단기저장에서 장기저장으로 이전되기 위해서는 그것들은 시연되어야만 한다. 1단계에서 3회에 걸친 연반추 학습은 저장고에서 시연하는 것과 같으며 이러한 시연이 3회 반복되면서 초두효과와 신근효과가 반복적으로 일어나 장기저장으로 들어갈 가능성이 높아진다.

에빙하우스는 최초로 인간학습과 기억에 관한 본격적인 실험을 하였다. 에빙하우스가 관심을 가진 것은 시간경과에 따른 기억의 파지(지속)였다. 파지는 두 가지 요인에 달려있다고 보았다. 하나는 첫 인상의 깊이인데 '인상의 깊이'는 초기 학습에서 목록이 반복제시된 횟수에 비례될 수 있다. 또 하나는 그 인상이 사라져가게 된 '시간'이다. 학습을 반복함에 따라 절약률이 증가된다. 완전학습을 초과하는 반복은 파지의 정도를 현격하게 증가시킨다. 이 현상을 과잉학습이라고 부른다. 한 가지 흥미있는 것은 '격리효과' 또는 '폰 레스토르프 효과'라고 부른다. 이는 만일 항목 중에서 하나가 특색있는 것이라면, 또는 그것이 다른 것들과 격리되어 있다면 한층 더 쉽게 학습된다는 현상이다. 많은 연구자들은 의미가 충만한 과제들을 더 쉽게 학습한다는 사실을 발견했다. 모든 친숙한 단어들은 의미가 충분하다. 1단계에서 3회의 연반추 학습은 3회에 걸친 반복제시로 인해 인상의 깊이가 깊어지며 학습을 반복함에 따라 생기는 절약률이 이루어지게 된다. 또한, 핵심어가 갖는 특색이 격리 효과를 발생하는 것이다. 3회에 걸친 반복학습으로 친숙해져 의미가 있는 학습효과로 나타나는 것이다.

에스테스 하버드대 교수는 그의 자극-표집 모형을 설명하면서 회복과 망각을 감안할 때 일련의 연속적인 연습의 중요성을 강조한다. 이것은 단순히 많은 양의 연습이 아니고 시간상 분산된 학습을 뜻한다. 에스테스의 이론은, 학습은 분산되어 시행될 때 가장 효과적이라는 다른 많은 교육자들과 같은 입장을 취한다. 이는 집중-분산 학습이 왜 의미 있는가를 명백히 밝혀준 것이다. 1단계의 학습은 2단계, 3단계에 걸치는 분산학습의 기초단계를 이룬다. 3단계에 이르는 분산학습이 이루어져 분산학습 효과를 발생하는 것이다.

앨렌 랭거 하버드대 심리학과 교수는 학습에서 변화는 중요한 역할을 한다고 한다. 학습에서 새로운 변화를 경험할 때 집중력이 발휘된다. 단순접촉효과가 있는데 이는 빈도가 높은 단어일수록 호감도가 높다는 사실이다. 암기하려 하지 않고 새로운 특징에 주목하면 이해는 깊어진다는 것이다. 1단계에서 3회에 걸치는 연반추 학습은 매회의 학습이 진행되면서 학습속도와 방법이 약간 변화를 갖게 된다. 이는 학습 집중에 도움이 되며 3회에 걸친 단순접촉효과도 나타난다. 3회의 빈도가 되면 처음 학습하는 것보다 호감도가 높아진다.

학습심리학자 오스벨은 텍스트에 앞서 실마리를 만든 정보인 선행 오거나이저를 미리 주고 지식 속에 실마리를 주는 것이 효과가 있음을 제안한다. 텍스트는 선행 오거나이저를 실마리로 하여 학습자가 갖고 있는 지식과 텍스트로 받은 정보와의 관련을 촉진시킨다. 실험 결과 어느 테스트에서나 선행 오거나이저를 준 집단의 성적이 좋았다고 한다. 1단계의 3회 연반추 학습은 학습교재를 충분히 이해하고 친숙해지기 전에, 부드러운 접촉으로 지식정보의 수용을 원활하게 해준다. 핵심어는 선행 오거나이저로서 작용하여 학습효과에 기여한다.

왓슨의 학습에 관한 두 원리로서 빈도와 최신성을 제시한다. 이 이론은 피험자들이 그것들에 대해 반응할 때마다 그 항목은 빈도 단위를 획득하게 된다는 아이디어이다. 항목이 더 많은 빈도 단위를 획득하면 할수록, 피험자들은 그 항목을 맞는 것으로 명명할 가능성이 더 커지는 것이다. 빈도 단위들을 가산하는 가장 중요한 유형의 반응은 시연이다. 1단계에서 3회의 연반추 학습은 3회의 시연을 통해 빈도를 추가로 획득하는 것이며 이로 인해 빈도와 최신성의 원리가 학습효과로 나타나는 것이다.

캘리포니아 대학원의 전정재 교수에 의하면, 모르는 단어라도 문장에서 최소 7번 이상을 접해 보면 그 단어의 뜻을 조금씩 알게되고 8번째부터는 점점 더 알게 된다. 주위의 문맥에 의해 그 뜻을 짐작할 수 있고 여러 번 되풀이한 단어는 자신도 모르게 알게 된다고 한다. 핵심어 또는 기능어를 찾아내고 주제문장, 마지막 문장, 처음에 나오는 문장을 잘 읽으면 상당한 내용을 파악하게 되어 많은 시간이 절약된다. 1단계에서 3회에 걸쳐 핵심어를 찾아 밑줄치기를 치는 과정을 통해 모르는 것도 이해할 수 있는 기초학습이 이루어진다. 3단계에 이르면 결국 학습의 효과가 제대로 나타나게 되는 것이다.

크레이크와 록하르트는 가장 깊이 있는 처리인 의미를 다루었다. 즉, 처리가 깊을수록 단어들의 기억은 더 좋았다. 의미를 포함하는 처리가 가장 깊은 처리이다. 상이한 처리깊이가 상이한 파지기간을 가져온다고 강조함은 단기기억과 장기기억을 구분하는 모형의 대안이다. 1단계에서 3회의 핵심어 밑줄치기는 의미를 포함하는 학습활동이며 2단계, 3단계와는 다른 속도와 방법으로 학습이 이루어지게 되어 결국 상이한 처리가 형성되어 깊은 기억이 이루어진다.

학습심리학자 페이비오는 정보가 언어와 심상의 두 형태로 저장된다고 본다. 그림으로 나타낼 수 있는 어떤 것을 저장하는 단어와 진술들은 언어와 심상의 이중표상을 가능하게 한다. 대부분의 항목들은 언어와 심상의 두 형태 혹은 언어형태만으로 저장된다. 한 방식으로만 표상될 때보다는 두 방식으로 표상될 때 그 항목을 인출하기가 더 쉽다는 점이다. 두 형태로 저장되면 그 항목을 찾는 방법이 두 배만큼 많을 것이다. 1단계에서 3회의 학습을 거치며 그 후, 2단계, 3단계를 거치는 동안 단어가 표상하는 언어와 심상의 두 방식으로 저장될 가능성이 높아지게 된다. 연반추 학습에 의해 수회에 걸친 학습과정은 다양한 표상을 형성하는 데 도움이 되는 것이다.

학습심리학자 피아제의 스키마는 어떤 지식에 대해 갖고 있는 조직화된 것 즉 기존 지식체계를 말한다. 피아제는 스키마가 단계에 따라 구축되는 방식을 보여 주었다. 스키마는 새로운 경험에 의한 조절을 통해 변하고 있다. 지식의 획득과정에서 학습이나 기억도 사람이 갖고 있는 스키마로부터 제약을 받고 있다. 사람은 연구논문을 여러 개 읽으면 그것을 읽는데 소요되는 시간이 차차로 단축된다. 1단계의 3회의 연반추 학습을 통하여 새로운 지식을 기존의 지식체계인 스키마에 원활한 연합이 이루어지게 할 수 있다.

강도(strength)이론은 한 항목의 각각의 제시가 그 항목의 한 번의 단일 표상에 강도를 더하게 된다고 주장한다. 다중흔적 이론에 따르면 당신이 '다'를 지각할 때마다 그것은 서로 독립된 표상으로 저장된다. 단순한 강도 이론에 따르면, 당신이 '다'를 지각하고 시연할 때마다 강도가 커진다는 것이다. 대조적으로 다중흔적 모델은 구별되는 뚜렷한 표상들이 각각의 연습 시행에서 첨가되고 이들 구별되는 표상 요소들 모두의 합 전체에 의해 반영된다고 한다. 항목이 제시된 회수가 많으면 많을수록 기억 속에 있게 될 그 항목의 흔적들이 많아진다. 1단계에서 3회에 걸친 연반추 학습은 매 학습마다 접하는 단어에 강도를 증가시키며 다중흔적을 증가시킨다. 이는 학습효과에 직결되며 결국 기억을 강화시키는 것이다.

점화 효과(priming effect)는 워드, 케펠, 포스트맨, 자보르팅크 등의 연구자들에 의해 주장되었다. 노출된 목표항목을 보기 전에 그것과 관련된 단어를 보았다면 이들에 대한 인식이 보다 빠르고 정확하게 이루어질 것이라는 사실을 말한다. 점화가 깊이 처리될수록 두 번째 단어에 대한 인식이 보다 빠르게, 보다 정확하게 이루어졌음을 발견했다. 이들은 학습에서 사전준비가 중요함을 확인하였는데 이는 사전준비 효과가 있기 때문이다. 1단계에서 3회를 반복하면서 핵심어 밑줄치기를 하는데 이는 목표항목을 미리 보는 점화 효과와 같은 효과로 인도된다. 3회의 핵심어 밑줄치기는 사전준비 효과가 있게 되어 결국 점화 효과로 이어진다.

SR시스템학습자들의 참여자들은?

지금까지 이해되든 말든, 외워지든 말든, 그저 핵심어 보물찾기만을 하면서 편하게 앞으로만 나아왔다. 즉, 어떠한 강박관념이나 심신에 무리를 주는 어떤 부담이 없이 나아왔다. 그러했기 때문에 숨이 가쁜 일도 없고 그저 담담하게 성공적으로 지금까지 나아왔다. 힘이 들어 탈락한 사람은 아무도 없다는 사실이다!

잠깐만

빅터 프랭클은 오스트리아 빈 의대 신경정신과 교수이며 로고세라피를 가르쳤다. 로고세라피(logotherapy)란 '의미를 통한 요법'이라고 해석할 수 있다. 프랭클은 아우슈비츠와 다카우 유태인 수용소에서 3년 동안 견딘 경험이 있다. 자아 실현이란 자아 초월의 의도하지 않은 결과이다. 우리가 행복에 집착할수록 더 많은 행복을 놓치게 된다. 스포츠에서 최선의 동기부여는 결과를 극대화하기 위해 선수에게 다른 선수가 아닌 자신과 경쟁하라고 주문하는 것이다. 이는 '의도과잉'의 원리와 유사하다. 스포츠에서 긴장의 근본적인 원인은 '승리에 대해 과도하게 걱정하는 것' 혹은 '의도과잉'이다. 선수가 경쟁자를 누르고자 하는 의도 즉 의도과잉 상태라면 경기력이 약해진다. 수영코치인 워렌 바이어스는 선수들에게 "자신만의 경주를 하라"고 강조한다. 선수들은 승리가 아니라 '자신만의 최고 라이벌'이 되고자 할 때 최고의 기량을 보인다. 낙하산 경기의 우승자인 킴 아담스는 "진정한 선수는 오로지 자신과 경쟁한다. 세계 최고의 선수인 클레이는 다만 자신과 경기할 뿐이다"라고 말한다. 공포증은 불안이 일어나는 상황을 회피하려고 애쓰기 때문에 발생한다. '그가 공포를 느끼는 바로 그것을 실행하도록 하는 것, 그것이 일어나기를 바라는 것'에 의해 공포를 극복할 수 있다. 이는 정확히 역설적 의도로 성취할 수 있다는 것이다. 역설적 의도는 딸꾹질도 고칠 수 있다. 계속 딸꾹질을 하려고 애쓰면 멈춰진다는 것이다. 역설적 의도의 좋은 결과는 학습이론에 따라 설명될 수 있다. 시스템학습법에서 왜 "이해하든 말든 외워지든 말든 앞으로만 나아가라"고 하는 이유가 여기에 있다. 독자가 아무리 이해하고 싶어도 아무리 외우고 싶어도 그렇게 할 수 없는 상태 즉 학습심리학적으로 준비가 제대로 되지 않은 상태에서는 이해하거나 외워질 수 없다. 그러므로 이해하려 하지 말고, 외우려고 하지 말고 편한 마음으로 나아가면 역설적으로 저절로 이해되고 저절로 외워지는 것이다.

시스템학습법 1단계 노하우 다시 살펴보기 》》》

1단계는 학습 교재를 편하게 전체를 다 읽어본다. 그러면서 핵심어에 연필로 밑줄치기를 한다. 이러한 과정을 3회 반복하는 것이다. 이해하든 말든 외워지든 말든 그냥 계속 앞으로만 전진한다.

벌써 절반을 돌파?

독자는 위대한 학습 길의 절반을 돌파했다. 매일 최소한 30분, 많이 하면 할수록 좋은 것이 학습 활동이다. 참고로, 필자는 금융기관 재직시에 매일 90분 정도를 기본으로 학습하였고 그에 더하여 가능한 한 많은 시간을 '학습 게임'에 몰두하였다.

이해되든 외워지든 말든, 세월아 네월아 편하게

1단계의 첫 번째 학습하기를 성공하는 것이 탄탄대로를 약속해준다. 꼼꼼하게 학습하려 말고 편하게, 이해되든 말든 외워지든 말든 앞으로만 진행되도록 한다. 이해가 되지 않았어도 외워지지 않았어도 결국 이해되고 외워지게 될 것이기 때문에 안달할 필요가 없다! 보물찾기 게임을 하는 것이므로 결과에 연연할 필요가 없는 것이며, 결국은 놀라운 결과를 얻도록 프로그램되어 있음을 명심하기 바란다.

휴일날에 밥 먹어도 더 맛있다!

중요한 것은 매일 하루에 최소한 30분 이상은 반드시 학습해야 한다. 휴일날은? 학습에는 결코 휴일이 없다. 독자가 지금보다 두뇌를 수십 배 수백 배를 써도 더 잘 돌아간다! 편안하게 매일 학습하고 평일이든 휴일이든 이 길을 가면 된다.

두 번째 게임을 시작한다

두 번째로 학습 교재를 보면서 첫 페이지부터 마지막 페이지까지 편안하게 '보물찾기 게임' 을 한다. 추가로 핵심어가 찾아지면 연필로 밑줄치기를 하면 된다. 첫 번째 학습에서 밑줄치기를 한 단어는 건너뛰고 밑줄치기를 하지 않은 곳에서 핵심어를 발견하면 되는 것이므로 첫 번째 학습보다 속도가 더 빠를 것이다.

스트레스는 독약이다

'핵심어 보물찾기' 게임을 그저 편한 마음으로 이해되든 말든, 외워지든 말든 앞으로 편하게 나아가기만 할 뿐이다.

세번째는 마무리

이 프로그램은 뭐 특별한 것이 없지 않느냐고 누구는 묻는다. 재래식으로 시작하면 100명 중에 90명은 3회 정도의 학습을 제대로 실천하기 전 도중 하차한다. 오로지 '독하신 분' 들 일부만이 살아남았다. 이 프로그램에 참가한 독자들은 열병에 걸린 분 빼고는 전원 살아남았다! 독자들은 '독하신 분'들이 아니라 평범한 분들이다.

작은 차이가 천재와 둔재로

세 번째 학습하기를 마치면 성공의 길을 60% 돌파한다. 이번에도 이해가 되든 말든, 외워지든 말든 아무 상관할 바 없다. 독자가 학습하기를 3회에 걸쳐 하게 되면 두뇌에는 학습 내용이 3중으로 새겨져 있다.

시스템학습법은 끝까지 성공행진을 하는 데에 그 위대함이 있다. 재래식으로는 세 번째 학습하기를 마칠 때에 이미 기진맥진해져 있다. 100명 중 90명은 탈락하고, 나머지 10명도 심신이 고달프다. 재래식 학습자들은 지긋지긋한 학습이 빨리 끝나기만을 학수고대한다. 시스템학습법의 참여자들은? 이해되든 말든, 외워지든 말든 그저 게임만을 하면서 편하게 왔다. 게임을 하여 왔기에 더 하기만 기다려진다. 강박관념이나 심신에 부담 없이 숨가쁜 일도 없이 성공적으로 나아왔다. 주의! 시스템학습법은 유념사항들을 '꼭 그대로' 해야만 100% 성공한다. '외워서' 나아가면, 습관화된 옛 재래식 방식으로 돌아갈 위험이 높다.

특별한 보완대책!!

1단계 학습을 마친 사람들은 대부분 별 이상없이 2단계로 들어가면 된다. 그러나 특별한 경우가 있다. 너무 꼼꼼한 사람들이나, 시험 준비를 하는 사람들 중에서 좀더 철저히 준비해야만 하는 특별한 사람들이 있다. 이러한 사람들에게 특별한 보완대책을 실시한 후에 2단계로 들어가기를 권한다. 특별한 보완대책이 필요한 사람들은 1단계에서 3회에 걸쳐 핵심어 보물찾기를 했어도 핵심어가 부족하다고 느끼는 사람들을 말한다. 그러한 사람들은 1단계의 3회 핵심어 보물찾기를 마친 후에, 1~2회 정도 추가로 핵심어 보물찾기를 더 하기를 권한다. 그러면 2단계와 3단계가 무난하게 부드럽게 진행되어 학습 효과를 분명하게 느낄 것이다. 이러한 특별 보완대책을 제시하니까, 어떤 독자는 이렇게 말할 지 모른다. "1단계에서 3회의 학습을 한 것도 대단한 노력이 든 것인데, 1~2회를 추가하여 학습하는 것은 너무 힘든 일이 아닌가요?" 얼핏 일리가 있는 말로 들린다. 그러나 사실은 아니다. 시스템학습법으로 하는 학습은 속도가 매우 빠르다. 즉 적어도 첫 학습은 1시간에 50쪽, 2회째는 60쪽, 3회째는 70쪽이다. 더 빨라도 좋다. 그러면 특별 보완대책에 의해 추가로 하는 1~2회의 학습은? 추가 1회는 1시간에 적어도 80쪽, 추가 2회째는 90쪽 이상의 속도로 학습하게 되는 것이다. 더욱이, 1단계 학습은 이해하든 말든, 외워지든 말든, 세월아 네월아 하면서 보물찾기 게임을 하는 것이므로 힘들 일이 없다는 사실이다. 이러한 특별 보완대책을 실시한 독자는 매우 꼼꼼한 분이거나 특별히 시험준비를 철저히 해야 하는 분들에게만 해당된다. 즉 상당히 어려움에 처한 분들이다. 이러한 분들이 추가로 1~2회의 1단계를 더 실시하면 2단계와 3단계는 더욱 편해지고 더욱 이해력과 암기력이 높아져 학습효과를 분명히 볼수 있다는 사실이다. 이는 엄청난 소득이 아닌가? 하면 할수록 남는 장사이다. 절대로 손해가 아니다! 명심하여 실시하면 독자 자신이 이익을 보는 것이므로 이것에 불평할 이유가 없는 것이다.

Lesson 6

시스템학습법 제2단계

Lesson 6

2단계 실천 요령

2단계의 학습 방법은 간단하다. 1단계에서 3회에 걸쳐서 독자는 '핵심어'를 골라 놓았다. 그 핵심어들 중에서 '진짜 핵심어'를 고르는 것이 2단계 학습이다. '진짜 핵심어'를 '진핵어'라고 부르며, 이 진핵어를 형광펜으로 표시하면 된다. 이것을 2회 실시하는 것이 2단계이다.

자, 이제 2단계로 진입한다.

01

지금까지의 성공률 99%

기존의 재래식 방법으로 학습해 온 분들은 100명중 90명이 2단계에 진입하지 못하고 이미 탈락한 반면, 우리 독자들은 아무 불편 없이 그저 편안하게 2단계로 99명이 진입하였다. 이제는 독자들은 학습 교재의 내용에 자신도 모르게 익숙해져 버렸다. 시스템학습법은 단순한 속독이 아니다. 그러나 재래식 학습법에 비하면 학습 속도가 매우 빠르다. 1단계 첫 번째 학습에서 독자는 1시간에 적어도 50페이지를 학습하는 것이 좋다. 1단계의 두 번째 학습에서는 이미 밑줄치기를 한 단어를 건너뛰어, 밑줄이 없는 내용 중에서 핵심어를 추가로 고르기 때문에 더 빠른 학습이 이루어진다. 즉 1시간에 적어도 60페이지를 학습할 수 있어야 한다. 1단계의 세 번째 학습은 더 빠르다. 이미 2회에 걸쳐 핵심어를 밑줄치기하였으므로, 밑줄이 없는 내용 중에서 추가로 핵심어를 찾는 것이다. 그러므로 1단계의 세 번째 학습은 1시간에 약 70페이지를 학습할 수 있다.

집중력이 적어도 3배

이와 같이 1단계에서 좀 빠른 속도로 핵심어를 밑줄치기를 하다 보니 그 핵심어 중에는 '진짜 핵심어'가 아닌 단어들이 반드시 섞여 있을 것이다. 신경 쓰지 않아도 된다. 독자는 1단계에서 밑줄치기를 하는 목적을 생각해보기 바란다. 밑줄치기를 하는 것은 반드시 '핵심어'만을 골라내려고 하는 것이 아니다. 밑줄치기를 하는 것과 하지 않는 것은 집중력에 큰 차이가 나타난다. 인간은 잡념의 존재이다. 아무리 집중력이 탁월하고 잡념이 없는 것 같은 사람이라도 모든 사람은 잡념으로 가득차 있다는 사실을 인정해야 한다. 밑줄치기를 하는 과정을 행하면 그러한 잡념이 많이 줄어들어 집중력이 매우 높아진다는 사실이다. 집중력이 적어도 3배는 높아진다고 보아도 틀리지 않을 것이다. 참고로, 필자는 위에서 말한 속도의 2배 정도로 학습진도가 나아간다. 그래도 전혀 이상이 없을 뿐만 아니라 오히려 학습 효과는 더욱 좋다. 다만, 독자가 시스템학습법에 아직 익숙하지 않은 상태에서 필자와 같은 속도로 나아가면 어안이 벙벙해질 수 있기에 조금 천천히 가라고 하는 것이다. 마치 운전에 미숙한 분은 점차로 속도를 빠르게 하면서 적응해가는 것이 중요한 것과 같다. 당장 속도를 내려고 할 필요는 없는 것이다. 그러므로 익숙해질 때까지 무리없이 좀 빠른 속도로 나아가되 익숙해지면 질수록 저절로 학습 속도가 빨라질 것임을 예상해도 된다.

단방에 찾아 내려고 해서는 안 된다

이처럼 빠른 속도로 1단계 학습에서 3회에 걸쳐 찾은 핵심어 중에서 '진짜 핵심어'를 골라서 형광펜으로 표시하면 된다. 이것이 2

단계 학습 방법이다. 아주 쉽다. 그러나 단방에 '진짜 핵심어' 즉 '진핵어'를 모두 찾아 내려고 해서는 안 된다. 그러면 스트레스가 높아진다. 절대로 단방에 완벽하게 하려고 해서는 안 된다는 점을 명심하기 바란다. 2단계는 '진핵어'를 찾아 형광펜으로 표시하는 게임을 두 번 하면 된다. 요컨대 2단계는 2회의 학습 과정이다. 간단하지 않은가? 이처럼 간단한 것을 많은 사람들이 복잡하게 하려고 하고 '유식하게' 하려고 하니까 지금까지 복잡하고 비비꼬인 인생을 살아온 것이다. 학습의 참된 열매는 3단계에서 얻게 되는 것이므로 서둘러서는 안 된다. 3단계에서 '저절로' 이해되고 저절로 외워지게 되는데 왜 안달하거나 서두를 필요가 있는가?

참고로, 형광펜이 없는 부득이한 경우는 연필로 '진핵어'를 둥근 원으로 감싸는 표시를 하면 된다. 효과는 마찬가지이므로 까다로울 필요가 없다.

02

형광펜으로 진핵어 표시하기

2단계 학습을 다시 살펴본다. 1단계에서 밑줄을 치는 것은 학습 교재 내용에 익숙지 않은 상태에서 물이 흐르듯 편한 마음으로 모르는 단어, 중요하다고 생각되는 단어(핵심어)들을 부담없이 밑줄을 친 것이다. 그러므로 그 핵심어들 중에는 진짜로 중요한 단어도 있지만 덜 중요한 단어들도 상당수 있다고 볼 수 있다. 어떻든 독자가 처음 세 번을 부담 없는 마음으로 학습해 가면서 '중요하다' 고 생각되는 단어, '모르는 단어' 라고 생각되는 단어들을 핵심어로 밑줄을 쳐 왔다. 그 밑줄 친 핵심어들 중에서도 정말로 의미가 있는 단어, 꼭 기억할 단어, 중심적 단어들을 진핵어로 선택하여 형광펜으로 표시하는 것이다. 이러한 형광펜 표시하는 일은 2번에 걸쳐 한다. 따라서 2단계는 2회의 학습으로 완수되는 과정이다. 따라서 2단계를 완수하면 1단계에서 3회, 2단계에서 2회 학습한 것이므로 총 5회의 연반추를 한 것이 된다.

독서속도와 이해능력

독서속도와 이해능력의 관계를 고려해 본다. 우리가 독서속도를 빨리하면 집중력이 떨어지고 이해하기 힘들어질까? 우리의 두뇌는 엄청난 양의 정보를 순식간에 수용하여 처리할 수 있다. 그러므로 독서속도가 빠르다고 이해력이 떨어지는 것은 아니다. 연구결과에 의하면, 학습심리학자 왕(Wang)은 "얼마나 많이 정교화하는가"의 실험에서 빨리 학습하는 사람들은 느린 학습자들보다 현저한 우위를 보여주었다. 다른 말로 하면, 빠른 학습자가 더 뛰어난 학습효과를 보여주었다. 결론은 빠른 학습이 이해를 증가시키고 높은 기억력을 보여주었다. 학습 속도가 빠르면 집중력이 더 높아진다. 운전을 할 때 40킬로미터로 달리는 사람과 80킬로미터로 달리는 사람 중 누가 운전에 집중력이 더 높을까? 당연히 빠른 속도로 운전하는 사람이 운전 집중력이 더 높은 것이다. 학습도 그와 같다.

지금, 독자는 물 흐르는 학습으로 연반추 학습을 수행하고 있다. 그리고 핵심어 밑줄치기를 통해 충분한 반추학습을 해 왔다. 독자가 학습하는 교재에는 연필로 밑줄을 그은 핵심어들이 각 페이지마다 이곳 저곳에 눈에 띈다. 세 번째 읽기를 마치면 1단계가 끝나, 핵심어 밑줄치기가 마무리되어 있으므로 2단계에서는 그 핵심어 중에서 진짜 핵심어 즉 진핵어를 형광펜으로 표시만 하면 되는 것이다.

03

유의 사항

독자가 보내온 질문에 "2단계에 '핵심어 중의 핵심어' 즉 진핵어를 찾다보니 속도가 오히려 첫 단계보다 떨어졌다. 첫 단계에선 말 그대로 다 모르면 다 밑줄쳐버렸는데, 두 번째 단계는 아무래도 '핵심어 중의 핵심어' 이다 보니 혹시라도 뇌에서 착각을 일으키지 않을까 하는 마음도 들고 또 모두 밑줄 쳐버릴순 없으니 아무래도 좀 더 신중을 기하게 되고...그러다보니 밑줄을 치며 넘어가는 시간이 오히려 첫 번째 단계때보다 느려지게 됐다. 잘못된 방법 같은데... 어떻게 교정해야 하는지?"라는 것이 있었다.

잡념을 씻고 학습에 몰두하는 효과

나의 대답은 이러하다. 진핵어를 찾는 것이 첫 단계보다 속도가 떨어졌다는 것은 큰 잘못을 범하고 있는 것이다. 이론적으로나 현실적으로 핵심어 찾는 것이 더 시간이 걸리는 것이며 이미 찾아놓은 핵심어 중에서 진핵어를 찾는 것은 더욱 간단하다. 낚시로 말하면, 고기를 잡는 것보다 다 잡아놓은 고기 중에서 큰 것만 고르는 것이 훨씬 간단하고 빠른 것이다. 그것이 진짜 진핵어이냐 아니냐는 그리 중요한 문제가 아니다. 핵심어를 찾고, 그 중에서 진핵어를 선택하는 과정에서 중요한 것은 핵심어가 "진실로" 핵심어인가, 진핵어가 "진실로" 진핵어인가가 아니다. 그러한 핵심어와 진핵어를 선택하는 과정을 통해 학습의 집중력이 높아지며 학습에 초점이 이루어져 잡념을 씻고 학습에 몰두하는 효과를 가져오게 한다. 그러므로 핵심어가 정말로 핵심어가 아니어도 좋고, 진핵어가 정말로 진핵어가 아니어도 좋은 것이다. 너무 꼼꼼하게 핵심어를 찾거나 너무 꼼꼼하게 진핵어를 선택하는 사람은 SR시스템학습법의 진정한 원리를 아직 이해하지 않고 있기 때문이다. 내가 왜 나의 책을 10번 정도 충분히 읽으라고 강력히 권고하는 이유는 시스템학습법의 기본정신과 원리를 이해하고 그 이면에 뒷받침되고 있는 학습심리학 원리와 두뇌과학적 근거를 터득해야 하기 때문이다. 그래야만 시스템학습법에서 왜 1단계, 2단계, 3단계를 진행할수록 속도가 빨라지고 변화가 이루어지면서 학습의 단조로움이 극복되는지를 이해할 수 있는 것이다.

이 단계에서 독자는 핵심어들을 중심으로 묶음으로 읽는 것이 이해력에도 큰 도움이 된다는 것을 실감하게 된다. SR시스템학습법은 핵심어를 따라가면서 하는 물 흐르는 학습이기 때문에 시선의 움직임이 빠르다. 따라서 독서속도가 빨라지고 이해력도 동시에 빨라졌다.

☑ 실제 학습사례

로크ㄱ의 사회계약론ㄴ

로크ㄱ의 사회계약론ㄴ은 두 가지 문제점ㄱ이 있다. 첫째ㄱ, 사회계약

ㄱ의 역사적 사실성ㄴ에 관한 문제다. 곧 "상호간에 독립ㄱ되고 평등ㄱ한 일단의 사람들이 함께 모여ㄱ 이런 방법으로 정부를 시작ㄷ하고 수립하였던 실례ㄴ는 역사상 어디에서도 발견되지 않는다ㄷ"고 반론ㄴ이 제기될 수 있다. 이에 로크는 "정부ㄴ는 어느 곳에서든 간에 기록보다ㄴ 앞선다." 라는 말로 대답한다. 로크는 국가ㄱ의 기원ㄴ에 관한 역사적 설명에서 최초의 정부ㄱ가 가정ㄴ에서 시작되었고 처음의 지배자ㄷ가 가부장적 군주ㄱ였다고 보았다. 그는 "가족의 자연적인 아버지ㄷ가 눈에 띄지 않는 변화ㄴ를 거쳐서 또한 그들의 정치적 군주ㄱ가 되었다."는 사실을 인정하였다. 그가 부정한 것ㄴ은 단지 군주ㄷ가 그 자격ㄱ을 갖는 것이 부권ㄱ에 의한 것이라는 점이다. 부권ㄴ과 정치적 권력ㄷ은 전혀 별개ㄷ의 권력이며, 따라서 아버지가 군주로 변신ㄱ하는 것은 오직 "자식들ㄷ의 명시적 또는 묵시적 동의ㄱ"에 의해서일 뿐이다.

로크는 역사의 초기에 정부ㄴ가 아버지인 군주 한 사람ㄷ의 수중에 있었다는 사실이 자신의 주장, 곧 정치사회의 기원ㄱ은 하나의 공동체ㄴ를 수립하여 거기에 가입ㄷ하려는 각 개인들의 동의ㄷ에 의존한다는 주장을 훼손하는 것은 아니라고 강변한다. 로크의 사회계약ㄷ의 관념은 "하나의 설명장치, 한 사회의 구성원ㄱ들이 마치 상호 계약ㄴ을 맺은 것처럼 행동하지 않고서는 그 사회가 존재ㄱ할 수 없다고 말하려는 하나의 방식"이었다.

두 번째 문제ㄱ는 최초의 국가 설립자들의 후손들의 지위ㄷ를 어떻게 설명할 것인가 하는 것이다. 계약 이론ㄴ이 처한 딜레마ㄴ는, 한편으로 만일 그것이 사회의 기원ㄷ을 설명하기 위한 순수한 역사이론ㄷ으로 간주된다면, 뒷 세대의 권리ㄱ에 대해서는 전혀 아무런 의미도ㄴ 갖지 못하게 되어 정치적 의무ㄱ의 설명으로는 무용지물ㄷ이 되어 버리는 반면, 만일 그것을 일차적ㄴ으로 정치적 의무ㄱ의 분석장치로 취급한다면, 그것에서 도출되는 이론적 개인주의ㄱ-누구든지 간에 복종ㄷ할 것을 개인적으로 직접 동의ㄱ한 정부가 아니고는 복종할 의무ㄱ가 없다고 주장하는-는 정부 그 자체와 양립하기 어렵게ㄷ 된다는 점이다.

중세 이래 동의의 개념ㄱ은 일반적으로 공동체의 유기적 연속ㄴ의 관념과 결부되어, 어느 한 시기에 행해진 동의는 당대인들뿐만ㄱ 아니라 동일 사회의 같은 구성원으로서 그 후속 세대들도ㄱ 구속하는 것으로 인식되었다. 그러나 로크의 견해에 의하면, 오늘날 사람들은 비록 어떤 국가 안에서 태어나기는 하지만, 출생 그 자체ㄷ만으로는 결코 어느 국가의 시민ㄴ도 되지 않는다. 그들은 자유로운 존재ㄱ이며, 자유로운 인간인 그들을 한 국가의 구성원ㄷ으로 만들어 주는 것은 오로지 그들의 자발적인 동의뿐ㄴ이다.

그와 같은 동의는 명시적 동의ㄱ와 묵시적 동의ㄱ로 구분되는데 문제ㄴ가 되는 것은 묵시적 ㄴ동의이다. 로크는 “누구든지 어떤 정부의 영토를 어느 일부라도 소유ㄱ하거나 향수ㄴ하는 사람은 모두 그것으로써 묵시적 동의ㄱ를 행하는 것이며, 그리고 그렇게 향수하고 있는 동안은ㄷ 그 정부 밑에 있는 다른 어떤 사람들과 똑같은 정도로 그 정부의 법률에 복종할 의무ㄱ가 있다."고 말한다. 또 영토의 소유나 향수가 자손에게 상속되는 영구적인 소유이든, 불과 한 주일의 체류이든, 또는 단지 공로를 자유롭게 여행하고 다니는 것에 지나지 않든 상관이 없으며," 어느 누가 그 정부의 영토 안에ㄷ 있다고 하는 바로 그 사실" 자체ㄷ도 묵시적 동의ㄱ라고 주장하였다.

묵시적 동의만 한 사람ㄴ은 그가 향수하는 토지를ㄱ "증여나 매각 또는 다른 방법으로" 처분ㄷ만 해 버리면, 언제든지 그 의무에서 벗어나ㄴ 자유롭게 되며 그렇게 되면 그는 어느 다른 나라ㄱ에 가입하여 그 일원이 될 수도, 혹은 다른 사람들과 더불어 미답의 곳에서 새로운 국가ㄱ를 세울 수도 있는 것이다.

그러나 이 묵시적 동의ㄱ는 그를 그 나라의 항구적인 국민ㄴ, 완전한 시민으로 만들어 주지는 않으며 명시적 동의만ㄱ이 사람을 한 나라의 시민ㄴ으로 만들 수 있다. 이것은 그를 그 나라에 영원히 결박ㄷ시킨다.

근래 많은 로크 전문가들이 동의 논의와 관련하여 곤혹스러워ㄷ 하는 것은 명시적 동의ㄱ에 대해서이다.

로크의 동의 논의에서 발생하는 오해와 혼란ㄴ은 그가 명시적ㄱ 동의와 묵시적ㄱ 동의를 서로 간에 본질적인 기능의 차이ㄴ가 있는 것으로 성격 규정한 데서 오는 것이다. 양자는 단지 동의의 표명방식의 차이ㄴ에서 구별된 것인데, 거기에 기능상의 본질적 차이ㄴ를 부여할 이유가 어디에 있는가?

로크 정치사상의 전체적인 맥락ㄷ에서 볼 때, 명시적ㄱ 동의와 묵시적ㄱ 동의가 내용상 서로 구별ㄴ되는 것으로 이해되어야 할 아무런 근거가 없다ㄷ. 따라서 묵시적 동의ㄱ는 그 동의자에게 시민권, 완전한 성원ㄴ의 자격을 부여해주지 못하며ㄷ, 그것은 오직 명시적 동의ㄱ로써만 가능하다는 진술은 로크 자신의 전체적 입장과 직접적으로 상충ㄷ되는 것이다. 동의에 있어서 중요한 것은 무엇에 동의했는가ㄴ 하는 동의의 내용ㄱ에 놓여 있는 것이지, 그것을 어떤 방식으로ㄷ 표명했는가 하는 형식에 놓여 있는 것은 아니기 때문ㄷ이다.

이상의 학습예문을 어떻게 진핵어를 표시하여 학습할 것인가? 학습예문을 진핵어로 표시하면 다음과 같은 예문이 될 것이다. 학습예문에서 밑줄치기를 한 단어에 ㄱ을 붙인 것은 첫 번째 읽을 때 밑줄을 친 단어이고, ㄴ을 붙인 것은 두 번째, ㄷ을 붙인 것은 세 번째, ㄹ을 붙인 것은 네 번째(1단계를 완료한 후에 추가로 핵심어를 치는 경우에 해당)로 읽을 때에 밑줄 친 것을 의미한다. 이 사례의 ㄱ, ㄴ, ㄷ, ㄹ의

적용례는 단지 핵심어 밑줄치기를 하는 방법을 설명하기 위하여 예로 든 것일 뿐이므로, 실제로 이와 같은 똑같은 예문이 있다고 하더라도 독자에 따라서 다른 단어에 밑줄치기 또는 형광펜 표시하기를 할 수도 있다.

☑ 실제 학습사례

*아래의 예문에서 2단계인 형광펜 표시를 한 단어들은 궁서체로 핵심어 중에서 좀더 굵은 글씨체인 것들이다.

로크ㄱ의 사회계약론ㄴ

로크ㄱ의 사회계약론ㄴ은 두 가지 문제점ㄱ이 있다. 첫째ㄱ, 사회계약ㄱ의 역사적 사실성ㄴ에 관한 문제다. 곧 "상호간에 독립ㄱ되고 평등ㄱ한 일단의 사람들이 함께 모여ㄱ 이런 방법으로 정부를 시작ㄷ하고 수립하였던 실례ㄴ는 역사상 어디에서도 발견되지 않는다ㄷ"고 반론ㄴ이 제기될 수 있다. 이에 로크는 "정부ㄴ는 어느 곳에서든 간에 기록보다ㄴ 앞선다."라는 말로 대답한다. 로크는 국가ㄱ의 기원ㄴ에 관한 역사적 설명에서 최초의 정부ㄱ가 가정ㄴ에서 시작되었고 처음의 지배자ㄷ가 가부장적 군주ㄱ였다고 보았다. 그는 "가족의 자연적인 아버지ㄷ가 눈에 띄지 않는 변화ㄴ를 거쳐서 또한 그들의 정치적 군주ㄱ가 되었다."는 사실을 인정하였다. 그가 부정한 것ㄴ은 단지 군주ㄷ가 그 자격ㄱ을 갖는 것이 부권ㄱ에 의한 것이라는 점이다. 부권ㄴ과 정치적 권력ㄷ은 전혀 별개ㄷ의 권력이며, 따라서 아버지가 군주로 변신ㄱ하는 것은 오직 "자식들ㄷ의 명시적 또는 묵시적 동의ㄱ"에 의해서 일 뿐이다.

로크는 역사의 초기에 정부ㄴ가 아버지인 군주 한 사람ㄷ의 수중에 있었다는 사실이 자신의 주장, 곧 정치사회의 기원ㄱ은 하나의 공동체ㄴ를 수립하여 거기에 가입ㄷ하려는 각 개인들의 동의ㄷ에 의존한다는 주장을 훼손하는 것은 아니라고 강변한다. 로크의 사회계약ㄷ의 관념은 "하나의 설명장치, 한 사회의 구성원ㄱ들이 마치 상호 계약ㄴ을 맺은 것처럼 행동하지 않고서는 그 사회가 존재ㄱ할 수 없다고 말하려는 하나의 방식"이었다.

두 번째 문제ㄱ는 최초의 국가 설립자들의 후손들의 지위ㄷ를 어떻게 설명할 것인가 하는 것이다. 계약 이론ㄴ이 처한 딜레마ㄴ는, 한편으로 만일 그것이 사회의 기원ㄷ을 설명하기 위한 순수한 역사이론ㄷ으로 간주된다면, 뒷 세대의 권리ㄱ에 대해서는 전혀 아무런 의미도ㄴ 갖지 못하게 되어 정치적 의무ㄱ의 설명으로는 무용지물ㄷ이 되어 버리는 반면, 만일 그것을 일차적ㄴ으로 정치적 의무ㄱ의 분석장치로 취급한다면, 그것에서 도출되는 이론적 개인주의ㄱ–누구든지간에 복종ㄷ할 것을 개인적으로 직접 동의ㄱ한 정부가 아니고는 복종할 의무ㄱ가 없다고 주장하는–는 정부 그 자체와 양립하기 어렵게ㄷ 된다는 점이다.

중세이래 동의의 개념ㄱ은 일반적으로 공동체의 유기적 연속ㄴ의 관념과 결부되어, 어느 한 시기에 행해진 동의ㄴ는 당대인들뿐만ㄱ 아니라 동일사회의 같은 구성원으로서 그 후속 세대들도ㄱ 구속하는 것으로 인식되었다. 그러나 로크의 견해에 의하면, 오늘날 사람들은 비록 어떤 국가 안에서 태어나기는 하지만, 출생 그 자체ㄷ만으로는 결코 어느 국가의 시민ㄴ도 되지 않는다. 그들은 자유로운 존재ㄱ이며, 자유로운 인간인 그들을 한 국가의 구성원ㄷ으로 만들어 주는 것은 오로지 그들의 자발적인 동의뿐ㄴ이다.

그와 같은 동의는 명시적 동의ㄱ와 묵시적 동의ㄱ로 구분되는데 문제ㄴ가 되는 것은 묵시적 ㄴ동의이다. 로크는 "누구든지 어떤 정부의 영토를 어느 일부라도 소유ㄱ하거나 향수ㄴ하는 사람은 모두 그것으로써 묵시적 동의ㄱ를 행하는 것이며, 그리고 그렇게 향수하고 있는 동안은ㄷ 그 정부 밑에 있는 다른 어떤 사람들과 똑같은 정도로 그 정부의 법률에 복종할 의무ㄱ가 있다."고 말한다. 또 영토의 소유나 향수가 자손에게 상속되는 영구적인 소유이든, 불과 한 주일의 체류이든, 또는 단지 공로를 자유롭게 여행하고 다니는 것에 지나지 않든 상관이 없으며," 어느 누가 그 정부의 영토 안에ㄷ 있다고 하는 바로 그 사실" 자체ㄷ도 묵시적 동의ㄱ라고 주장하였다.

묵시적 동의만 한 사람ㄴ은 그가 향수하는 토지를ㄱ "증여나 매각 또는 다른 방법으로" 처분ㄷ만 해 버리면, 언제든지 그 의무에서 벗어나ㄴ 자유롭게 되며 그렇게 되면 그는 어느 다른 나라ㄱ에 가입하여 그 일원이 될 수도, 혹은 다른 사람들과 더불어 미답의 곳에서 새로운 국가ㄱ를 세울 수도 있는 것이다.

그러나 이 묵시적 동의ㄱ는 그를 그 나라의 항구적인 국민ㄴ, 완전한 시민으로 만들어 주지는 않으며 명시적 동의만ㄱ이 사람을 한 나라의 시민ㄴ으로 만들 수 있다. 이것은 그를 그나라에 영원히 결박ㄷ시킨다.

근래 많은 로크 전문가들이 동의 논의와 관련하여 곤혹스러워ㄷ 하는 것은 명시적 동의ㄱ에 대해서이다.

로크의 동의 논의에서 발생하는 오해와 혼란ㄴ은 그가 명시적ㄱ 동의와 묵시적ㄱ 동의를 서로간에 본질적인 기능의 차이ㄴ가 있는 것으로 성격 규정한 데서 오는 것이다. 양자는 단지 동의의 표명방식의 차이ㄴ에서 구별된 것인데, 거기에 기능상의 본질적 차이ㄴ를 부여할 이유가 어디에 있는가?

로크 정치사상의 전체적인 맥락ㄷ에서 볼 때, 명시적ㄱ 동의와 묵시적ㄱ 동의가 내용상 서로 구별ㄴ되는 것으로 이해되어야 할 아무런 근거가 없다ㄷ. 따라서 묵시적 동의ㄱ는 그 동의자에게 시민권, 완전한 성원ㄴ의 자격을 부여해주지 못하며ㄷ, 그것은 오직 명시적 동의ㄱ로써만 가능하다는 진술은 로크 자신의 전체적 입장과 직접적으로 상충ㄷ되는 것이다. 동의에 있어서 중요한 것은 무엇에 동의했는가ㄴ 하는 동의의 내용ㄱ에 놓여 있는 것이지, 그것을 어떤 방식으로ㄷ 표명했는가 하는 형식에 놓여 있는 것은 아니기 때문ㄷ이다.

위의 예문에서 2단계인 형광펜 표시를 한 단어들은 궁서체로 핵심어 중에서 좀더 굵은 글씨체인 것들이다. 밑줄 친 핵심어를 중심으로 하여 형광펜으로 표시하면 본래의 학습예문이 이상과 같이 변하게 된다. 즉, 밑줄치기를 한 핵심어와 형광펜 표시를 한 단어(진핵어)들을 중심으로 하여 주변의 문장들과 함께 묶음으로 읽어 나아가는 것이다.

이 학습법을 처음 적용하려는 독자는 아마 이렇게 질문할지 모른다. "핵심어를 중심으로 읽어간다고 주변의 문장들이 함께 읽어질 수 있을까요? 오히려 주변의 문장들을 전혀 읽지도 못하고 넘어가기 때문에 문맥을 완전히 파악하지도 못하고 대충대충 넘어가게 되는 것이 아닌가요?"

아주 중요하고 좋은 질문을 해 주셨다. 나도 처음에 SR시스템학습법을 정립해 가면서 묶음으로 읽을 때 그러한 부작용이 발생할 가능성에 무척 신경을 써서 검증을 해 보았다. 결론은 전혀 그러한 염려를 할 필요가 없다는 것이다. 독자의 성격과 학습 습관에 따라서 염려할 수 있는 것이란 이런 것이다. 즉, 대충대충 하는 성격을 가지신 분은 핵심어를 줄친 부분의 개수가 좀 적을 경우가 있다. 반대로, 꼼꼼한 성격을 가지신 분은 핵심어에 줄친 부분의 개수가 그보다 훨씬 많을 수가 있다. 이러한 현상은 일시적인 것이다.

능숙한 학습자가 될 때까지 은인자중하며 인내해야

성격이 덜렁덜렁 하듯이 치밀하지 못한 분과 꼼꼼한 분과의 차이가 학습 활동이 계속됨에 따라서 자동적으로 조정이 되어진다. 대충대충 하시는 성격인 분은 핵심어의 개수를 적게 표시했다는 것을 스스로 깨달으면서 좀더 많은 부분을 핵심어로서 줄을 쳐 나간다. 꼼꼼한 성격인 분은 핵심어를 너무 많은 부분에 표시를 하여 좀 지나친 표시를 했다는 것을 스스로 느끼면서 중요하지 않은 단어는 점차 표시하지 않게 된다. 결국은, 대충대충 하는 성격의 소유자나 꼼꼼한 성격의 소유자나 거의 비슷한 개수의 핵심어 표시를 하게 되는 것이다. 이는, 자기수양을 하기 위하여 상당 기간 도를 닦는 사람에게서 그 사례를 볼 수 있다. 성격이 급한 사람은 수양의 기간이 계속 됨에 따라서 급한 성격이 점차 안정된 성격으로 완화되는 현상을 볼 수 있다. 반대로, 지나치게 꼼꼼한 성격의 소유자는 점차 대범한 성격으로 중화되는 모습을 보게 된다. 결국은, 급한 성격의 소유자나 꼼꼼한 성격의 소유자나 모두 원만한 성격으로 귀결되는 것을 보게 될 것이다. 유의할 것은, 그러한 상태로 귀착될 때까지는 끈기있게 되풀이하여 능숙한 학습자가 될 때까지 은인자중하며 인내해야 한다. 모든 위대한 것은 인내를 통하여 이루어지는 것이다!

SR시스템학습법의 기본원칙은 3단계까지 최소한 열 번을 반추하여 학습하는 것이다. 핵심어 밑줄치기를 보통은 세 번, 이삭줍기

한 두 번 더 밑줄치기를 하기 때문에 문맥을 완전히 파악할 핵심어를 누구라도 충분히 밑줄치기를 하게 된다. 그래도 혹시 어려움이 있다면 핵심어를 추가로 더 밑줄치기를 하면 문맥을 좀 더 쉽게 파악하는데 도움이 된다. 그래도 어려움이 있으면 필자에게 이메일을 보내시면 책임지고 도와 드릴 것이다.

이메일은 lp3982830@hanafos.com이다.

인터넷 질문시 유의사항

*인터넷사이트 www.SRstudy.co.kr 에 들어가셔서 "게시판"의 "이메일 문의 유의사항"을 읽고 당부드린 사항대로 해주어야만 회신을 받을 수 있다. 수많은 불특정 다수를 대상으로 질문에 회신하는 입장에서 이러한 부탁을 드리는 것이다.

04

핵심 학습

우리의 두뇌는 중심개념이 그것을 둘러싼 수많은 추억정보를 소생시켜 주는 것이다. 독자는 그동안 물 흐르는 학습을 통하여 세월아 네월아 하면서 편하게 진행해 왔다. 아스팔트길을 방해 없이 미끄러지듯 온 것이고, 물 흐르듯 핵심어를 밑줄 치면서 편안하게 반추하여 왔다. 그리고 핵심어들을 중심으로 문맥을 묶음으로 이해하면서 반추하다보니 1단계에서 3회, 2단계에서 2회, 합해서 어느덧 다섯 번을 읽게 되었다.

줄줄이 생각날 것

독자는 핵심어를 중심으로 묶음으로 이해한 내용들이 줄줄이 생각날 것이다. 시스템학습법으로 독자가 알게 모르게 두뇌 속에 받아들인 정보는 재래식 학습법에 의한 것보다 엄청나게 많은 것이다. 시스템학습법의 가치는 막대한 지식을 독자가 편하고 빠르게 흡수하여 놀라운 지적 자산을 즐겁게 축적할 수 있다는 데에 있다. 일반적으로 지식정보는 서로 유기적으로 연결되어 있기 때문에 중요하고 상관성이 큰 핵심을 파악하면 주변의 내용들도 쉽게 파악할 수 있다는 것이다. 위에서 예를 들은 학습예문을 핵심학습의 원리에 따라 다음과 같이 정리될 것이다.

☑ 실제 학습사례

*아래의 예문에서 2단계인 형광펜 표시를 한 단어(진핵어)들은 궁서체로 핵심어 중에서 좀더 굵은 글씨체인 것들이다.

로크ㄱ--사회계약론ㄴ

로크ㄱ---**사회계약론**ㄴ---두 가지 문제점ㄱ------ 첫째ㄱ **사회계약**ㄱ---역사적 사실성ㄴ-------------**독립**ㄱ----**평등**ㄱ---------함께 모여ㄱ------------정부를 시작ㄷ----------- 실례ㄴ--------------발견되지 않는다ㄷ"--반론ㄴ----------------"정부ㄴ----------------기록보다ㄴ ---------------------**국가**ㄱ--기원ㄴ---------------최초의 정부ㄱ--가정ㄴ-------------

처음의지배자ㄷ--**가부장적군주**ㄱ-------------------아버지ㄷ-------------변화ㄴ----------------**정치적군주**ㄱ--------------------부정한 것ㄴ------군주ㄷ-----자격ㄱ--------**부권**ㄱ

-------------부권ㄴ--정치적 권력ㄷ--전혀 별개ㄷ------------**군주**로 변신ㄱ--------"자식들ㄷ------------- **동의**ㄱ----------**정부**ㄴ---------군주 한 사람ㄷ---------------정치사회의 기원ㄱ-------------공동체ㄴ----------**가입**ㄷ---------개인들의 **동의**

ㄷ-----------------**사회계약**ㄷ---------사회의 구성원ㄱ-------

상호 계약ㄴ-------------------사회가 존재ㄱ

두 번째 문제ㄱ-------------후손들의 지위ㄷ-------------**계약 이론**ㄴ-------딜레마ㄴ-------- 사회의 기원ㄷ------------역사이론

ㄷ-----------**뒷 세대**의 권리ㄱ------전혀 아무런 의미도ㄴ

----------**정치적 의무**ㄱ----------무용지물ㄷ---------------

일차적ㄴ----정치적 의무ㄱ--------**이론적 개인주의**ㄱ-------복종

ㄷ -------------**직접동의** ㄱ -------------**복종할 의무**

ㄱ------------ 양립하기 어렵게ㄷ

-----동의의 개념ㄱ----------공동체의 유기적 연속ㄴ-----------

동의ㄴ---**당대인**들뿐만ㄱ -------------**후속** 세대들도ㄱ

-------------------**출생** 그 자체ㄷ------------ 국가의 시민

ㄴ----------- 자유로운 존재ㄱ------------- 국가의 구성원

ㄷ------------**자발적인** 동의뿐ㄴ

---------**명시적** 동의ㄱ--**묵시적** 동의ㄱ---------- 문제ㄴ-----

묵시적 ㄴ----- **소유**ㄱ----**향수**ㄴ-------- 묵시적 동의ㄱ---- 향수하고 있는 동안은ㄷ----- 법률에 **복종할 의무**ㄱ-------------------

영토 안에ㄷ------ 그 사실" 자체ㄷ-- 묵시적 동의ㄱ-----------

묵시적 동의만한 사람ㄴ-------------"**처분**ㄷ----------- 의무에서 **벗어나**ㄴ--- 다른 나라ㄱ------------- 새로운 국가ㄱ----- 묵시적 동의ㄱ------- 항구적인 국민ㄴ,-------------**명시적** 동의만

ㄱ----- 한 나라의 시민ㄴ------------**영원히** 결박ㄷ

---------- 곤혹스러워ㄷ----- 명시적 동의ㄱ------------ 오해와 혼란ㄴ----- 명시적ㄱ----- 묵시적ㄱ-------- 본질적인 기능의 차이ㄴ----------- **표명방식**의 차이ㄴ-----------**본질적 차이**ㄴ? ------- 전체적인 맥락ㄷ----- 명시적ㄱ----- 묵시적ㄱ----- 내용상 서로 **구별**ㄴ--- 근거가 없다ㄷ.----- 묵시적 동의ㄱ------- 완전한 성원ㄴ---------- 못하며ㄷ-----**오직 명시적**ㄱ------------직접적으로 상충ㄷ-------------- 무엇에 동의했는가ㄴ--- 동의의내용ㄱ----- 어떤 방식으로ㄷ---------- 아니기 때문ㄷ.

핵심학습의 원리에 따라 위와 같이 정리된 핵심어와 진핵어들을 중심으로 우리의 학습을 전개하면 그 주변에 있는 문맥들이 기억되어 줄줄이 사탕으로 이어지게 되는 효과가 나오는 것이다. 보통 학습내용이라면 세 번째나 네 번째 읽을 때부터 학습내용을 어느 정도 이해할 수 있다. 어려운 전문서적은 일곱 번째 읽을 때부터 이해할 수 있다. 왜냐하면, 보통 세 번째 읽을 때부터 학습내용이 눈에 꽉 차 오듯이 이해되기 시작하는데 한 번 더 읽는 단계인 네 번째 읽을 때부터는 핵심어를 보면 앞뒤의 문맥이 저절로 눈에 들어오기 때문이다. 어려운 전문서적은 일곱 번째에 가서야 이러한 현상이 나타난다.

공이 눈에 꽉 차듯이

야구에서 타자가 제대로 된 상태가 되면 투수가 던진 공이 눈에 꽉 차듯이 크게 보이는 것과 같은 현상이다. 당연히 좋은 타격을 할 수 있듯이 이 단계의 독자는 핵심어만 보아도 앞뒤의 문맥내용이 눈에 확 들어오면서 두뇌에 새겨지게 된다. 독자는 이제부터 학습의 아스팔트길 중에서 고속도로에 진입한 것이다! 재래식 학습방법으로는 이 단계에 오기도 전에 이미 학습자들은 기진맥진하여 중도 포기자들이 속출한다. 재래식 학습자들은 학습하는 책만 펼쳐도 현기증이 느껴지고 지긋지긋한 권태감을 느낀다. 지독한 의지를 가지고 더 이상 학습하려고 해도 그 권태감이 엄청난 중압감으로 전진을 가로막고 있다. 그러니 학습능률이 오를 수 있겠는가?

잠깐만

2단계로 접어 든 독자들은 이미 1단계에서 세 번째 학습하기를 마쳤다. 독자는 이전에 내가 한 말을 어렴풋이 기억할 것이다. 학습에서 성공하려면 어떡해야 하느냐고? 편하고 자연스럽게 학습하지 않으면 실패한다고 말했다. 즉, 학습에 너무 학습자의 의지력이 요구되어서는 안 된다고 하였다. 그렇다. 독자의 머리 속에 3중으로 새겨진 내용이 이미 독자의 머리와 마음속에 친숙해져 있다.

이처럼 시스템학습법은 학습에 따르는 심리적 피로감을 최소화하고 두뇌의 잠재능력을 자연스럽게 발휘하도록 한다. 그래서 각 단계마다 헉헉거리지 않고 넉넉하게 넘어갈 수 있기 때문에 결국은 성공하는 것이다. 단순하지만 중요한 원리이다!

잠깐만

지금 이 순간이 독자에게 닥친 어려운 관문이다. 지금까지 순조롭게 왔는데 무슨 어려움? 심리적인 문제이다. 속담에 "구합은 모자라고 십합은 넘친다"라는 말이 있다. "술은 반 정도 취하고, 꽃은 반 정도 피고, 복은 반 복"이라 했다. "호사다마"라는 말은 행복한 인간에게는 반드시 궂은 일이 생긴다는 말이다. 왜 쓸데없는 이야기를 하고 있느냐고? 독자는 이 시스템학습법을 실행하기 전까지는 맨날 힘들고 헉헉거리는 재래식 학습만 해 왔다. 그러다가, 이 시스템학습법을 실행해 보니 "이거 참 편하군! 좋다, 좋아!" 그런데 우리 한국사람들의 잠재의식 속에는 너무 좋기만 하면 어딘가 불안해지는 모습이 있다. 그러니 이 단계에서 좀더 자신감을 가지고 더욱 씩씩하게 나아가야 함에도 그러한 행복에 겨운 것이 자칫 걸림돌로 작용할 수 있다는 것이다. 그러므로 독자시여! 아무 걱정일랑 매어두고 전진하라! 이미 70%의 진도를 거침없이 그리고 편하게 능률적으로 학습이 이루어지고 있음을 자부하라. 30%만 더 나아가면 지금까지 꿈에 그리던 정상이 나온다!

05

큰 장애는 권태감

학습에서 가장 큰 장애는 단조롭다는 권태감이다. 그리고 해도 해도 어디까지 해야 정상에 오를 수 있는 것인지 너무나 막연하고 회의가 되살아나 힘차게 전진할 의욕이 꺾인다는 점이다. 이제 조만간 여러분은 정상에 도달하게 된다는 기쁜 소식을 알려드린다.

사실, 뛰어난 인물과 좀 떨어지는 인물의 차이는 결국 작은 차이에서 결정되는 것이다. 평상시에는 그 차이가 별로 없으나 난국을 당했을 때 그 위기를 전력을 다하여 돌파하는 자는 뛰어난 인물로 되고, 위기에서 주춤주춤하고 타의에 의존하면서 결단력없이 나아가지 못하는 자는 결코 평범의 굴레를 벗을 수 없다.

06

90% 성공하는 놀라움

그런데 우리 독자들은 어떠한가? 시스템학습법 2단계를 마칠 즈음인 지금, 그동안 100명중 급성열병에 걸린 사람을 포함하여 10명 정도만이 이런저런 사정으로 하산하였고 90명이 바로 정상 아래인 이 곳에 남아 있으니 90%가 성공하였다. 하산한 사람들도 힘들어서 헉헉거리다가 하산한 것이 아니라 뜻하지 않은 일이 발생하여 내려 간 것이다. 그들은 이 프로그램이 참으로 편하고 단계별로 나아감에 따라서 그 실력이 늘어가는 것을 스스로 느낄 수 있으니 학습하는 것 같지 않아도 저절로 학습이 되어가는 것을 맛 본 사람들이다. 자, 아직 정상이 바로 저기 보일 뿐이고 가는 길이 평탄하고 얼마 안 남았을 뿐이니 정상까지 가려면 무슨 프로그램이 남아 있을까? 2단계에서, 책 내용의 중요한 핵심개념이 무엇인지 대충 파악하게 될 것이다. 그러나 아직 이해되거나 암기되는 단계가 아니다.

책이란 이미 알고 있는 지식과 경험을 바탕으로 읽게 된다. 스키마란 읽는 사람이 이미 갖고 있는 과거의 경험, 지식을 의미한다. 한 개인의 스키마는 이미 정리정돈이 된 지식 등이 합해 하나로 연결되는 역할을 한다. 즉 책을 읽으면 기존 지식과 연결되어 새로운 이해가 오기 시작한다. 스키너 하버드대학 교수는 "학생은 잘 아는 학습재료로부터 잘 모르는 재료로 서서히 옮겨가면서 필요한 변별을 학습할 기회를 가져야 하며 강화도 받아야 한다"고 말했다. 시스템학습법에서 1단계 3회, 2단계 3회, 3단계 5회 총 10회의 충분한 학습기회를 통해서 학습능력이 충분히 발휘될 수 있는 것이다.

07

학습심리학과 제2단계 시스템학습법의 조화

아래의 내용들은 시스템학습법이 과학적 근거에 기초하고 있음을 보여준다.

넬슨은 기계적 시연도 결국 기억에 도움이 되며 처리의 깊이가 증가하는 것만이 절대적으로 기본적인 것은 아니라는 것을 암시하는 자료를 보고했다. 회상 검사의 유형과 처리 수준에 불구하고 반복이 기억의 파지를 돕고있다는 것이 증명되었다. 2단계에서 2회의 형광펜으로 진핵어를 표시하는 과정은 1단계에서 3회의 핵심어 밑줄치기에 더하여 연반추 학습이 되어 기억 향상을 돕는다.

도날드 헵은 계속되거나 반복되는 한 형태의 활동은 뇌 속에 비교적 영구적이고 구조적인 변화를 점진적으로 유발시킨다고 한다. 두뇌의 단기저장은 그 정보를 복사하는 과정 즉 응고라는 과정을 통해서 일시적인 것으로부터 영구적인 형태로 정보를 전환시킨다고 한다. 단기저장 내에서의 반복적 학습시행은 단기저장 흔적의 강도를 지속시켜 주어서 그 항목이 머무르는 것을 연장시키는 시연이다. 2단계의 2회 진핵어 표시하는 것은 기억의 응고과정을 더욱 강화시키는 효과가 있다.

스탠포드대학의 로렌스 교수는 '획득된 단서 특출성'을 말한다. 다른 예를 학습세트의 형성에서 찾아볼 수 있다. 변별과제를 매번 새로운 대상을 써서 연속적으로 실시하면 학습은 점점 더 빨라진다. 이는 연반추 학습에서 진핵어를 구별하여 단서 특출성을 획득하며 학습효과가 높아진다. 2단계에서 2회의 진핵어 표시과정은 단서 특출성을 확실히 하는 것이다.

형태이론의 선구자인 막스 베르트하이머에 의하면, 사전 경험이 좋은 게슈탈트를 결정하는 데 중요한 역할을 하며 잘 알고 의미있는 형태가 낯설고 의미 없는 형태보다 좋은 게슈탈트가 되는 경향이 있다. 1단계에서 3회의 학습경험에 더하여 2단계에서 2회의 학습경험에 추가하면 더 친숙해져 의미가 깊어져 좋은 게슈탈트를 형성하는 것과 같은 학습효과가 나오는 것이다.

멜튼은 이 현상을 '지연효과'라 명명했다. 다른 말로 하면 분산

연습은 집중연습보다 더 좋다. 최근의 연구들은 일관된 분산 효과를 얻었다. 일반적으로, 간격을 둔 제시가 자유회상에서 우월한 파지로 인도한다. 1단계에서 3회, 2단계에서 2회의 간격을 둔 학습이 서서히 지연효과로 나타나는 것이다.

브랜스포드와 존슨의 실험이 있다. 그 실험에는 세 조건이 있었다. 첫째는, 문장의 주제를 알리지 않고 제시되는 것이고, 둘째는 피험자들이 문장을 읽은 후에 그것이 옷을 세탁하는 것에 관한 것임을 말해주는 것이고, 셋째는 그들에게 문장을 읽기 전에 이러한 정보를 주는 것이다. 셋째 집단에 있는 피험자들이 다른 두 집단의 피험자들보다 두 배 이상 회상하였다. 1단계에서 3회의 핵심어 밑줄치기는 충분한 정보를 제공한 것이고, 2단계의 진핵어 표시하기를 통하여 문맥을 이해하기 시작한다.

스탠포드대학의 아트킨슨과 쉬프린 교수의 모형이 있다. 이 모형은 기억을 세 개의 저장소로 분류한다. 첫 번째 저장소는 감각등록기이다. 두 번째 저장소는 단기기억 저장소이다. 장기저장소는 무한한 용량을 가졌다. 앞부분을 잘 기억하는 것을 초두효과라고 부르고 뒷부분을 잘 기억하는 것을 신근효과라고 한다. 초두효과는 처음 항목들이 더 주의를 받거나 목록의 나머지 항목들이 제시되는 동안 암송되기 때문에 생기는 듯하다. 신근효과는 실제로 최신성 때문이다. 단기 저장고의 항목들은 시연을 통해 유지될 수 있다. 단기저장에서 장기저장으로 이전되기 위해서는 그것들은 시연되어야만 한다. 2단계에서 2회의 진핵어 표시하기를 통하여 학습이 2회 추가로 시연되므로 장기저장소로 저장될 가능성이 높아지는 것이다.

시스템학습법 2단계 노하우 다시 살펴보기 》》》

2단계부터는 핵심어 밑줄치기가 끝난 이후의 게임이 진행된다. 2단계는 1단계에서 3회에 걸쳐 밑줄치기를 한 핵심어 중에서 진짜 핵심어(진핵어)를 골라 형광펜으로 표시하는 것이다. 진핵어를 표시하는 과정을 2회 실시한다.

지금까지의 성공률 90%

재래식으로 학습한 분들은 100명 중 90명 이상이 2단계에 진입 못하고 탈락했다. 즉 하나의 학습교재를 3회에 걸쳐 반복하지 못하고 도중에 하차하는 일이 많았다. 우리 독자들은? 아무 불편없이 편안하게 2단계로 진입하였다. 2단계가 마칠 때에는 90명 이상이 생존한다. 이제는 학습 교재내용에 익숙하다. 핵심어 중에서 진핵어만 형광펜으로 표시하는 단순한 단계이다. 이미 잡아놓은 물고기(핵심어) 중에서 큰 것만 골라내는 것이므로 1단계보다 훨씬 쉬우며 학습 속도도 훨씬 빠르다. 그래서 고속학습이 이루어지게 된다. 시스템학습법은 심리적 피로감을 최소화하고 두뇌 잠재능력을 발휘되게 한다.

큰 장애는 권태감

학습에서 가장 큰 장애는 단조롭다는 권태감이다. 재래식 학습은 100명 중 10명만이 2단계에 집입하였으나 결국 대부분이 그 이상 오르지 못하고 미끄러졌다. 생존자 1명 생존률 1%이다. 시스템학습법의 독자는? 90명이 고지를 점령했으므로 90배의 절대적인 성공이다! 90% 성공하는 경이로움! 열병환자 등 10명만 하산하고 90명이 이곳에 있으니 90%가 성공하였다!

주의사항

이 책을 다시 보면서 유념할 점들을 '꼭 그대로만' 하면 반드시 성공한다! 책을 확인하지 않고 대충대충 하면 실패의 지름길이다. 참고로, 시스템학습법을 실천하는 데 어려움이 있는 독자를 위해서, 필자에게 이메일로 문의하면 개인상담해 드릴 것이니 안심하시기 바란다. 이메일 lp3982830@hanafos.com이다. 독자를 꼭 성공하게 만드는 것이 필자의 목표이다! 전화 011-763-2830, 031-398-2830. 전화번호를 공개하는 것은 필자가 자신있다는 표시이며 정직하다는 증거이다.

SR

Lesson 7

시스템학습법 제3단계

Lesson 7

3단계 실천 요령

3단계는 5회 연반추로 학습한다. 예문에서 보여주고 있는 것과 같이 핵심어와 진핵어로 이루어진 부분들을 중심으로 학습하되 5회 반복하여 학습한다.

01

이제는 3단계로서 끝마무리이다

핵심어 또는 진핵어 사이에 있는 다른 문맥들은 핵심어와 진핵어를 학습해 나아가면 저절로 시야에 흡수되어 들어오는 단계에 도달되어 있는 것이다. 그러므로 3단계의 학습은 핵심어와 진핵어를 중심으로 연결하면서 의미가 어떻게 이어지는지, 전체와 어떤 관련이 있는지를 통찰하면서 읽으면 된다.

2단계를 마친 독자들의 상태는? 1단계에서 3회, 2단계에서 2회의 학습으로, 학습교재 내용이 5회에 걸쳐 머릿속에 새겨져 있으므로 전체적인 내용이 대부분 파악되어 있다.

02

3단계 마무리만 잘 하면 실력은 확고

이제 3단계인 마무리만 잘 한다면 독자의 실력은 확고해질 것이고 앞으로 평생동안 독자는 학습에 관한 걱정은 할 이유가 없다는 것이 엄연한 사실이다. 3단계 마무리로 들어간다.

대학까지 10년 이상 재래식 학습을 하였음에도 아직도 학습에는 자신이 없는 것이 현실이다. 학습하여 이익을 받는 자는 학습자 본인이지 다른 사람이 아니다. 요컨대, 10년 이상을 별 의미도 없이 그저 점수만을 따기 위해서 진정한 학습을 하지 못하고 점수 따기 학습에 헛방을 쳐왔다. 이제 제대로 된 학습으로 10년 이상의 노력을 하는 것보다 더 탄탄한 실력이 생긴다는 것을 상상해 보기 바란다. 이는 매우 경제적인 투자인 것이다. 아낌없이 투자해도 남는 장사이다.

03

핵심어를 적당히 골라야

3단계 학습의 실천에서, 1단계에서 핵심어를 너무 적게 고른 사람은 의미의 연결이 너무 건너뛰는 것을 느끼게 될 것이다. 즉, 핵심어를 제대로 적당히 골라야 하는 데 너무 덤벙거리는 분은 필요한 핵심어를 너무 적게 골라 의미가 갑자기 건너뛰어 연결되지 못하는 현상이 나타난다. 그러나 이러한 현상은 너무 걱정할 필요가 없다. 비교적 소수의 사람만이 이러한 현상이 나타날 것이다. 그러한 현상이 나타나면 그 페이지를 다시 살펴서 핵심어를 중간 중간에서 몇 개씩만 더 골라 밑줄을 치고, 다시 핵심어와 진핵어를 연결해가며 읽으면 의미가 훨씬 잘 연결될 것이다. 그러면 앞으로 핵심어를 평소보다 좀더 몇 개씩 더 고르게 되어 덤벙덤벙거리는 습관이 서서히 고쳐질 것이다. 필자도 이전에 그런 일들이 종종 있었으나 학습이 반복될수록 점차 줄어들어 이제는 신경쓰지 않아도 저절로 적당히 핵심어를 고르게 되었다. 독자는 아무 염려하지 말고 익숙해질 때까지만 꾹 참고 내가 하라는 대로만 실천하기 바란다. 반대로, 너무 많은 핵심어를 고른 경우는 의미의 연결은 되지만 산만해지는 경우가 있다. 이는 덤벙덤벙거리는 사람과 정반대인 경우인데, 이러한 경우는 다음부터 핵심어를 고를 때 너무 꼼꼼하게 많이 고르지 말고 조금 줄여서 고르면 된다. 이런 분도 익숙해지면 별 문제가 없어질 것이므로 절대로 너무 꼼꼼하거나 걱정해서는 안 된다. 그저 편하게 해야 하는 것이다.

04

초고속도로에 진입한 것

이미, 독자는 1단계에서 3회, 2단계에서 2회의 편하고 유쾌한 학습을 거치는 동안 벌써 5회라는 놀라운 학습의 경험을 축적한 상태이다. 독자들이 원하든 원하지 않든 간에 독자들의 두뇌는 1단계와 2단계를 거치면서 확고한 지식체계를 독자들도 모르게 형성하였다는 것을 인식해야 한다. 머리가 좋다고 생각하는 분이나 그렇지 않다고 생각하는 분이나 공평하게 똑같이 그런 현상이 이미 발생되어 있다. 독자들이 이 책의 두뇌과학에 관한 내용을 잘 학습하였다면 필자의 이러한 주장에 동감하리라 생각한다. 그러므로 3단계에 진입한 독자는 거칠 것 없는 학습의 아스팔트길 중의 초고속도로에 진입한 것이다. 고속도로에서는 그저 차선을 지키면서 초고속 속도를 유지하면서 울랄라 흥얼거리면서 초고속 행진하는 것만 남아있음을 명심하도록 한다.

05

주변의 문맥은 저절로 눈에 들어온다

3단계는 밑줄 친 핵심어와 형광펜으로 표시된 진핵어를 중심으로 편하게 학습해 나아가는데 주변의 문맥은 저절로 눈에 들어오는 단계이므로 그저 초고속 진행하면 된다. 이러한 학습을 5회 반복하여 진행하는 것이 3단계의 과정이다. 따라서 독자가 3단계를 마치게 되면 1단계에서 3회, 2단계에서 2회, 3단계에서 5회의 연반추 학습을 한 것이므로 총 10회의 연반추 학습을 완수한 성공자가 되는 것이다!!

우리 시스템학습자들의 상태는 지금 어떠한가? 필자가 누차 강조한 바와 같이 물이 흐르는 학습으로 이해되든 말든, 외워지든 말든, 세월아 네월아 하면서 핵심어들을 중심으로 하여 연반추 학습을 진행해 왔다. 부담 없이 편안하게 술술 넘어왔는데도 독자의 두뇌에는 엄청난 지식정보가 놀랄만한 정리과정을 거치며 새겨져 있다는 것이다. 우리의 두뇌는 사실 엄청난 잠재능력을 가지고 있다는 것을 두뇌과학자들이 입증하였다. 우리 모두 누구나 천재적 두뇌능력을 소유하고 있음에도 그것을 활용하지 못했다는 점이다. 바로 SR시스템학습법이 독자의 잠재두뇌능력을 제대로 발휘하도록 인도하는 것이다.

☑ 실제 학습사례

*아래의 예문에서 2단계인 형광펜 표시를 한 단어(진핵어)들은 궁서체로 핵심어 중에서 좀더 굵은 글씨체인 것들이다.

로크ㄱ--**사회계약론**ㄴ

로크ㄱ---**사회계약론**ㄴ---두 가지 문제점ㄱ------ 첫째ㄱ **사회계약**ㄱ---역사적 사실성ㄴ-------------**독립**ㄱ----**평등**ㄱ---------함께 모여ㄱ-------------정부를 시작ㄷ----------- 실례ㄴ---------------발견되지 않는다ㄷ"--반론ㄴ-----------------"정

부ㄴ-----------------기록보다ㄴ ----------------------**국가**

ㄱ--기원ㄴ----------------최초의 정부ㄱ--가정ㄴ--------------

처음의 지배자ㄷ--**가부장적군주**ㄱ---------------------아버지

ㄷ-------------변화ㄴ---------------**정치적군주**

ㄱ--------------------부정한 것ㄴ------군주ㄷ-----자격

ㄱ--------**부권**ㄱ

--------------부권ㄴ--정치적 권력ㄷ--전혀 별개ㄷ------------

군주로 변신ㄱ--------"자식들ㄷ------------- **동의**ㄱ----------

정부ㄴ--------군주 한 사람ㄷ---------------정치사회의 기원

ㄱ-------------공동체ㄴ----------**가입**ㄷ---------개인들의 **동의**

ㄷ-----------------**사회계약**ㄷ---------사회의 구성원ㄱ-------

상호 계약ㄴ-------------------사회가 존재ㄱ

두 번째 문제ㄱ-------------후손들의 지위ㄷ-------------**계약**

이론ㄴ-------딜레마ㄴ-------- 사회의 기원ㄷ------------역사이론

ㄷ----------**뒷 세대**의 권리ㄱ------전혀 아무런 의미도ㄴ

----------**정치적 의무**ㄱ----------무용지물ㄷ--------------

일차적ㄴ----정치적 의무ㄱ---------**이론적 개인주의**ㄱ--------복종

ㄷ------------**직접동의**ㄱ------------**복종할 의무**

ㄱ------------ 양립하기 어렵게ㄷ

-----동의의 개념ㄱ----------공동체의 유기적 연속ㄴ------------

동의ㄴ---**당대인**들뿐만ㄱ ------------**후속** 세대들도ㄱ

-------------------**출생** 그 자체ㄷ------------ 국가의 시민ㄴ---------- 자유로운 존재ㄱ------------ 국가의 구성원ㄷ------------**자발적인** 동의뿐ㄴ

---------**명시적** 동의ㄱ--**묵시적** 동의ㄱ---------- 문제ㄴ----- 묵시적 ㄴ----- **소유**ㄱ----**향수**ㄴ-------- 묵시적 동의ㄱ---- 향수하고 있는 동안은ㄷ----- 법률에 **복종할 의무**ㄱ------------------ **영토** 안에ㄷ------ 그 사실" 자체ㄷ-- 묵시적 동의ㄱ-----------

묵시적 동의만한 사람ㄴ-------------"**처분**ㄷ----------- 의무에서 **벗어나**ㄴ--- 다른 나라ㄱ------------- 새로운 국가ㄱ----- 묵시적 동의ㄱ------- 항구적인 국민ㄴ,------------**명시적** 동의만ㄱ----- 한 나라의 시민ㄴ------------**영원히** 결박ㄷ

---------- 곤혹스러워ㄷ----- 명시적 동의ㄱ----------- 오해와 혼란ㄴ----- 명시적ㄱ----- 묵시적ㄱ-------- 본질적인 기능의 차이ㄴ----------- **표명방식**의 차이ㄴ-----------**본질적 차이**ㄴ? ------- 전체적인 맥락ㄷ----- 명시적ㄱ----- 묵시적ㄱ----- 내용상 서로 **구별**ㄴ--- 근거가 없다ㄷ.----- 묵시적 동의ㄱ------- 완전한 성원ㄴ--------- 못하며ㄷ----**오직 명시적**ㄱ------------직접적으로 상충ㄷ--------------- 무엇에 동의했는가ㄴ--- 동의의 내용ㄱ----- 어떤 방식으로ㄷ---------- 아니기 때문ㄷ.

이제 독자는 학습내용의 대부분을 두뇌에 새겨 놓았으므로 위 예문의 핵심어와 진핵어들을 보면 앞뒤의 문맥을 줄줄 흡수할 수 있는 상태에 있다. 이제는 학습내용을 복습하는 단계인 만큼 마무리만 잘 한다면 우리의 실력은 확고해 질 것이고 독자의 앞에 있는 학습내용은 영원히 독자의 지적 소유로 남아있게 될 것이라는 사실이다.

독자가 잘 닦인 고속도로에서 기분좋은 초고속 드라이브를 한다고 생각해 보라. 문장의 핵심어와 진핵어만 보더라도 앞뒤의 문맥내용을 알만큼 저절로 외워진 상태에 있으므로 독자의 학습속도는 핵심어를 중심으로 놀랄만한 초고속으로 나아가게 된다. 참으로 놀랄만한 학습속도인 것이다! 학습 초기에 핵심어 밑줄치기를 하면서 나아갈 때보다 학습진도가 10배는 빠르게 전진하는 것을 실감하게 된다.

06

얼마나 경제적인 단계에!

사실, 재래식으로 학습하는 사람들은 한 권의 책을 한 번 독파하는 데도 여러 날이 걸린다. 사실, 한 권을 제대로 독파하지 못하고 헐떡거리며 끝 페이지까지 가지 못하고 중도포기하거나 안타깝게 제자리 걸음만 하는 사람들이 얼마나 많은가! 사실상, 필자 자신도 예전에는 도중에서 쉬느라고 결말을 맺지 못하고 헛 노력만 했던 일들이 너무 많았었다. 그리고 다시 복습해서 학습하는 것은 대부분 엄두도 못 낸다. 아주 의지력이 강한 독한(?) 마음의 소유자들만이 겨우 세 번 정도를 읽는다. 겨우 세 번을 읽고 나서 "이제 이 교재를 마스터하였다!"고 어설픈 큰소리를 치고 있다. 우리의 두뇌는 참으로 엄청난 능력을 가지고 있지만 그처럼 어수룩하지는 않다. 충분히 반추하면서 아껴주고 또 되돌아보면서 다시 확인해 줄 때만 그 진가를 발휘해 주는 것이다. 이제, 얼마나 경제적인 단계에 왔는가! 학습진도가 마치 고속도로를 초고속 드라이브하는 것 같다.

07

10번의 학습이 재래식 3번보다 오히려 빨라

이제는, 1단계에서 3회, 2단계에서 2회, 3단계에서 5회의 학습을 하여 합계 10회의 학습을 하였다. 그러므로 학습내용이 완전히 독자의 지적 소유가 되었다고 생각될 만큼 초고속으로 연반추 학습만 하면 되는 것이다. 3단계를 마친 후에는 추가적으로 학습해도 손해 볼 것은 없으므로 시험에 따라서 융통성을 가지고 복습의 회수를 결정하되, 최소한 10회의 학습은 기본임을 명심하라. 시스템학습법으로 10번을 학습한다고 해도 재래식 학습으로 3번 하는 것보다 시간이 오히려 빨리 끝날 것이다. 에너지도 오히려 적게 들며, 스트레스와 권태감도 거의 없다는 것을 학습자가 실감할 것이다. 가장 중요한 것은 학습내용을 완전히 파악하게 된다는 점이다.

잠깐만

뉴턴의 제1법칙

정지해 있는 물체는 정지해 있고 운동하는 물체는 직선으로 같은 운동을 계속한다. 이를 관성 법칙이라 한다.

뉴턴의 제2법칙

물체의 가속도는 물체에 작용하는 알짜 힘에 직접 비례하여 가속도의 방향은 힘의 방향과 같으며 물체의 질량에 반비례한다. 독자는 시스템학습법의 마지막 단계이며 마무리 단계인 3단계에 와 있다. 지금부터, 독자는 스피드의 환희를 만끽하는 '가속도의 진실'을 경험하게 된다는 사실이다. 이미 가속도가 붙기 시작한 독자의 실력은 누구도 거역할 수가 없다. 오직 가속도 원리에 따라 기쁨을 조절하면 되는 것이다.

뉴턴의 제3법칙

뉴턴의 제3법칙은 작용반작용의 법칙으로 어떤 물체가 다른 물체에 힘을 작용하면, 두 번째 물체는 꼭 그 힘만큼 뒤로 밀려난다. 이 법칙은 두 물체 사이의 상호작용에 기인한 힘을 의미한다.

유복자로 태어난 뉴턴은 어머니가 재혼했기 때문에 어머니의 사랑과 보살핌을 받지 못했다. 뉴턴은 여자를 싫어해 결혼도 하지 않았다. 뉴턴은 대단한 메모광이었다. 뉴턴은 까다로운 문제를 풀기 위해서 해답을 찾을 때까지 밤낮으로 그 문제만을 골똘히 생각했다. 그는 기막히게 재미있는 과학 계산을 두고 저녁을 먹는 것을 잊기도 했다고 한다. 그의 학문에 대한 열의는 캠브리지대학의 수학 교수가 되어서도 이어졌다. 뉴턴의 학문에 대한 열의는 역학이나 천문학 분야에서 커다란 업적을 남겼다.

08

속도가 10배로

2단계를 마칠 때까지는 본문을 5번 반복학습하였다. 3단계는 1시간에 약 500페이지를 학습할 수 있다는 사실이다. 그러므로 웬만한 학습 교재를 앉은 그 자리에서 한 권을 손쉽게 독파할 수 있다! 더욱이 3단계에서는 이해가 저절로 이루어지고 저절로 외워지기 때문에 이해하려고 안달하지 않아도 되고, 더욱이 외우려고 안달하지 않아도 저절로 외워지는 것이다. 만세! 수 년 동안 재래식 학습의 지긋지긋한 굴레에서 노예로 지내는 것이 숙명인 줄 알았던 독자였다. 독자는 이제 자유의 몸으로 해방되어 오히려 학습을 즐기는 단계에 도달하게 된 것이다. 앞으로, 독자는 필요할 경우에는 3단계 방식으로 학습을 초고속으로 하면 할수록 더욱더 학습이 즐거워지면서 학습 내용을 완벽하게 습득하게 될 것이다.

잠깐만

의식과 잠재의식

사람에게는 스스로 사고하고 행동할 수 있는 의식의 세계와 알지 못하는 잠재의식의 세계가 있다. 잠재의식은 반복에 가장 민감하다고 한다. 즉 반복적인 정보가 누적되면 우리의 잠재의식에 깊이 새겨진다는 것이다. 이 단계에 도달하게 되면 독자의 잠재의식에는 지금까지 열 번 이상을 반복하여 두뇌 속에 새겨 놓은 학습 교재의 내용들이 깊이 새겨져 있게 될 것이다. 시스템학습법은 자연스럽고 편한 반복학습을 한다. 독자는 자기도 모르게 학습내용이 독자의 의식과 잠재의식 속에 차곡차곡 새겨지도록 프로그램되어 있음을 상기하기 바란다. 그러므로 악을 쓰지 않더라도, 외워지지 않는다고 안달을 하지 않더라도 염려 말라. 독자의 의식과 잠재의식에 이중삼중으로 그 학습내용이 저장되어 놀랄만한 실력으로 나타난다는 사실을 알고 있으라!

09

점수는 걱정말라!

독자는 그 대상이 학교 시험이든, 공무원 시험이든, 어떤 시험이든지 거침없이 정복할 능력이 갖춰진 것이다. 상당한 점수를 더 올리는 것은 이제 따 놓은 당상으로 생각하고 오직 학습에만 열중하라!

3단계가 학습의 꽃

시스템학습법에서는 3단계가 학습의 꽃이며 가장 효과가 발휘되는 단계이다. 좀더 어려운 시험에 대비하는 경우에, 3단계를 마친 학습 교재를 가지고 추가로 학습해야 할 필요가 있을 것이다. 그런 경우는 1단계와 2단계를 이미 거쳤으므로 3단계 방식으로만 학습하면 된다. 3단계는 초고속 학습이다. 그러므로 학습 속도가 매우 빠르며 경쾌하여 즐겁다. 더욱이 이 단계에서는 이해가 저절로 되고 저절로 외워지는 단계이므로 학습 효과가 가장 좋은 단계로서 학습의 꽃이라고 말할 수 있다. 실력이 더욱 확고하게 다져지기를 바라는 독자라면 3단계 방식으로만 추가로 더 학습하면 되는 것이다. 3단계는 놀라운 학습효과와 더불어 학습 속도도 빨라져 놀라운 실력이 나타나게 될 것이다.

중요한 것은 초심을 잃지 않고 지속하는 것이다. 3단계가 다 끝날 무렵에는 상당히 자신감이 생기고 실제로 웬만한 시험에서 재래식 학습을 한 사람보다 고득점을 할 가능성이 훨씬 더 높다는 사실이다. 그러므로 일반적인 수준에 이르기 위하여는 기본적으로 3단계까지 하면 된다. 하지만 좀더 확고하고 평생의 실력으로 승화시키기 위해서는 지금 학습하는 교재 내용을 3단계를 완료한 후에 할 일이 있다. 이는 3단계 방식으로 가능한 한 여러 번 추가하여 학습하면 확고한 실력 향상이 이루어질 것이다. 이것은 절대로 낭비가 아니다. 이것은 좀더 뛰어난 실력을 갖추는 데 매우 중요한 정보이므로 꼭 실천하기 바란다. 그래야 어떠한 시험 준비를 하더라도 더 풍부하고 자신감이 있고 알찬 점수를 확보할 수 있게 될 것이다.

잠깐만

시스템학습법은 아스팔트길로 독자를 안내하는 학습법이다. 그동안 기존의 재래식 방법으로 학습해 온 것은 비포장 돌밭길을 지나 온 것에 비유할 수 있다. 독자는 학습을 위한 길에서 험한 비포장 돌밭길을 헉헉거리며 그 목적지가 얼마나 더 가야만 하는지도 모르고 악을 쓰며 힘들여 왔다. 그렇게 가다가 99%의 절대 대다수의 사람들이 행진을 포기하게 되는 결과로 나타났다. 그리고 세월이 지나면 또 다시 학습해야겠다는 자극을 받아 또 시작하지만 그 결과는 보나마나 마찬가지이다. 답답하다, 미치겠다, 오히려 세월이 흐를수록 더 힘들어지고 좌절감은 더 늘어난다. 시스템학습법은 아스팔트길과 같다. 이 길은 편하게 자연스럽게 시스템적으로 전진하는 길이며 각 단계마다 심리적 장애물들을 부드럽게 넘어갈 수 있도록 프로그램되어 있다. 또한 두뇌의 능력이 충분히 발휘되도록 의식과 잠재의식에 이중삼중으로 학습내용이 새겨져서 외우려고 안달하지 않아도 저절로 기억되게 되어 있다. 다시 말하면 시스템학습법에 참여하는 분들은 특별한 사정이 없는 한, 성공자가 되는 것이다. 생각해 보라. 기존의 재래식 학습법으로 인한 성공률 1%와 시스템학습법의 성공률 90%! 90배의 성공률이다!

이것은 기적 같은 성과인 것이다. 어느 유식한 듯한 혹자는 말한다. “결국 시스템학습법은 교재의 과정을 10번 정도 반복하는 것인데 뭐 그것이 그리 대단한가?” 참으로 답답하다. 그러면 기존의 재래식 학습법으로 교재과정을 10번 반복할 수 있는 사람이 지금까지 100명 중 몇 명이나 되었는가? 기존의 재래식 학습법으로는 죽었다 깨어나도 악착같은 사람 1명만 빼고는 99명은 도중에 포기하게 되어 있다! 재래식 학습법은 학습자의 의지력이 너무 많이 요구되고 시간이 엄청 많이 요구되며, 학습성과를 학습자가 별로 느끼지 못하기 때문에 의욕이 확 꺾인다. 힘들고 부자연스러운 학습 방법이기에 성공자가 그리도 드문 것이다. 그러나 시스템학습법은 심리적으로, 두뇌능력의 활용면에서 과학적으로 프로그램되어 있기에 그 결과는 절대다수의 성공자들이 탄생하는 것이다.

10

3단계는 초고속단계

3단계는 초고속단계이다. 즉, 1단계는 쾌속단계, 2단계는 고속단계, 3단계는 초고속단계로 학습을 하게 된다. 이것이 SR시스템학습법의 엄청난 비결인 것이다. 즉, 단계마다 학습방법이 변화가 있어 단조로움을 극복할 수 있다. 또한 단계마다 학습속도가 변화하며 더 빨라지기 때문에 학습이 더 즐거우며 학습속도가 빨라질수록 집중력은 더 높아지게 된다. 이는 자동차로 60킬로로 주행하는 것보다 120킬로로 주행할 때 운전집중도가 더 높아지는 것과 같은 현상인 것이다. 또한, 단계가 진행될수록 이해도가 높아지고 기억의 심도가 더 강화되어 실력이 부쩍부쩍 늘어나는 것을 실감하게 된다. 실제로, 시험을 볼 때 높은 점수가 나올 수밖에 없는 과학적인 학습법인 것이다.

11

농사로 말하면 '추수' 하는 단계

3단계에서, 핵심어와 진핵어를 연결해가면서 그 의미를 살펴 문맥의 전체적인 내용이 무엇을 말하는 것인지 서서히 이해되고 서서히 암기상태로 진입하게 된다. 그래서 3단계가 가장 중요한 단계이며 농사로 말하면 '추수' 하는 단계라고 말할 수 있다. 농사를 짓는 사람이 가을에 '추수' 를 하지 않는다면 참으로 어리석은 사람일 것이다. 1년 동안 고생한 농사를 망치는 것이기 때문이다. 그리고 추수하는 것이 봄, 여름의 농사일보다 훨씬 쉽고 편하다. 3단계도 마치 추수와 같이 가장 쉽고 가장 빠른 단계의 학습이다. 3단계를 거의 마칠 즈음이 될 때에 이해가 되며 암기가 이루어지게 된다. 만약, 책의 내용이 어려운 내용이고 좀더 확고한 암기가 필요한 내용이라면 1단계와 2단계는 앞으로 필요가 없으므로 3단계 방식으로만 추가해서 더 학습하면 된다. 그러면, 이해도와 암기력이 갈수록 더 향상될 것이다. 요컨대, 학습의 효과는 3단계에서 비로소 이루어진다.

12

학습심리학과 제3단계 시스템학습법의 조화

헐 예일대학 교수는 많은 노력을 요구하는 과제들을 학습할 때 짧은 휴식시간을 중간 중간에 두어 연습하는 분산연습이 더 좋은 결과를 가져온다고 보고하였다. 시스템학습법이 3단계에 이르는 10회의 분산학습을 하는 것이 학습효과가 있다는 근거이다.

묶음(chunking)을 생각해 본다. 학습에서 중요한 사실은 우리가 복잡한 정보를 하나의 '아이디어'로 통합하게 만들어 준다는 것이다. 여러 부호를 하나로 통합하는 과정을 '묶음'이라 한다. 묶음은 기억능력에 극적 효과를 준다. 단어들은 친숙한 단위 즉 묶음이며, 묶음을 통해서 일련의 문자에 대한 기억이 크게 증가될 수 있다. 정보를 의미성 단위나 묶음으로 처리하는 이 능력은 놀라운 인지기술의 중요한 일부이다. 이는 학습심리학자 머독크가 한 실험에서 잘 설명된다. 머독크의 피험자는 세 철자조합보다 세 문자단어를 훨씬 더 잘 기억했다. 단어들은 친숙한 단위 즉 묶음이며, 묶음을 통해서 피험자는 일련의 문자에 대한 기억이 크게 증가될 수 있다. 시스템 학습법에서 3단계는 핵심어와 진핵어를 중심으로 문맥을 묶음으로 읽으면서 학습을 진행한다. 이러한 학습은 묶음을 효과적으로 이루어지게 한다. 이것은 핵심어와 진핵어를 중심으로 기억능력에 극적 효과를 준다. 또한, 3단계까지 10회의 반복학습을 하기 때문에 완전학습 내지 과잉학습이 이루어져 회상과 재인 즉 기억의 재생이 제대로 잘 이루어지는 것이다.

학습심리학자 도날드 헵은 반복되는 학습 활동은 뇌 속에 영구적이고 구조적인 변화를 유발시킨다고 한다. 두뇌는 그 정보를 복사하는 과정을 통해서 일시적인 것으로부터 영구적인 형태로 정보를 전환시킨다고 한다. 반복적 학습시행은 두뇌 흔적의 강도를 지속시켜 주는 시연이다. 시스템학습법의 3단계에 이르는 10회의 반복학습은 정보를 충분히 기억에 응고시켜 암기가 확고해졌으며 심도처리가 깊게 되어 장기기억으로 강화되는 것이다.

멜튼은 이 현상을 지연효과라 명명했다. 학습심리학자들은 분산학습이 집중 학습보다 우월하다는 것을 인정하고 있다. 최근의 연구들은 일관된 분산 효과를 얻어냈다. 분산 효과는 자유회상 학습에서 나타났다. 일반적으로, 간격을 둔 학습이 자유회상에서의 우월한 기억으로 인도한다. 1단계, 2단계, 3단계를 거치면서 학습효과가 부화되는 과정을 거쳐 결국 3단계에 이르면 학습효과가 본격적으로 나타나게 된다. 이해도가 높아지고 기억이 강화되어 결국 3단계까지 이르는 분산학습의 효과가 지연효과로 나타나는 것이다. 왜 1단계로 학습을 끝내지 않고 3단계까지 왔는지 그 학습의 열매를 얻게 되면 이해될 것이다.

캘리포니아 대학원 전정재 교수에 의하면, 모르는 단어라도 문장에서 최소 7번 이상을 접해 보면 그 단어의 뜻을 조금씩 알게 된다. 연구에 의하면 모르는 단어는 최소한 7번은 접해야 한다고 한다. 중요단어나 개념을 알아보기 쉽게 표시해 그 핵심어를 골라낸다. 그러면 상당한 내용을 파악하게 되어 많은 시간이 절약된다. 시스템학습법에서 1단계 3회, 2단계 2회, 3단계 5회 총 10회의 학습이 이루어지면 저절로 이해되고 외워진다는 것이 연구결과로 밝혀졌다. 또한, 핵심어와 진핵어를 통하여 전체 내용을 파악할 수 있다는 것이다.

에빙하우스가 관심을 가진 것은 시간경과에 따른 기억의 파지(지속)였다. 파지는 두 가지 요인에 달려있다고 보았다. 하나는 첫 인상의 깊이인데 '인상의 깊이'는 학습에서 반복제시된 횟수로 대치될 수 있다. 또 하나는 그 인상이 사라져가게 된 '시간'이다. 학습을 반복함에 따라 절약률이 증가된다. 연습횟수가 많으면 많을수록 재학습하는데 드는 노력은 감소한다. 완전학습을 초과하는 반복은 기억을 강화시킨다. 이 현상을 과잉학습이라고 부른다.

에빙하우스는 기억에 대한 이론에서 의미 충만성과 구체성이 있는 것이 기억에 중요하다는 점을 강조한다. 친숙한 단어들은 의미가 충분하다. 시스템학습법에서, 1단계를 거쳐 2단계를 진입한 학습자들은 이제 핵심어들 중에서 더 핵심이 되는 진핵어를 선택하는 과정을 수행하게 된다. 이는 핵심어가 의미가 있는 단어, 중요한 단어들이며 그 중에서 더욱 핵심이 되는 단어인 진핵어들을 선택하는 과정을 2단계에서 거치는 것은 친숙함과 의미충만성을 보장하는 과정이라 할 수 있다. 1단계 3회에 이어, 2단계에서 2회의 추가 학습은 반복제시를 더하여 인상의 깊이가 깊어져 기억이 확고해지며 진핵어를 표시함으로 격리효과가 두드러진다. 시스템학습법은 3단계까지 학습하면 완전학습 내지는 과잉학습을 하게 되어 기억력에서 탁월한 효과를 발휘하게 되는 것이다.

학습심리학자 왓슨은 학습에 관한 두 원리로서 '빈도'와 '최신성'을 제시한다. 빈도원리는 자극에 대해 어떤 반응이 더 빈번할수록 그 자극이 또 다시 제시되면 그 반응을 할 가능성이 더 많음을 뜻한다. 최신성(신근성)원리는 제시된 자극에 대하여 보다 최근에 한 반응일수록 그 자극이 또 다시 제시되면 그 최근의 반응을 할 가능성이 많음을 뜻한다. 이 이론에 대한 기초는 더 많은 빈도 단위를 획득하면 할수록, 학습이 더 확실해진다는 것이다. 빈도 단위들을 가산하는 요소는 시연 즉 반복이다. 시스템학습법에서 3단계까지 10회의 연반추 학습으로 시연이 충분히 이루어져 충분한 빈도 단위가 획득된다. 또한 매 학습마다 최신성 효과가 이루어져 그것이 반복적으로 형성되어 강화된 최신성 효과가 암기력으로 나타나게 되는 것이다. 이해하려 하지 않아도, 외우려 하지 않아도 저절로 이해되고, 저절로 외워진다는 이유가 여기에 있는 것이다.

스탠포드대학의 아트킨슨과 쉬프린 교수의 모형은 기억을 세 개의 저장소로 분류한다. 첫 번째 저장소는 감각등록기이다. 두 번째 저장소는 단기기억 저장소이다. 마지막 장기저장소는 무한한 용량을 가졌다. 단기 저장고의 항목들은 시연을 통해 유지될 수 있다. 만일 항목들이 시연되지 않으면 단기저장으로부터 상실될 것이다. 단기저장에서 장기저장으로 이전되기 위해서는 그것들은 시연 즉 반복되어야만 한다. 1단계 3회, 2단계 2회, 3단계 5회의 학습은 학습자료를 결국 장기저장소로 인도한다. 이는 초두효과와 신근효과가 여러 번 연반추 학습을 통하여 반복하여 강화되어 학습효과로 나타나게 된다. 3단계까지 10회의 시연이 반복되어 확고한 장기저장으로 이어지는 것이다.

기억의 구조에 대해서 기억의 위계(hierarchy)라는 개념이 있다. 두뇌가 어떤 개념을 형성하면 그와 관련되는 개념들, 단어들이 위계를 형성하여 기억, 저장된다는 것이다. 개념들, 점화단어, 목표단어들이 중심이 되어 기억이 회상된다. 시스템학습법에서 핵심어, 진핵어는 개념들의 중심되는 위치에 있게 된다. 이 핵심어와 진핵어를 중심으로 그와 연관된 단어들과 문맥의 의미들이 기억의 구조에 배치되어 적절하게 회상하게 되는 것이다.

강도(strength)이론은 한 항목의 각각의 제시가 그 항목의 한 번의 단일 표상에 강도를 더하게 된다고 주장한다. 다중흔적 이론에 따르면 당신이 '다'를 지각할 때마다 그것은 서로 독립된 표상으로 저장된다. 강도 모델은 반복 노출로 강도가 증가한다고 주장한다. 대조적으로 다중흔적 모델은 구별되는 뚜렷한 표상들이 각각의 연습 시행에서 첨가되고 구별되는 표상 요소들 모두의 합 전체에 의해 반영된다고 한다. 항목이 제시된 회수가 많으면 많을수록 기억 속에 있게 될 그 항목의 흔적들이 많아진다. 시스템학습법에서 3단계까지 10회에 이르는 반복학습이 이루어지게 되면 그 기억의 강도는 매우 강화된다. 또한 기억속에 다중흔적이 10회에 걸쳐 이루어져, 결국 높은 회상과 재인이 발생하는 기억의 놀라운 재생현상이 나타나는 것이다. 그러므로 시스템학습법에 익숙하게 되면 어떠한 시험에서도 고득점을 확보할 수 있다.

하버드대학 교수였던 에스테스는 일련의 연속적인 연습의 중요성을 강조하였다. 이것은 시간상 분산된 학습을 뜻한다. 에스테스의 이론은, 학습은 그 과정이 시간적으로 넉넉히 분산되어 시행될 때 가장 효과적이라는 다른 많은 교육자들과 같은 입장을 취한다. 이는 1단계에서 3단계까지 이르는 10회의 분산학습이 왜 학습효과가 뛰어난지를 분명하게 설명하는 연구결과이다.

시스템학습법 3단계 노하우 다시 살펴보기 》》

이제는 3단계로서 끝마무리이다. 3단계 학습 방법만 제대로 할 줄 알게 되면 평생토록 독자는 학습에 관해서는 걱정할 이유가 없다!

독도가 10배로

2단계를 마칠 때까지 5번 부드러운 반복학습을 하였다. 3단계에서 학습 교재를 5번 반복학습하므로 총 10번 학습을 한 셈이 된다.

재래식 학습자로서 10회의 학습을 할 수 있는 사람은 극히 드물다. 심리적으로 거의 불가능에 가깝다! 어려운 국가고시에 목을 매고 달려들고 있는 절대 절명의 수험생의 경우에는 어쩔 수 없이 10회의 학습을 해야 하지만, 시스템학습자인 독자와 겨룰 수는 도저히 없을 것이다. 그렇게 어려운 시험이라면 독자는 단지 3단계까지 10회만 학습하는 것이 아니라 추가로 자유자재로 학습할 것이므로 재래식 학습자들보다 훨씬 유리한 입장에 서게 될 것이다. 더욱이 스트레스가 없이 학습하기 때문에 학습이 즐겁고 학습 효과는 재래식보다 훨씬 더 뛰어나므로 시간적으로도 매우 경제적인 학습을 하게 되는 것이다. 이제부터는 자유자재하는 상태에서 실력을 계속 배가할 수 있다. 독자는 재래식으로는 못할 위업을 달성한 '초인', '천재'로 변신해 있다. 좀더 높은 상태로 오르려면 추가로 교재를 선정하여 시스템학습법으로 '게임'만 더 하면 되는 것이다. 이제 시스템학습법을 한 독자는 반복학습으로 10번 이상 반복하여 새긴 내용이 의식과 잠재의식에 새겨지게 되어 있다.

점수는 걱정말라!

그 대상이 어떤 시험이든 시스템학습자인 독자는 거침없이 정복할 능력이 갖춰졌다. 점수로 상당한 점수를 더 올리는 것은 따 놓은 당상이다! 지금보다 쑥쑥 실력이 불어나는 것을 독자 스스로 실감하게 될 것이다. 주의! 관성의 법칙, 무서운 습관이 독자를 유혹할 것이다. 교재를 새로 시작할 때, 시스템학습법을 외워서 하지 말고 이 책을 다시 보라!

잠깐만

사람은 정보 처리능력에 한계가 있어서 모든 것을 다 보고 들을 수 없다. 사실 시끄러운 모임 장소나 공사장에서 대화가 가능한 것도 정보를 선택적으로 받아들여 처리하기 때문이다. 자신에게 의미 있는 정보만을 선택적으로 받아들이는 '선택적 지각' 현상을 '칵테일 파티 효과' 라고도 부른다. 소란스런 칵테일 파티장에서 자기 이름을 부르는 소리가 희미하게나마 들리면 돌아보게 되는 것도 일종의 선택적 지각 현상인 것이다. 우리는 우리와 관련된 것만을 우선적으로 지각한다. 그리고 자신의 경험이나 신념에 맞게 감각기관을 통하여 자극을 받아들이고 이를 해석하고 저장한다. 인간은 자극을 선택적으로 주의하고 선택적으로 해석하고 선택적으로 보유한다. 시스템학습법에서 핵심어, 진핵어가 선택적 지각현상의 대상이 되어 학습효과를 얻게 되는 것이다.

13

추가 유의사항

추가 유의사항에는 독자들이 SR시스템학습법을 실천하면서 겪는 어려움에 대해 질문한 것들에 회신한 내용 중 필요한 것을 참고로 기재한다.

외국어를 학습하는 노하우는 필자의 저서 "외국인이 다시 놀란 영어천재가 되다"(도서출판 교우사)에서 구체적으로 설명하고 있으며 공부하는 방법을 잘 알려주고 있으므로 그대로만 한다면 빠른 속도로 편안하면서도 놀라운 효과를 거둘 수 있다. 외국어학습방법은 간단히 설명할 수 있을 정도로 단순한 것이 아니므로 자세한 내용을 저서를 통하여 확실하게 파악할 필요가 있다. 필자 자신이 이 외국어학습법을 통하여 영어, 일본어, 불어를 상당한 수준까지 실력을 올릴 수 있었고 그 증거는 외환은행의 공인된 외국어평가기관인 서울대학교 어학연구소에서 검증하는 외국어평가시험에서 거둔 성적이 입증해 주고 있다. SR외국어학습법은 장기적으로 충분한 외국어실력을 확보하는 데에는 틀림없이 좋다. 그러나 단순히 점수만을 위한 학습법은 아니다. 그 책에서 어휘를 효과적으로 습득하는 방법이 있다. 그 방법을 활용하면 문법, 독해, 어휘 등 기존의 영어 공부에도 직접적인 효과가 있다.

::: 여러 과목을 학습해야 하는 경우에 어떻게 해야 하는지...?

대답 사법시험과 같은 경우에 SR시스템학습법이 매우 효과가 있을 것이다. 학습과목이 많으므로 다음과 같이 학습하면 된다. 예를 들어 헌법, 민법 2과목만 있다고 하고 헌법 과목의 분량이 500쪽이고 민법분량이 1,000쪽이라고 가정해본다. 헌법을 오늘 50쪽, 민법을 100쪽(헌법 분량의 2배 정도) 학습했다면, 내일은 그 다음 쪽부터 이어서 학습해 나아가면서 마지막 쪽까지 끝냈을 때 1단계에서 1회 학습한 것이다. 그 다음 똑같은 방법으로 전체 쪽을 다시 학습하면 2회 학습이 된 것이며 또 전체 쪽을 똑같은 방법으로 학습하면 3회 학습을 마친 것이 되면서 1단계를 통과하는 것이다. 헌법과목과 민법과목 모두 공통적으로 해당된다. 이렇게 2과목에 적용되는 예를 10과목에도 똑같이 적용하면 되는 것이다. 각 과목의 학습분량은 원칙적으로 각 과목의 전체 학습분량에 비례하여 학습량을 정하면 각 과목을 거의 동시에 학습을 마치게 되므로 학습의 균형을 유지할 수 있다. 학습자들이 각자 학습할 수 있는 시간이 각각 다를 수 있는데 하루에 학습할 수 있는 시간을 과목별로 나누어서 골고루 배정하여 각 과목별로 단계를 진행하면 좋은 효과가 있다. 한 과목을 1단계에서 3단계까지 다 마치고 다른 과목으로 옮기는 방법보다는 각 과목을 조금씩이라도 매일매일 단계별로 진행하는 편이 학습의 단조로움을 피하면서 각 과목을 매일 학습하게 되어 기억의 효과를 내는데도 좋은 효과가 있다. 과목별로 학습할 분량이 다르다면 적절히 조절하여 배분하도록 해야 한다.

::: 수학과 같은 계산 문제는 어떻게 학습해야 하는지...?

대답 수학은 우선, 1. 개념과 원리를 확실히 파악하고, 2. 수학공식을 충분히 익혀 외울 정도가 된 다음, 3. 기본 문제유형들을 자꾸 풀어보아 문제풀이와 익숙해진 후, 4. 실전 문제들을 풀어보는 순서로 학습을 진행해야 한다. 수학에 관한 것은 일반학습과 다른 특수한 사고가 요구되는 분야이므로 한 단계 한 단계 자신의 수학적 실력을 쌓아 오르는 것만이 실력향상의 지름길이다. 갑자기 실력이 몇 계단씩 오를 수가 없으며 단계적으로 올라가야 하므로 위와 같은 절차를 반드시 지켜주어야 한다. 회계학에서 계산문제는 본문의 내용을 충분히 이해한 것에 의거해서 나오는 것이지 계산문제를 푸는 요령을 별도로 알게 되어 되는 것이 아니다. 필자 자신도 그러한 계산 문제 때문에 많은 경험을 가지고 있으며 결국 충분한 이해력의 바탕에서 계산 실력이 나오게 됨을 인식하게 되었다. 계산문제에서는 가능하면 쉬운 문제부터 풀고 어려운 문제는 나중에 푸는 것이 수험시간에 좀더 쫓기지 않고 여유있게 대응할 수 있다.

::: 밑줄을 어느 정도 쳐야하는지...?

대답 밑줄을 치면서 읽는 것과 그냥 읽는 것은 집중력에서 큰 차이가 있다. 밑줄을 치지 않으면서 재래식으로 읽으면 잡념이 끊임없이 침범하기도 하고 주의력이 산만해져 결국은 학습속도도 늦어지고 이해력과 집중력이 매우 낮아진다. 시스템학습법에서 밑줄을 치는 것은 잡념이 줄어들고 집중력이 높아지면서 학습속도가 빨라지는 중요한 학습효과가 있게 되는 것이다.

시스템학습법의 결과는 결국 3단계에서 나타나게 된다. 그러므로, 핵심어를 좀 잘못 선택하더라도 큰 문제가 되지 않는다. 또한 몇 개의 단어가 한꺼번에 밑줄이 쳐지기도 하거나 한 문장이 전부 밑줄이 쳐지는 경우도 있다. 그것도 그리 문제가 되지 않는다. 몇 개 단어를 연달아 밑줄을 치는 경우도, 그 밑줄친 핵심어 중에서 진핵어를 표시하게 되므로 3단계에서 핵심어와 진핵어를 중점으로 연결되어 이해하면 된다. 너무 꼼꼼한 경우에 너무 많은 핵심어를 골라서 어느 것이 핵심어이고 아닌지 분간이 되지 않아 결국 전체 페이지를 밑줄로 도배할 가능성도 있다. 이것은 문제이다. 3단계에서는 핵심어와 진핵어를 중심으로 초고속으로 학습이 진행되는 단계이다. 너무 많은 핵심어가 선택되어 허드렛 단어도 모두 핵심어로 밑줄이 쳐져 있으면 핵심개념을 파악하는 데 지장이 되기 때문이다. 요컨대, 너무 많은 단어들이 핵심어로 표시되어 핵심어와 그렇지 않은 것이 혼동될 정도로 되지 않도록 자제할 필요가 있다. 물론, 너무 많은 핵심어가 밑줄치기가 된 경우에 진핵어 표시를 통하여 핵심 개념을 파악하는 것이 가능하다. 다만 적당한 정도의 핵심어를 선택하는 것이 무작정 많은 핵심어를 선택하는 것보다 더 좋다는 사실이다.

특별한 내용을 제외하고, 대부분의 학습 내용의 핵심적인 단어는 20% 정도라고 보면 된다. 책의 저자는 핵심적 사상과 개념, 중요한 내용을 전체의 20% 정도로 배치한다. 즉, 핵심 내용을 20% 정도로 하고, 그 핵심 내용을 설명하고, 사례를 들고, 그 핵심 내용을 제대로 이해할 수 있도록 하는 보조적인 내용을 쓰게 되는 것이다. 이러한 저자의 의도를 안다면, 결국 독자는 그 핵심 내용인 20% 정도의 핵심어만 선택하면 되는 것이다. 또한 1단계, 2단계, 3단계를 거치면서 핵심어와 더불어 그 핵심어를 뒷받침해주는 그 주변에 있는 비핵심어들을 파악하게 되는 것이다. 그러나 정작 우리가 두뇌에서 확실하게 포착하여 이해하고 외워야 되는 것은 주변에 있는 비핵심어가 아니라 결국 핵심어와 진핵어인 것이다.

시스템학습법은 기초 실력이 부족한 경우에도 효과가 있는가?

대답 책의 내용에 대해서 독자가 기초적인 지식이 너무 부족한 상태에서 너무 어려운 내용을 학습하게 되면 그 내용을 이해할 수가 없을 것이다. 그러므로 아무리 시스템학습법이 이해와 암기에 탁월한 효능이 있다고 해도 전혀 기초가 갖추어지지 않아 내용 자체를 이해할 능력이 되지 않는 경우에는 시스템학습법의 효력을 제대로 발휘할 수 없다. 그러한 경우에는 자기 수준에 맞는 교재를 새로이 선택하여 시스템학습법으로 이해하고 암기하여 실력을 쌓는 것이 우선 과제이다. 그러한 과정을 통해, 점차 실력이 증가함에 따라 그에 맞는 내용의 책을 학습해 나아가야 하는 것이다. 그러면 실력이 증가함에 따라 그에 맞는 교재도 수준이 높아지고 그 높아진 수준의 내용도 시스템학습법으로 충분히 이해하고 암기하여 튼튼한 실력을 갖추게 될 것이다. 마치 초등학생이 대학교재를 시스템학습법으로 학습하더라도 이해하고 암기한다는 것은 무리이다. 즉, 대학교재를 천천히 읽어서 이해할 수 있는 경우에만 시스템학습법을 적용할 수 있는 것이다. 독자가 시스템학습법을 적용할 수 있는 자기 수준에 맞는 교재를 선택해야 한다. 그러므로 독자가 시스템학습법을 적용하여 매일, 매주, 매월 학습을 편하고 스트레스 없이 왕성하게 학습하게 되면 저절로 수준이 높아지게 되고, 결국은 대학생 수준만이 아니라 대학교수 수준에도 도달하게 되는 것이다. 이는 독자가 앞으로 최고의 지성인으로 나아감을 의미하며 스스로 향상되어 감에 따라 수많은 어려운 교재들도 넉넉하게 독자의 실력으로 승화시키게 됨을 의미한다.

■■■ 1단계를 제대로 해야지 제대로 하지 않으면 2단계 3단계에서..제대로 효과를 보지 못한다는 말씀이지요...

대답 당연하다.

::: 그럼 3단계에서 다시 1단계로 들어가서 핵심어를 다시 찾아야 한다는 말씀이신지요?

대답 그것도 맞는 말이다. 좀더 정확하게 말하면, "1단계로 다시 돌아간다"라고 말하는 것보다는 "1단계 학습을 추가로 1번~2번 정도 더 한다"고 하는 것이 합당하다. 시스템학습법에 익숙해지기 위해서는 10년 이상 중독된 재래식 학습법의 습관을 버리는 기간이 필요하다. 빨라도 3개월, 늦으면 약 1년 정도 자신의 습관을 씻어내는 기간이 필요하다. 일단 시스템학습법에 익숙해지면 이 학습법이 얼마나 과학적이며 순리적인지를 실감하게 될 것이다. 더욱이, 학습 자체가 지루함, 역겨움, 스트레스가 거의 없이 이루어지게 됨으로 학습이 매우 가볍고 즐거운 일과가 될 것이다. 점수에 얽매어 전전긍긍했던 학습이 이제는 차원높은 오락의 경지가 되며 그렇게 되면 점수는 저절로 높은 점수를 얻게 되어 어떤 시험도 자신의 실력을 확인하는 즐거운 과정이 되는 것이다.

::: 꼭 단어만, 단어에만 밑줄을 쳐야 하는지요? 예를 들어서 영문법 교재인 경우 구문이 중요사항일 때도 있고 아니면 문장 전체가 하나의 중요전달 사항일 때도 있지 않습니까? 고시(?)성 교재에서 중요한 주제나 이론은 각각의 중요단어가 교량표시가 된다는 것은 알

고 밑줄을 그을수 있는데 영문법 교재처럼 일정한 구문이나, 문장이 중요하면 어떻게 하는지요?

대답 그러한 경우는 구문, 문장에 줄을 치되 핵심어에 형광펜으로 표시하여 진짜 핵심어를 강조하면 된다. 일반적으로, 꼼꼼한 사람들은 핵심어만이 아니라 핵심어가 포함된 문장 전체를 밑줄치는 경우들이 종종 있다. 그렇게 되면 밑줄친 단어들이 너무 많아지고 전체 면이 결국 밑줄로 도배한 것과 같은 결과가 될 수 있다. 핵심어를 고르고, 진핵어를 고르는 이유가 무엇인가? 결국 전체 문장의 핵심어는 보통 10~30% 사이에 있다. 그것을 통해 학습이 3단계에서 본격적으로 이루어지게 하여 경제적이고 높은 학습효과를 얻게 되는 것이다. 그러므로 특별히 예외적인 경우가 아니라면 문장 전체가 아니라 그 중에서 더 중요하거나 모르는 핵심어에만 밑줄을 쳐서 학습하는 것이 훨씬 더 뛰어난 학습효과가 있는 것이다. 핵심어가 아닌 단어들은 주변의 핵심어와 더불어 문맥을 형성하여 저절로 두뇌속에 흡수되므로 염려하지 않아도 학습이 된다.

::: 제 책이 500쪽이 되는데, 그 중에서 200쪽만을 대상으로 시스템학습법을 한 후, 나머지 300쪽을 별도로 시스템학습법을 적용해도 되나요?

대답 그것은 학습효과가 제대로 나기 어렵다. 첫 쪽부터 마지막 쪽까지 즉 1쪽부터 500쪽까지 전체를 읽는 과정을 1단계부터 3단계까지 쭉 진행해야 한다. 그래야 전체적인 문맥과 시스템학습법의 제대로 된 학습효과가 나타난다. 특별한 책인 경우에, 일부의 내용을 전혀 읽을 필요가 없는 경우는 그 부분을 건너뛸 수는 있다. 다만, 원칙적으로 전체 내용을 처음부터 마지막까지 학습하되 특별한 경우에만 예외를 적용하면 된다.

14

시스템학습법에 대한 독자들의 반응

(여기에 소개하는 내용은 독자들이 보내온 반응 중에서 일부만을 소개한다. 독자의 신원은 공개하지 않았으나 모두 사실에 근거한 것이다.)

::: 선생님, 방법을 완전히 익히기 위해서 먼저 공무원시험을 1차 목표로 세웠습니다. 내년에 9급, 7급 모두 합격하는 것을 목표로 하고 있습니다. 9급 준비한지는 거의 2달 되가는데 왠만큼 정리가 되가고 있습니다. 저도 지금 놀라고 있습니다. 하루 학습량이 그렇게 많지도 않은데 짧은 시간에 이렇게 성과를 보고 있으니 선생님께 그저 고마울 따름입니다.

::: 우선 친절한 답변에 감사드립니다.^^ 선생님의 말씀 명심하

겠습니다. 자격증에 국한되지 않고 실력을 기르는데 유용하게 사용하겠습니다. 내일 책이 도착합니다. 10회독과 실천한 후 멜을 보내겠습니다. 그리고 어느 서점에서 보니 선생님 책이 대학교재로 채택되었다고 적혀있었습니다. 축하드립니다.

∷ 저는 세무사 공부를 하고 있고 선생님 책을 접하고 세미나도 듣고 시스템 학습법으로 공부하고 있습니다. 시험이 2달 정도 앞이라 마지막 정리를 하고 있습니다. 시스템 학습법의 효과에 반신반의 하며 막연히 따라 하고 있었는데 막바지 정리에서 그 효과를 새삼 느끼고 있습니다. 점수로 말이죠.^^ 선생님, 감사합니다. 왜 일찍 시스템 학습법을 접하지 못했나 안타깝습니다.

∷ 연반추 학습을 해 보니 상당한 양의 지식이 머리에 들어와 있다는 것을 느꼈습니다. 저 자신도 놀랄 정도였습니다. 그리고 전에 선생님께 토익 학습에 대해 메일로 여쭌 적이 있었는데... 선생님의 말씀대로 노력을 좀 했더니 토익 점수는 사법시험 기준점수를 훨씬 상회하는 점수를 받게 되었습니다. 뒤늦게 나마 감사의 말씀드립니다.

∷ 안녕하십니까? 저는 학습의 의욕에 불타는 30대 중반의 직장인입니다. 선생님의 SR시스템 학습법을 접하고 저도 놀라울 정

도로 책을 많이 읽게 되었습니다. 두뇌과학과 학습심리학에 대한 상식과 지식도 풍부해지고 있습니다. 지난번, 총신대학교 마이더스 학습법 강의 때 짧은 시간이었지만 인상 깊었습니다.

저는 국가고시를 준비하는 사람으로 원장님의 공부방법론을 몸소 체험한 사람입니다. 주위에 많은 사람들에게 소개하고 있구요, 작년에도 감정평가사시험을 준비하는 친구에게 원장님 책을 선물했는데...나중에 큰 도움이 되었다고 인사하더군요. 가끔 어떤 친구들은 그 방법을 체화시키기 전에 책을 뒷전에 놓는 경우도 있었습니다. 사람이 습관을 바꾸면 운명을 바꿀 수 있다는 말이 있는데 그동안 굳어진 습관을 바꾸기가 쉽지 않은가봅니다. 그래서 책을 선물할때 감이 올 때까지만 믿고 해보라고 권합니다. 이미 각종 시험에 수석한 공부방법에 있어서 천재들은 엇비슷하게 원장님의 방법과 비슷한 학습법을 스스로 체득해서 자기만의 방법으로 소화시키고 있다는 것을 알고는 무척이나 놀랐더랬습니다.

저는 시스템학습법의 전도사가 되었답니다. 제 주위의 사람들에게 틈틈이 책을 선물하고 있습니다. 미국에 형님도 이번에 컴퓨터 인공지능 관련 박사학위를 받고 독일계 유명연구소에 취업했는데 시스템학습법이야말로 천재가 되는 학습법이라고 치켜세우더군요, 며칠 전 도올 선생님이 학습법에 대해서 순천여고에서 강의

하는 것을 우연찮게 봤는데 그런 강의보다는 시스템학습법에 대해서 후학들에게 가르쳐줄 수 있는 기회가 있다면 얼마나 좋을까 생각해봤습니다. 앞으로 그런 날이 오도록 저 역시 시스템학습법의 보급에 앞장서서 홍보하는 사람이 되겠습니다.

∷ 저는 작년에 SR학습법을 접하고 나서 지금까지 계속 이 방법을 활용하고 있는 학생입니다. 실제로 학교시험에서 SR학습을 적용해 본 결과... 수업을 충실히(?) 듣지는 않았지만 성적은 대부분 A를 받을수가 있었습니다. 처음에는 그냥 이럴수도 있구나 싶었는데... 1년이 넘게 적용해본 결과 놀라운 성과에 SR학습에 대한 신뢰가 많이 생기게 되었습니다.

∷ 반신반의 하던중에 정보처리기사 시험이 있어 시스템학습법을 이용하여 시험을 봤더니 기출문제를 별로 풀어보지도 않고, 요약정리집을 시스템학습법으로 본것만으로 합격점수보다 높은 점수로 필기 시험에 통과할 수 있었습니다. 이에 감사드리고요.

∷ 선생님, 안녕하십니까? 저는 33세의 은행원으로서 작년 행내 업무 종합시험에 선생님의 "SR학습법"을 이용한 결과 96점이라는 놀라운 성과를 직접 경험하고(가장 좋은 시험성적이었습니다. 일반인들의 생각과는 달리 은행업무도 무척 다양하고 어찌보면 방대하기까지 한 면이 있는데 선생님께

서는 십분 이해하시리라 믿습니다.) 계속 연구 및 완전히 체화하기 위한 노력을 하고 있는 사람입니다. 아직 많이 부족하지만 계속 도전해볼 생각입니다. 요즘은 선생님의 "SR학습법"으로 민상법과 경매를 공부하고 있는데 공부하다 느낀 궁금점이 있어 문의를 드리게 됐습니다.

::: 저는 어리지 않은 나이에 새로운 직장과 종전의 삶과 전혀 다른 삶을 살아가고 있었습니다. 저의 회사에 강사님의 출연은 저에게는 인생의 큰 변화였습니다. 그렇게 하기 싫었던 화학과 전기이론 등을 공부하려니 막막하고 무작정 암기하려니 너무나 광범위하고 생소했습니다. 입사 한달째 강사님을 처음 뵙고 강의를 듣기 시작해서 벌써 5개월이 지났습니다. 학습적으로 성취도와 학습에 따른 자신감, 강사님 말씀대로 되어가고 있는 저를 발견하고 깜짝 놀랐습니다. 우선 감사하다는 말씀을 먼저 드리고, 이런 기회를 주신 사장님께도 감사를 드립니다. 오늘은 외국어 학습에 대해 강연을 하셨는데... 10여년 넘게 성공하지 못한 외국어가 자신감이 생기더라구요. 당장 교재를 구입하지는 못했지만, 내일 서점으로 갈 생각입니다. 강사님의 강의를 삶의 전환점으로 삼은 저같은 사람을 위해서라도 앞으로 몸건강하시고, 대한민국의 학습이 즐기는 학습이 되도록 오랜 강연 부탁드립니다. 그럼 꾸뻑...

::: 답변을 듣고 이제야 조금 알 것 같습니다. 사실 공부법 많이

봐왔지만 이렇게 편한 방법은 찾기 힘들었습니다. 어떤건 아예 흐지부지 했구요. 앞으로 수능이 130일 정도 남았습니다. 하지만 남은 130일 만이라도 컴퓨터 TV 게임 다 끊고 공부 안하면 밥 안먹는다는 정신으로 시스템학습법을 가지고 열심히 공부하겠습니다.

∷ 이 책을 읽은 것은 학원 개업하기 전에 감정평가사 시험공부하려 했을 때였습니다. 책을 두 서너 번 열심히 읽었고 제 공부에 적용해보려했으나 부득이한 이유로 공부를 접고 학원을 개원하게 되었습니다. 학생들에게 가장 좋은 학습법이 무엇일까 항상 고민하고 방법을 찾던중 이 책을 우리 학생들에게 적용해보기로 하고 초등학생부터 중학생들에게 암기과목 공부시에 부지런히 가르쳤습니다. 무조건 학원에 오자마자 사회과학 암기 이론 부분을 밑줄치며 3번씩 읽게했고 제가 수업을 한 번 한 후에 또 두번씩 읽으라고 한 후에 문제를 풀며 모르는 것은 그냥 체크 후에 다시 한 번 읽고 풀게 한 결과 정말로 놀랄만한 성적향상이 있었습니다.

물론 열 번 읽은 것은 아니었고 성실한 학생이 아니면 보통 4번 정도 읽고 풀었지만 결과는 정말 대단했습니다! 영어에 관심이 많아서 이런저런 문법책, 어휘책 보고 공부했지만 항상 두달을 넘기기 어려웠습니다. 동명사의 역할, 분사는 어느때 사용되고 to 부정사는 왜 사용되고 문장상에서 보어 역할은 또 무엇이고 등등... 복잡하게 얽혀서 해석할 때 뒤죽박죽이던 독해를 지금 맨투맨기본영어를 처음부터 끝까지 부분 세 번 읽으며 어려운 부분부분은 복습으로 몇 번 더 그냥 읽기만 했거든여... 신기하게 문법이 정리가 되더군여... 참 신기합니다. 물론 아주 작은 변화이지만 공부가 재미있어집니다. 많은 시간 투자해서 억지로 외우지 않고 그냥 읽어나가는데 이거참 신기하네여! 시간상으로는 한 3주 정도 걸린거 같네여! 참고로 전 포천에서 학원을 운영하는 사람입니다.

::: 저는 우연한 기회에 SR학습법을 접하게 된 20대 취업준비생입니다. 그런데 제가 취직시험 5과목을 공부하게 됐는데...양이 엄청 많더군요. 한 과목당 1000페이지 이상이고...행정학, 행정법 같은 전문과목이 포함되니 예전 공부방법으로는 힘들다는걸 느꼈습니다. 진도가 더디게 나가고, 지치고, 앞부분은 잊혀지고...그러다 SR학습법을 알고 100% 정확히 실천했다고는 못하지만 한 번 해봤습니다. 전과목 5회독을 SR학습법으로 학습하고 시험을 봤는데...행정법, 행정학 전부 다 맞았더군요. 국어에서 이전 출제경향과 다른 문제들이 나와서 점수가 잘 안나와서 아깝게 1문제 차로 떨어졌지만...이전 방법으로 공부했을 때하고 점수차가 엄청났습니다. 직접 해보니까 확신이 서더라고요. 그래서 앞으로 계속 SR학습법으로 공부하려고 하는데...제가 이번에 세무직 시험을 준비하게 됐습니다.

15

인터넷에 나온 SR시스템학습법에 대한 중요 평가

*펌]임성룡, 고승덕 그리고 무쿠노키 오사미의 책의 공통점 찾기 | 학습법

고승덕 변호사, 뭐 3고시를 패스한 분이고... 임성룡 씨는 SR시스템 학습법을 창안한 분이고 여러 가지 아주 고난도의 어려운 시험에 줄줄이 합격한 분들이다. 그리고 무쿠노키 오사미라는 분 역시 일본에서 기억법과 속독법을 가르치는 유명한 분이다. 이 세 분의 공통점은 바로 독서법에 있어 다독을 강조하고 있다는 점이다.

고승덕 변호사는 7번 정도 읽으면 그 책의 뜻을 알 수 있다고 말했고 임성룡 씨 같은 경우 10번 정도 책을 읽으면 자신도 모르게 그 내용이 무의식으로 스며들어간다고 했다. 그리고 일본의 무쿠노키라는 분 역시 5번 정도 책을 반복해서 다독해 읽어야지 기억이 정착되고 이해도 빨리 된다고 하였다. 처음부터 정독법으로 책을 분석하고 기억하려고 하면 스트레스를 받는다고 한다. 그리고 제갈공명은 전체를 파악하기 전에는 절대 지협적인 질문을 던지지 않는다고 한다. 스트레스 받으면서 이해하려고 하거나 암기하려고 1번 읽는 것보다 그냥 이해나 암기하려고 하지 않고 무조건 1번 정독하는 시간에 3번 정도 읽으면 한 번 읽는 것보다 이해도나 기억의 효율

성 면에서 몇 배나 더 나은 결과를 보인다고 한다.

이 세 분의 책에서 가장 눈에 들어오는 비법 아닌 비법은 바로 정독보다는 다독이 공부할 때 점수를 올리는 가장 큰 위력을 발휘하는데 있다. 시간이 나시는 분들은 저분들의 책을 봐도 좋다 하지만 굳이 살 필요는 없다. 이젠 비밀이 풀렸으니...여러분도 책을 읽으면서 이해하거나 암기하려고 스트레스 받지 말고 편하게 편하게 여러번 다독하는 것이 단순하면서 가장 강력한 무기가 될 것이다. 그리고 분석적인 독서는 적어도 7번 정도 읽은 후에 아주 분석적으로 책의 차례나 소제목의 표제어를 질문이나 의문형으로 변환시켜서 질문한 다음, 책에서 답만 찾으면 분석적인 독서가 될 것이다. 위의 세 명의 책을 살 필요는 없을 것이다. 꼭 저 책을 사서 볼 필요는 없다고 생각하지만 굳이 보고싶다면 임성룡 씨의 책도 좋을 듯싶다. 그리고 무쿠노키 오사이 책도 가치가 나름대로 있다고 본다. 경제적인 여유가 된다면 꼭 1독 해보세요^^ 굳이 고르라고 한다면 임성룡 씨 책이 가장 단순하면서 스킬면에서 제일 좋다고 봐요.

헥~헥~
SR

Lesson 8

학생들을 위한 추가 학습법

01. 노트하기
02. 요점 기억하기
03. 5분 예습하기
04. 5분 복습하기
05. 시험치기
06. 시간관리

Lesson 8

시스템학습법은 직장인이나 학생들이나 주부들이나 그 밖의 모든 사람들에게 적용되는 범용 학습법이다. 필자가 여기에 학생들을 위한 추가 학습법이라는 별도의 장을 마련한 데에는 이유가 있다. 학생들은 학습한다는 점에서는 다른 직업의 사람들과 같지만 학생들 나름의 특별한 환경이 있다. 그 특별한 환경이란 첫째, 매일 학교에서 수업을 받는다는 점이다. 둘째, 시험이 자주 있다는 점이다. 따라서 고득점을 올려야 하는 절대절명(?)의 필요성으로 학생들은 시험의 압박감 속에 항상 시달린다. 연반추, 시스템 속해, 집중 – 분산 학습의 3대 기본원리를 바탕으로 제1단계, 제2단계, 제3단계의 과정을 활용하여 학생들은 학업성적과 진정한 실력을 증진시키는 데 도움이 될 수 있을 것이다. 여기에서는 이러한 이 학습법의 활용과는 별도로 학생들이 처해 있는 특별한 환경에 도움이 되는 추가적인 학습의 노하우를 제시하고자 한다. 공부는 열심히 노력한다고 또 머리만 좋다고 되는 것이 아니라 공부에는 지름길 즉 효과적인 학습법이 있다.

01

노트하기

이 방법은 학생들과 같이 강의를 들을 때에 활용할 수 있는 매우 중요한 학습방법이며 강의를 듣는 사람에게 매우 필수적인 것이다. 강의를 들으면서 중요한 내용을 메모하고, 또한 교재의 내용에 밑줄을 그은 핵심단어들만을 읽으면서 내용을 회상하면 학습을 복습하는 효과도 있고 제대로 학습이 되었는지 확인해 보는 수단도 된다. 미국의 크로포드 박사의 연구에 의하면 강의시간에 노트를 해가면서 듣는 학생이 훨씬 성적이 우수했다고 한다. 노트기록이 공부에 집중하도록 돕는다는 것이다. 노트를 한 경우와 하지 않은 경우를 대조하여 실험하였는데, 노트를 하면 노트를 한 내용이 그렇지 않은 것보다 6배나 잘 기억된다는 연구결과가 있다. 필자는 강의활동에서도 실천사항으로서 '메모'를 항상 강조하고 있다. 학습에서 메모와 노트를 잘 활용하면 여러 방면에서 큰 도움이 된다.

실천요령

수업에서 첫째로, 노트필기를 하는 것이 가장 효과적이고, 둘째로 효과적인 것은 책에 표시(밑줄치기, 형광펜 표시하기 등)하는 것이다. 중요한 개념이나 요점 또는 핵심어를 잡아 노트한다. 강의내용에서 정의, 목록, 비고 등에 특별히 주의를 기울인다. 연구에 의하면, 아는 내용이고 수업에서 다 이해했던 것도 24시간이 지나면 1/2 이상을 잊는다고 한다. 노트를 할 때 질문차트를 만들면 강의를 생각하면서 듣는 효과가 있다. 우등생은 교사와 눈을 마주치며 수업에 몰두한다.

02

요점 기억하기

학습에서 중요한 것은 처음과 마지막에 기억하는 것이 유리하다. 학생들이 시험공부할 때에 유념해서 활용하면 도움이 될 수 있다. 반복이 학습에 중요하다는 것은 충분히 입증된 사실이다. 학습심리학에서 인간 기억에 관한 계열위치 효과가 있다. 이는 과오를 계열위치에 연관시킨 그래프에서 나타나는 현상이다. 철자의 오자는 처음이나 끝 부분에서보다는 단어의 중간에서 훨씬 자주 생긴다. 한 가지 흥미 있는 예외는 '격리효과'라고 부른다. 이는 만일 계열목록상의 항목 중에서 하나가 특색 있는 것이라면, 또는 그것이 다른 것들과 격리되어 있다면 그것은 그렇지 않을 때보다 한층 더 쉽게 학습되는 현상이다. 같은 목록에서 고립된 숫자는 철자보다 2.4배나 자주 회상되었다. 고립된 철자는 그것을 둘러싸고 있는 숫자보다 4.4배나 회상이 자주 되었다.

실천요령

중요한 것은 처음과 마지막에 확인하면 기억에 도움이 된다. 노트한 내용 중에서 중요한 핵심사항만 따로 관리한다. 시험 전에 중요한 사항들만 별도로 가볍게 검토하면 시험에서 중요한 지식을 회상하여 점수를 높이는 데 도움이 된다.

03

5분 예습하기

학습심리학에서 학습 자료에 앞서 실마리를 만든 정보가 '선행 오거나이저'라고 한다. 학습심리학자 오스벨은 어떤 자료를 받아들이기 쉽게 하는 다른 정보를 미리 주고 지식 속에 실마리를 만들어 주는 것이 효과가 있음을 증명하였다. 즉, 선행 오거나이저를 주는 것이다. 학습 자료는 선행 오거나이저를 실마리로 하여 스키마(지식체계)에 쉽게 관련지을 수 있게 되며 학습자가 갖고 있는 지식과 학습 자료로 받은 정보와의 관련을 촉진시킨다. 실험결과 어느 학습 자료에서나 선행 오거나이저를 준 집단의 성적이 좋았다고 한다. 예습하기는 선행 오거나이저를 주는 것이며 새로운 지식정보를 쉽게 이해하고 기억하는 데 도움이 된다. 캘리포니아 주립대학원의 전정재 박사는 예습하기가 학생들의 학습효과를 높이는 데 결정적인 것이라고 특별히 강조하고 있으며 필자도 이에 전적으로 동감하고 있다. 5분 예습하기는 각 과목마다 5분씩 예습하기를 하는 것이다.

실천요령

다음 날 수업범위를 미리 훑어본다. 매일 과목별로 각 5분 이내로 훑어보기를 한다. 요점이나 중점에 주의를 기울인다. 내용의 요점만 잡아내고 나머지는 그냥 훑어나간다. 핵심어를 찾아내고 주제문장, 마지막 문장, 처음에 나오는 문장을 잘 읽으면 상당한 내용을 파악하게 되어 많은 시간이 절약된다. 중요한 곳과 아닌 곳을 구별하고 요점, 중요한 곳은 천천히 읽고 아닌 곳은 대강만 읽어 훑어나간다. 책제목, 서론, 제목, 소제목, 도표, 그래프, 문단의 첫 문장, 결론문장, 요약부분, 다른 글자체, 다른 색깔로 된 문장 등은 대개 중요한 곳이므로 주의해서 읽는다.

훑어보기

자료를 사전 검토한 후 읽으면 약 50% 정도를 이해할 것이다. 한 시간 걸리는 내용을 잠시 사전검토하고 훑어봄으로써 약 50%를 미리 알게되며 다른 학생들에 비해 더 많은 것을 알게된다. 천천히 읽는 것보다 빨리 읽는 것이 이해를 향상시킨다. 사전검토의 과정은 과목별로 5분 정도 실천하면 된다.

04

5분 복습하기

학습심리학에서 스탠포드대학의 아트킨슨과 쉬프린 교수의 모형이 있다. 두뇌의 단기 저장고의 항목들은 시연 즉 반복을 통해 유지될 수 있다. 만일 항목들이 시연되지 않으면 단기저장으로부터 상실될 것이다. 단기저장에서 장기저장으로 이전되기 위해서는 그것들은 시연 즉 반복되어야만 한다. 항목은 동시에 단기저장고와 장기저장고 둘 다에 있을 수 있다. 한 항목이 장기저장소로부터 나올 때 그 정보는 단기저장소로 가서 작업기억상태로 바뀐다. 복습하기는 시연하는 것이며 기억을 확고히 하는 데 절대적인 효력이 있음을 알려준다. 복습하기도 학생들의 실력을 증진시키는 데, 그리고 점수를 올리는 데에 반드시 필요한 것임을 명심하라.

실천요령

복습(Review)은 중요하게 생각하는 핵심어, 주개념, 결론만을 간추려 재검토하는 것이다. 모든 과목을 매일 복습해야 한다. 그 날 기록한 노트를 과목마다 약 5분 복습한다. 노트내용을 매일 연속해서 5일 동안 복습하면 회상에 좋으며 시험준비가 저절로 된다. 기억의 원리는 시간이 경과되면서 자주 보는 것을 회상하는 것이다. 기억하려 애쓰지 말고 노트기록을 매일 최소한 5일 연속해서 복습한다. 일주일에 한 번씩 모든 노트기록들을 복습한다. 새로운 것을 한번 본 사람은 2주 후에 그것의 2%를 기억할 수 있고, 만일 계속 해서 6일 동안 같은 것을 보면 2주 후에 62%를 기억할 수 있다는 연구가 있다. 똑같은 정보를 오래 대하면 대할수록 그것을 행동화 할 가능성은 높아진다는 것이다. 이는 복습의 중요성을 상기시켜 준다.

05

시험치기

학습자료를 요약하여 가볍게 학습하는 것은 시험공부준비에 매우 중요하다. 시험에 임했을 때 유의해야 할 사항들을 아래에 적어 본다.

실천요령

시험에 임했을 때 전체 시험문제를 세 부분으로 나눈다. 시험문제 중에 쉬운 것, 보통인 것, 어려운 것으로 분류한다. 맨 먼저 쉬운 문제에 답하고, 그 다음 보통 문제, 마지막에 어려운 것에 대응한다.

선다형 문제

선다형 문제는 가장 좋은 답을 선택해야 한다. 다른 답이 더 좋을 수 있기 때문에 첫 번째로 옳다고 생각한 것을 성급하게 선택하지 말라. 다른 답도 다 읽어보고 나서 선택하라는 말이다.

논술형 문제

논술형 문제에서 교사들은 각각의 논술형 문제에 대한 답만을 미리 결정한다. 교사는 논술시험에서 매우 구체적인 정보를 찾는다는 점이다. 성적은 논술에 담긴 정보량에 의해 결정된다. 논술의 첫 번째 단락은 논술에 포함하는 문제에 직접적으로 답해야 한다. 마지막으로, 답안의 결론을 하나의 단락으로 요약해서 제시해야 한다.

단답형 문제

단답형 문제에서 가장 좋은 전략은 가능한 빨리 먼저 가능성 높은 문제에 답하는 것이다. 즉, 어려운 문제는 문제에 간단히 표시만 해놓고 다른 문제로 넘어가 쉬운 문제들을 다 해결한 후에 어려운 문제를 해결한다.

지시사항 읽기

시험에서 지시사항 읽기를 소홀히 하면 엄청난 결과가 발생한다. 지시사항을 읽지 않으면 모든 것이 허사가 될 수 있음을 명심해야 한다. 아무리 급해도 침착하게 제대로 확인하면서 응시하도록 한다. 학생 중에는 이름과 수험번호를 제대로 쓰지 않는 일, 성급하게 답안을 표시하다가 엉뚱한 위치에 표시하여 연달아 다른 번호에 표시하는 실수를 하는 경우가 있다. 실력이 아무리 좋아도 이러한 실수는 모든 결과를 엉망으로 만들므로 자신이 실수할 수 있다는 것을 염두에 두고 또 확인한 후에 확실히 대응한다.

06

시간관리

성공한 사람들의 공통적인 특징은 '하나 같이 지극히 조직적'이었다는 사실이다. 미국 전체 인구의 2%만이 긴급의식을 지니고 있으며 이들은 결국 남들을 앞지른다는 연구결과도 있다. 시간을 효율적으로 관리하는 요령은, 첫째는 반드시 해야 할 일, 긴급한 일을 먼저 해야 한다. 둘째는 반드시 해야 할 일, 긴급한 일이 아니면 하지 말아야 한다. 학생들과 같이 시간이 부족하고 쫓기는 입장에 있는 경우에 시간을 학습에 더 많이 집중시키려면 항상 염두에 두어야 하는 원칙이다.

실천요령

연구결과는 텔레비전은 사람의 두뇌를 수동적으로 만들기 때문에 공부에 방해가 된다는 사실이다. 따라서 학생은 텔레비전 시청을 자제해야 한다. 오락물(전자게임, 기타)에 시간을 소비하는 것은 엄청난 대가를 치를 수 있다. 결국, 텔레비전 시청과 오락물은 "절대적인 중요한 일"이 아니므로 과감히 중단한다. 이를 실천하지 못하면 아무리 좋은 보약과 비책이 있어도 아무 소용이 없다. 학생들 중에서 휴대폰으로 문자를 전송하는 등의 일로 사용하는 시간은 얼마나 되는가? 꼭 필요하지 않은 다른 일로 보내는 시간은 없는지 살펴보아야 한다. 문자 메시지나 꼭 필요하지 않은 일에 신경쓰는 시간에 책을 몇 페이지라도 더 볼 수 있다면 큰 도움이 될 것이다. 매일 "몇십 페이지"씩만 더 책을 본다면 한 달이면 수백 페이지가 된다는 사실이며 1년이면 수천 페이지가 된다. 그러면 독자는 남들보다 훨씬 더 유리한 입장이 되는 것이다.

이미 고인이 된 전 고려대학교 총장 유진오 박사는 학창시절에 일본인 수재들을 제치고 전체에서 수석을 차지하는 등 뛰어난 학교 성적을 올린 천재적인 분이었다고 한다. 유진오 박사가 학교에서 단체로 영화관람을 갔을 때에, 잠시 쉬는 틈에도 책을 읽었다는 일화가 있다. 천재라는 평가를 받았던 그 분도 그처럼 자투리 시간을 아쉬워 활용하였다면, 독자들도 마땅히 그래야만 성적을 올리는 원동력이 될 수 있을 것이다. 천재는 따로 태어나는 것이 아니라 철두철미 시간관리를 실천하는 학생만이 업적을 거둘 수 있음을 명심하라. 성적이 뛰어난 학생들의 생활을 면밀히 조사해 보면 확고한 시간관리가 있다는 것을 알 것이다.

SR..

Lesson 9

자기확신의 힘

01. 그 방법은 오직 학습뿐
02. 경쟁에서 이긴 사람과 힘없이 사라져버린 사람
03. 인간은 '호모 루덴스' 즉 유희하는 인간
04. 호기심은 가장 중요한 생존 특성
05. 자존심이 강한 사람과 나약한 자아를 가진 사람
06. 미성숙 인지굴레
07. 자기확신과 창조적 확신
08. 역치와 기본기가 충분해야 실력이
09. 진정한 학습의 명인으로
10. 누구나 그 방법을 생각해 낼 수는?
11. 허드렛 열 가지보다 피가 되는 한 가지가

Lesson 9

자기 확신의 힘을 입증한 알렉산더 대왕

그리스를 세계제국으로 등장시킨 알렉산더 대왕은 20세의 나이로 그리스의 마케도니아 왕이 되었다. 소아시아에 있는 고르디우스에는 제우스 신전이 있었는데, 신전 기둥에 한 대의 짐수레가 단단히 묶여 이 매듭을 푸는 사람이 아시아를 지배한다는 전설이 있었다. 소아시아로 진격하여 고르디우스를 정복한 알렉산더 대왕은 이 전설을 듣게 되었다. 알렉산더는 자신이 세계를 정복할 사람이라는 자신감에 충만해 있었다. 그 전설을 성취시킬 사람도 자신이라는 확신이 있었다. 아무도 그 매듭을 풀지 못하였다는 사실을 듣고, 알렉산더는 단칼에 그 매듭을 베어 버렸다. 모든 사람들이 매듭을 "풀어야 한다"는 고정관념에 사로잡혀 감히 그 매듭을 "칼로 베어 풀 수 있다"는 생각을 하지 않았던 것이다. 자기 확신이 있는 사람은 기존의 고정관념을 탈피하여 남들이 감히 생각하지 못하는 생각을 하고, 행하지 못하는 행동을 실천할 수 있는 것이다. 알렉산더 대왕은 불과 몇 년 사이에 인도까지 이르는 정복의 길을 초인적으로 성공시킬 수 있었다. 알렉산더 대왕이 32세의 나이에 말라리아에 걸려 죽을 때에는 그리스는 이미 세계 최강의 제국을 이룩하였다.

01

그 방법은 오직 학습뿐

필자가 고졸 학력으로 외환은행에 들어갔을 때, 외환은행에는 세칭 일류대학 출신의 직원들이 우글거리고 있었다. 학력 사회의 병폐를 여실히 보여주고 있는 직장에서 재래식 방법으로 살아간다는 것은 결국 밑바닥에서 허덕이면서 자신감 없는 인생을 의미하는 것이었다. 이 굴레를 벗어버리는 것은 결국 자기 확신의 힘에서만 나올 수 있었다. 자기 확신의 힘은 어디에서 나올 수 있겠는가? 이는 정신력과 실력이 끊임없이 향상될 때에만 가능한 것임을 필자는 확신하였다. 그 방법은 오직 학습뿐이었다. 외환은행에서 가장 필요한 것이 외국어 실력임을 뼈저리게 느낀 필자는 재래식 외국어 학습법으로는 도저히 외국어 실력을 갖춘다는 것이 불가능함을 통감하였다. 그래서 수년 간의 시행착오를 거쳐 발견한 것이 'SR외국어학습법' 이었다. 이 외국어학습법 덕분에 영어, 프랑스어, 일본어를 거침없이 합격하는 쾌거(?)를 이루어 주변에 놀라움을 안겨주었다. 그 경험은 필자의 저서인 '외국인이 다시 놀란 영어천재가 되다' (도서출판 교우사, 2007년 출간)에서 확인하기 바란다. 필자는 외국어 학습법을 기초로 하여 일반 학습에 관한 노하우를 개발하기로 하였고, 이러한 노력이 수년간 계속되어 결국 'SR시스템학습법' 이 창안된 것이다. 필자는 시스템학습법을 무기로 하여 학습한 결과 많은 시험을 가볍게 합격할 수 있었을 뿐만 아니라, 공인된 고시 등에 응시하여 남들보다 훨씬 편하고 쉽게 공부하고도 우수한 성적을 거둘 수 있었다. 또한 시스템학습법을 통해 학사학위를 취득하여, 고졸 학력을 대졸 학력으로 바꿀 수 있었다. 필자는 요즘도 매월 15권 정도의 책을 시스템학습법으로 깊은 꿀맛 같은 학습을 즐기고 있다는 사실이다. 필자가 잘나서도 아니고 의지가 강해서 그만한 학습능력을 발휘하는 것도 아니다. 시스템학습법이 그만한 학습량을 넉넉하게 감당하게 해주는 것이다. 독자가 시스템학습법에 익숙하게 되면 엄청난 학습능력을 발휘할 것이 틀림없다. 자기 확신의 힘은 결국 정신력과 실력의 원천인 학습에서 나오는 것이다. 정신력은 자신감, 열정, 정신 긴장감을 말한다. 학습은 정신력만이 아니라 실력을 갖추어주는 절대적인 원천이다. 결국 학습이 끊임없이 이루어질 때 자기 확신은 저절로 나온다. 알렉산더 대왕은 위대한 스승으로부터 항상 가르침을 받았으며 학습하는 왕이었다. 더욱이 그는 정신력과 더불어 전투실력 향상에 매진하여 뛰어난 자질을 갖춘 지도자가 되었다. 그랬기에 그가 왕으로 등극하자 알렉산더 대왕은 자기 확신의 힘을 도처에서 발휘할 수 있었던 것이다.

02

경쟁에서 이긴 사람과 힘없이 사라져버린 사람

역사는 변화를 추구하는 세력과 현 상태를 고수하려는 층의 계속적인 투쟁의 기록이다. 이 과정에서 자기 확신의 힘을 충분히 갖춘 사람은 경쟁에서 이기고 그렇지 못한 사람은 힘없이 사라져버렸다는 사실이다. 위대한 수학자 아르키메데스가 자기 확신의 힘이 부족했다면 그는 역사에서 지워졌을 것이다. 병원균 감염의 원인을 밝혀 중요한 공헌을 한 의과대학 교수 제멜바이스, 물리학에서 중요한 원리를 발견한 갈릴레오도 자기 확신의 힘을 포기하지 않았기에 역사에서 살아남았다. 고대 그리스의 수학자 아폴로니우스는 아르키메데스를 알렉산드리아 대학에서 쫓아내려고 했다. 이유는 아르키메데스가 수학연구에 실험방법을 도입함으로써 순수수학을 물질로 더럽혔다고 생각했기 때문이었다. 아르키메데스는 이러한 핍박에도 굴하지 않고 그의 확신을 굳게 지켰다. 18세기 비엔나대학교의 의과대학교수 제멜바이스는 의사들에게 수술하기 전에 소독물로 손을 씻으라고 제안했다. 손을 통해 병균이 옮아간다는 것이 제멜바이스의 생각이었다. 그러나 제멜바이스의 제안을 그의 동료들은 자기들이 깨끗하지 않다는 말로 받아들여 격분했고, 결국 제멜바이스는 이 일로 인해 학교를 떠났다고 한다. 제멜바이스의 생각이 결국 옳다는 것이 밝혀진 것은 그가 자기 확신의 힘을 고수하였던 덕분이었다. 중세시대에 혁신적인 생각을 갖고 있던 갈릴레오는 교회와 충돌하기 이전부터 정통파 아리스토텔레스 추종자들의 미움을 받고 있었다. 더욱이 그는 종교재판 등을 통해 많은 박해를 받았음에도 자기 확신의 힘을 굳게 고수하였고 그의 생각이 옳았음을 증명하였다.

03

인간은 '호모 루덴스' 즉 유희하는 인간

우리 인간은 '호모 루덴스' 즉 유희하는 인간이다. 이는 인간은 유희(노는 것, 게임하는 것)가 본능이며 가장 중요한 활동의 하나임을 말해주는 것이다. "놀고 있네!"라는 표현은 비아냥거리거나 비판하는 것이 아니라 오히려 칭찬하고 높이 평가하는 것이다. 왜냐하면 "놀고 있다!"는 사실은 인간의 가장 본연의 모습이며 가장 아름다운 모습의 하나이기 때문이다. 이 책에서 누차 시스템학습을 하면서 "이해하든 말든, 외워지든 말든, 세월아 네월아!"라면서 태평스럽게 "놀이 하듯이" 나아가는 이유가 바로 그것인 것이다.

학습은 노동이 아니라 놀이 즉 게임이며 오락이다. 인생에서 일을 게임이며 오락이라고 생각하는 사람은 성공할 가능성이 매우 높은 사람이다. 어느 노벨상 수상자는, "내가 일평생 단 일분도 쉬지 않고 일했다는 말도 옳고, 내가 단 하루도 일이라는 생각을 가지고 일한 적이 없다는 말도 옳다"라고 말했다. 특허가 이백 건이 넘는 발명가인 제이콥 래비노는 "호기심이 있으면 당연히 아이디어를 끌어내야 한다. 나 같은 사람은 그게 즐겁다. 아이디어를 떠올린다는 게 얼마나 재미있는가! 다른 사람이 알아주지 않아도 나는 개의치 않는다"라고 말했다. 노벨상을 두 번이나 받은 생물학자 라이너스 폴링은 여든아홉의 나이에도 "'이제 무얼 하면서 살아가지?' 나는 자리에 앉아서 한 번도 이런 고민을 한 적이 없다. 그저 내가 하고 싶은 일을 하면서 무작정 밀고 나갔을 뿐이다"라고 말했다. 이들은 일하는 것, 학습하는 것을 노동으로가 아니라 즐거움으로 받아들였던 것이다. 마크 트웨인은 "성공의 비결은 당신의 직업을 당신의 휴가로 바꾸는 것이다. 사랑하는 일을 선택하라. 그러면 살면서 일해야만 하는 날은 하루도 없을 것이다"라고 말했다. 독자가 시스템학습법을 통하여 학습의 즐거움을 터득하게 되면 매일 매일 "학습하고 싶어 미치겠다"는 결과를 얻게 될 것이다. 그러면 독자의 인생은 이제 탄탄대로를 걷게 되는 것이다.

04

호기심은 가장 중요한 생존 특성

앨 시버트는 대학 2학년을 마치고 낙하산 부대에 입대하였던 사람이다. 그는 "성공을 결정짓는 것은 주변 환경이 아니라 우리의 태도라는 사실"을 경험으로 입증해주었다. 어떤 사람에게는 자신의 상황이 고통스럽고 감당하기 힘들게만 느껴지지만, 똑같은 상황이 다른 사람에게는 성공의 밑거름이 된다는 사실이다. 호기심은 가장 중요한 생존 특성 가운데 하나이다. 가장 큰 도전은 눈에 보이지 않는 감정적 장애에서 풀려나는 것이다. 다행히 대부분의 사람들은 부당한 상황과 고통스런 경험에 대처할 수 있는 학습능력을 타고난다고 앨 시버트는 주장한다.

05

자존심이 강한 사람과 나약한 자아를 가진 사람

심리학자 줄리안 로터는 "어떤 사람들의 경우 삶의 구심점이 자신의 내부에 있다고 믿는다는 사실"을 발견했다. 이 부류의 사람들은 자기 확신의 힘이 강한 사람들이다. 한편 어떤 사람들은 삶의 구심점이 외부에 있었다. 어떤 상황에 당황해하며 희생자처럼 느끼거나 분노를 터뜨리는 사람들은 삶의 구심점이 외부에 있는 사람들이다. 이 부류의 사람들은 외적인 조건들 즉 물질적이거나 환경적 조건에 가치를 부여하는 사람들이다. 좋은 상품이나 화려한 것들을 소유해야만 자신이 가치있다고 느끼는 사람들은 외적인 조건에 가치를 부여하는 사람들이다. 자신의 내적 가치가 부족하기에 외적인 "과시하기"를 해야만 남들에게 기죽지 않는 나약한 사람인 것이다. 반면에, 내부지향적인 사람은 지속적인 변화들이 숱하게 발생하는 상황에서도 성공을 거둔다. 자존심은 자신에 대한 감정적인 태도이다. 자존심이 약한 사람은 종종 과장하거나 자존심의 결핍을 보충할 만한 외적 요소에 매달린다. 사람들에게 실직은 '직장'이라는 외적 요소의 상실을 의미한다. 그러한 시련을 극복하는 사람은 긍정적인 자기평가가 필수적임을 깨닫는다. 자신감은 새로운 활동을 얼마나 잘 해낼 것인가를 뜻한다. 이런 자신감은 자신의 신뢰할 만한 능력과 장점들에 기반을 두고 있다. 나약한 자아개념을 가진 사람들은 외부 요소들을 상실했을 때 좌절하게 된다. 긍정적인 자아개념, 강한 자존심과 자신감은 긍정적인 능력을 부여한다. 이혼한 사람은 내적 자아가 강할 때 정서적 충격에서 잘 벗어날 수 있다. 긍정적으로 자신을 평가하고 자아개념을 다시 정립하고 자신감을 개발할 때 인생은 한층 더 쉬워진다. 이 세상에서 무감각과 적대감을 대응하며 살아남으려면 강한 자존심과 자아개념이 필요하다. 학습하는 사람은 정신력 즉 자신감이 있으며 이는 자기확신의 힘을 가진다는 것을 의미한다.

06

미성숙 인지굴레

시라 화이트는 그의 저서에서 "사람들은 새로운 것들에 대해 무조건적으로 거부반응을 보이는 경향이 있다. 집파리를 잡아 병에 넣고 뚜껑을 닫은 후 며칠 뒤 뚜껑을 열어 놓아도 날아가지 않는다. 심리학자들은 이런 현상을 '미성숙 인지굴레' 라고 부른다."라고 말하고 있다. 인간이 어떤 사고의 틀에 갇힌다는 점에서 '굴레' 라고 말하는 것이다. '미성숙' 이란 결국 '미성년자' 와 같은 상태를 말한다. 자기 확신의 힘이 부족한 상태인 것이다. 성년이란 자기 확신을 갖고 자기 책임을 지는 상태를 말한다. 끊임없는 학습을 통하여 자신의 정신력을 향상시킨다는 것은 결국 정신적 미성년에서 성년으로 나아가는 지극히 자연스러운 과정인 것이다.

07

자기확신과 창조적 확신

자기암시 심리학자인 프레스코트 레키는 "책임감을 가지고 독립성을 발휘할 수 있다는 믿음을 가진 사람, 자신의 재능에 대해 자신감을 가진 사람들은 부정적인 태도를 극복할 수 있다"는 점을 발견했다. 창조적인 사람과 아닌 사람의 차이는 창조적인 사람들은 '자신이 창조적이라고 믿는다' 는 점에서 차이가 있다는 사실이다. 그러므로 자기확신과 창조적 확신을 갖는 것이 첫 걸음이다. 천재와 뛰어난 재능을 가진 백치의 공통점은 편집광적 성향, 무서운 집중력, 오직 한 가지 분야를 지속적으로 추구하는 점 등이다. 보통사람들의 소위 정상적인 삶에는 주의력을 분산시키는 상황이 수없이 많다. 독자가 학습을 통하여 집중력을 기르면 얻게 되는 이익이 무척이나 많다는 것을 실감하게 될 것이다.

워렌 베니스는 리더십의 요소로 두 가지를 들고 있다. 하나는 호기심, 다른 하나는 대담성이다. 배움은 지식을 소유하기 위해서보다 그것으로 새로운 사람이 되기 위해서이다. 리더십의 기본적 요소의 하나는 삶에 대한 열정이다. 배움은 지식이나 기술 이상의 것이며 몰두와 이해를 통하여 향상되는 것이다. 진정한 깨달음은 자기 경험의 성찰에서 온다. 학습이 진정한 깨달음과 리더십의 원천이 된다는 사실이다.

08

역치와 기본기가 충분해야 실력이

역치(閾値threshold value)란 최소 한계값을 말한다. 이는 어떤 효과가 나오려면 최소한의 노력이 필요함을 말한다. 골프 실력을 위해서는 최소한의 연습량을 넘어야 시간이 지나도 실력이 그다지 떨어지지 않는다. 다른 스포츠에서도 마찬가지이다. 시스템학습법에 익숙해지기 위해서는 적어도 몇 달 동안은 충실하게 책에서 제시한 방법대로만 실천해야 한다. 그러한 노력이 부족함에도 불구하고 그저 빨리 학습효과가 나기만을 바라는 사람은 결코 성공할 수 없다. 세계적인 골프 지도자 레드 베터는 프로골퍼 지망생이 입학하면 1년 동안은 클럽을 절대로 휘두르지 못하게 하고 오로지 어드레스 연습만 시킨다고 한다. 그의 지론은 "기본기가 갖춰져 있지 않으면 아무리 연습해도 골프 실력이 늘지 않는다"는 것이다. 이것은 학습에서도 마찬가지이다. 시스템학습법을 제대로 이해하고 제대로 활용하여 탁월한 학습자가 되면 엄청난 경쟁력을 갖게 된다. 어느 학자의 말에 의하면 "정신 이상자란 똑같은 일을 반복하면서 그 때마다 다른 결과를 기대하는 사람"을 말한다. 왜 필자가 이 말을 인용하는 것일까? '학습 달인' 이 되고자 하는 독자는 제대로 시스템학습법을 '연습하고 연습하여 제대로 실천' 하는 기본적인 것을 지켜야 한다. 그렇지 않고 그저 욕심만 가지고 빨리 '학습 달인' 이 되고자 한다면 바로 어느 학자의 말에 해당하는 사람 즉 '정신 이상자' 와 같은 것이다. 이에 해당하는 분은 섭섭할지 모르지만 어쩔 것인가? 학습의 달인이 되기 위하여는 좀더 겸허해야 한다. 제대로 된 연습, 연습을 거듭하는 것만이 독자가 '학습 달인' 이 되는 유일한 길임을 명심하기 바란다.

09

진정한 학습의 명인으로

필자의 인터넷사이트인 www.SRstudy.co.kr의 게시판에서 '저서를 구입한 분들께 특별한 당부' 라는 제목의 글에 이러한 당부의 글이 있다. 잘 읽고 실천하기 바란다. "저의 저서를 구입하신 것은 큰 의미가 있습니다. 독자의 인생을 희망으로 채울 노하우를 갖게 되는 큰 기회를 잡으셨기 때문입니다. 저의 책에서 '아무리 손쉬운 노하우라도 실제로 실천하지 않으면 어떠한 열매도 없다' 라고 했습니다. 또한, '이 책을 제1단계부터 제3단계까지 우선 10회의 학습을 해야 한다' 고 썼습니다. 다시 말하지만 이 책 자체를 3단계에 걸쳐서 10회의 읽기를 한 후에 질문이든 학습이든 하여야 한다는 것입니다. 일부의 독자들이 이러한 당부를 지키지 않고 몇 번 대충 읽고나서는 질문을 보내오는 사례가 있습니다. 절대로 이러면 성공하기 어렵습니다. SR시스템학습법에 능숙해지면 진정한 학습의 명인으로 태어날 수 있는데 제대로 읽지도 않고 또 제대로 실천하지도 않으면서 이것저것 코치를 받고자 한다면 독자는 오히려 혼란만 더할 수 있습니다. 그저 세월아 네월아 저의 책에서 제시하는대로 편하게 실천하면서 어느 정도 익숙해지면(최소한 10번을 읽은 후에) 그 때에 질문하는 것이 가장 좋습니다. 대부분의 질문에 대한 대답은 아마 저절로 알게 될 것입니다. 이상의 사항을 실천하시는데도 질문이 생기거나 추가적인 도움이 필요한 독자는 언제라도 이메일을 주시기 바랍니다. 최선을 다해 독자가 성공자가 될 때까지 도와드릴 것입니다. 시스템학습법에 익숙해질 때까지는 지금까지의 잘못된 습관의 독을 제거하는데 따르는 불편함이 있습니다. 그러한 독이 완전히 제거되어 학습의 즐거움과, 학습의 편함, 학습효과가 스스로 느껴지는 때에 진정한 학습자로 다시 태어나는 것입니다. 너무 조급하게 당장 너무 큰 효과를 얻으려고만 하지 말고 차근차근 실천하시기 바랍니다. 무엇보다도 시스템학습법이 두뇌과학적으로, 학습심리학적으로 왜 과학적이고 왜 효과가 나타날 수밖에 없는지 그 이론적 근거에 대하여 확신이 없어서는 아무 소용이 없습니다. 그 이론적 근거는 저의 책에 자세하게 세계적인 두뇌과학자와 학습심리학자들의 이론이 소개되어 있으므로 철저히 소화해서 이해해야 합니다. 시스템학습법은 단순한 기법이 아니며 이론적으로, 실제적으로 깊은 과학적 근거에 기초하고 있음을 명심해 주시기 바랍니다."

10

누구나 그 방법을 생각해 낼 수는?

시스템학습법은 인간의 자연적인 성향에 딱 들어맞는 학습법이기 때문에 그 성공 가능성이 90%라고 감히 주장하는 것이다. 콜럼부스가 신대륙을 발견했을 때 "대단한 일이 아니다"라고 시기하였던 사람들이 많았다. 콜럼부스가 달걀을 들어 좌중에 "이것을 세워볼 사람이 있느냐?"라고 말했으나 아무도 세우지 못했다. 콜럼부스가 달걀을 깨트려 세워 보이자 사람들은 "저렇게는 나도 할 수 있다"며 웅성거렸다. 콜럼부스는 "물론 이 달걀을 누구나 세울 수 있다. 하지만 누구나 그 방법을 생각해 낼 수 있는 건 아니다"라고 말했다. 혹자는 시스템학습법을 "대단한 일이 아니다"라고 말할 지 모른다. 그러면 무엇이 대단한 일인가? 시스템학습법이 탄생하기까지는 수년 간의 고민과 시행착오를 거쳐 그 결과를 검증하는 과정이 있었다는 점을 기억하기 바란다. 그리고 각 단계마다 이정표와 산소호흡기를 비치하여 헉헉거리지 않고 성공적으로, 부드럽게 넘어가는 프로그램이 준비되어 있다. 그리고 기존의 재래식 학습법으로는 결코 성공자가 될 수 없다는 사실이다. 반드시 학습에서 성공하겠다는 생각을 가진 사람만 참여하라!

11

허드렛 열 가지보다 피가 되는 한 가지가

필자의 경우, 한 권의 책을 시스템학습법으로 완전히 내 실력으로 만들면 재래식으로 열 권 읽은 사람에게 결코 뒤지지 않음을 경험하였다. 시스템학습법은 독자의 실력을 확실하게 높여준다는 것을 실감하게 된다. 지금까지 독자는 대부분의 책을 한 번이나 많아야 두세 번 정도 읽는 것으로 만족해 왔다. 이것은 음식으로 말하면, 입에서 별로 씹지도 않고 위로 넘기고, 위에서 소화도 안 시키고 소장, 대장으로 넘겨 결국 영양가를 몸에서 별로 흡수하지도 못하는 격이다. 결과는? 만성 영양실조가 된다. 사실 독자는 지금까지 상당한 부수의 좋은 책들과, 좋은 학습 교재들로 배워 왔다. 그 중에 몇 가지라도 시스템학습법으로 100%에 가까운 영양섭취를 했더라면 독자의 실력은 훨씬 알차게 되었을 것임에 틀림없다. 독자가 대학생이라면 대학 4학년까지 몇 권의 책을 통독할 것이 예상되는가? 대학교재를 포함해서 일백 권 내외 정도일 것이다. 재래식 학습으로 일백 권을 통독해봐야 그것이 얼마나 정신력과 실력에 도움이 될 것인가? 그저 지식 부스러기를 얻는데 불과할 가능성이 높다는 사실이다. 학점을 얻기 위해서, 무슨 시험을 위해서 '점수 따기' 학습을 하는 것이니 이것이 무슨 진정한 학습이고 진정한 실력으로 연결될 수 있겠는가? 더욱이 정신력을 향상시키는 효과는 크게 기대할 수 없을 것이다. 그러나 시스템학습법은 다르다. 3단계까지 적어도 10회의 학습을 하면서 즐겁게 나아가면 자신도 모르게 정신적 자극을 받게 된다. 더욱이 스트레스가 없이 부드러운 반복 학습이 이루어져 실력이 더욱 확고해진다. 아마 독자가 대학에서 재래식으로 억지로 학습한 내용과 시스템학습법으로 3단계를 거쳐 학습한 내용을 1년쯤 후에 시험 등으로 검증해본다면 시스템학습법이 월등한 회상 능력과 재인 능력이 나타남을 인정하게 될 것이다. 독자에게 평생 정신력과 실력으로 나타나는 위대한 학습인 것이다. 그러므로 시스템학습법을 능숙하게 활용하는 독자라면 앞으로 엄청난 실력과 정신력을 갖춘 인재로 변신할 것이 분명하다.

이제부터는 독자의 앞길은 분명 달라질 것이다. 내가 확신을 가지고 보증한다. 섭취되지 않는 열 가지 음식보다 피와 살이 되는 음식 한 가지가 더 힘이 되는 것이다. 주의할 것은 또 다시 옛날 습관으로 돌아갈 우려가 있으므로 시스템학습법을 매번 확인하면서 진행하도록 하라.

잠깐만

습관은 무서운 것임을 필자는 많이 느껴 왔다. 습관을 변화시킨다는 것은 사실 인격의 혁명이라고 할 만큼 어려운 것이다. 오죽하면 "습관을 바꾸면 운명도 바뀐다"고 했던가? 필자가 우려하는 것은 독자가 한두 번은 시스템학습법으로 따라하다가 또 다시 중독되어 있던 옛 방법으로 돌아가는 것이다. 새 책을 읽을 때마다 이 시스템학습법을 다시 읽어서 확인한 후 도전하라. 이 학습법을 독자의 영원한 노하우로 계속 간직해야만 독자가 생존할 수 있는 비결임을 명심하라! 참고로 필자는 전철을 타면 신문을 읽지 않는다. 오랫동안 SR시스템학습을 전철 안에서 해 왔기에 아주 습관이 되어 버렸다. 신문을 뒤적이며 뭐 좀 재미있는 것 없는지 살피며 다니는 사람과 시스템학습을 하면서 다니는 사람, 1년만 지나도 그 차이는 엄청난 것임을 명심하라!

Lesson 10

왜 유태인은 우수한가

01. 학문이 마치 꿀과 같이
02. 아인슈타인의 우수성은
03. "어떻게 하면 살아남을 수 있는가?"라는 사고방식
04. 신대륙도 유태인 학자들의 업적으로 가능하였던 것
05. 노벨상 수상자들 중에는 유태인들이 많아
06. 장사에 솜씨를 발휘해온 유태인들
07. 학문이나 공부를 즐거움의 근원으로 생각

Lesson 10

미국 전체에서 유태인이 차지하는 비율은 3%에 미치지 않는 약 6백만 명이다. 미국 전체 대학원에서 유태인 대학원생의 비율은 약 30%에 이르고 있다고 한다. 인구비례에 볼 때 거의 10배에 해당하는 비율인 것이다. 이는 유태인들이 교육에 대단한 관심을 보인다는 증거이다. 유태인 중에는 문맹이 없다고 한다. 영국의 작가 웰스는 "유태교는 책이 바탕이 되는 종교이며 모든 아이들은 지역사회에서 초등교육을 받았다. 이런 면에서 유태인은 인류의 선구자적 역할을 했다"라고 쓰고 있다.

01

학문이 마치 꿀과 같이

유태인이 공부하는 일은 기도하는 행위로 여겨진다. 랍비 벤 요셉은 "하느님은 천 가지의 재물보다도 한 시간의 학습을 더 기뻐하신다"라고 말했다. 유랑 민족인 유태인에게 교육은 재산 그 자체였다. 재산은 빼앗길 수 있어도 지혜와 지식만은 보존할 수 있었기 때문이다. 유태인 교육의 목적은 암기력이 아니라 사고력을 기르는 데 있다는 점이다. 그들은 스스로 질문하는 교육을 통해서 스스로 생각하도록 지도한다. 유태인은 학문이나 공부를 즐거움의 근원으로 생각한다. 유태인 어린아이가 철들 무렵이 되면 토라의 한 페이지를 펼치고 그 위에 꿀을 한 방울 떨어뜨린다. 어린아이가 그 꿀에 입을 맞추게 하고 학문이 마치 꿀과 같이 달콤하고 즐거움의 근원임을 가르친다고 한다.

02

아인슈타인의 우수성은

유태인은 개인의 창조력, 상상력, 자제력이 지식의 습득보다 중요하다는 것을 배워왔다. 아인슈타인은 어릴 때부터 똑똑한 아이는 아니었다. 13세 때 학교 생활기록부에는 그가 신동은 커녕 지진아였다고 기록하고 있다. 그의 담임 선생님은 다음과 같이 단언했다고 한다. "더 이상 이 아이가 수업에 들어오지 말았으면 한다. 앞으로도 계속 엉뚱하고 바보 같은 질문을 늘어놓는다면 다른 학생들에게 많은 피해를 줄 것이다." 그의 어머니는 아인슈타인의 엉뚱함을 남과 다른 특별함이라고 인정했다. 어머니는 아인슈타인이 혼자서 생각하고, 추리하는 능력이 우수하다는 것을 발견했다. 어머니의 격려에 힘입어 아인슈타인은 15세에 접어들어 유클리드, 뉴턴, 스피노자의 작품을 소화할 수 있었다. 아인슈타인의 우수성은 교육의 힘에서 싹을 피울 수 있었던 것이다.

03

"어떻게 하면 살아남을 수 있는가?"라는 사고방식

그 자신이 유태인이면서 유태인 역사에 관한 저서를 쓴 막스 디몬트는 "유태인이 생존할 수 있었던 것은 결국 유태인의 학문 때문이었다"라고 밝히고 있다. 유태인의 학문적 자세는 수천년간 그들을 생존하게 한 원천이었다. 필자는 디몬트의 저서와 다른 자료들을 통하여 유태인의 우수성을 다시 한번 생각해보고자 한다. 이는 단순한 역사가 아니라 오늘날 우리들에게 진정한 경쟁력의 원천을 깨우치는 자료가 되기 때문이다.

역사에는 유태인 공헌자들이 많이 있다. 마르크스, 프로이트, 베르그송, 아인슈타인 등과 같은 인물이 있었고, 샤갈, 모딜리아니 등 화가들, 멘델스존, 오펜바흐, 비제, 말러, 쇤베르크, 거슈인 등 음악가도 있다. 하이네, 프루스트, 모루아, 로맹과 같은 문인들이 있다. 유태인 학자들 중에는 이론 물리학의 거장이 많이 있다. 또한 바서만, 엘리히, 쉬크는 의학에 공헌하였다. 유태인은 수학, 생물학, 화학의 분야를 개척했다. 스피노자도 유태인으로서 안경렌즈를 갈아 생계를 유지하면서 그를 세계적으로 유명하게 만든 네 권의 책을 썼다. 윌리엄 허셜 경은 천문학 분야에 공헌한 유태인이다. 데이비드 리카도는 지대와 부동산, 임금에 관한 이론 및 화폐론 등을 발표했다. 리카도는 그리스도교로 개종하고 영국 상류계급에 있었는데, 그의 아버지는 유태교 장례를 통해 상징적으로 아들의 개종을 애도했다.

유태인 과학자들이 처음으로 인디고를 합성하여 프탈레인 염료를 발견하고 암모니아의 합성에 성공했다. 영국 수상 벤저민 디즈레일리, 영국 최고재판소장이었던 루퍼스 아이잭스 경, 프랑스의 법무대신 아돌프 크레뮤, 프랑스 국무대신과 재무대신을 지낸 아실 풀드, 프랑스 총리를 지낸 레옹 블룸은 유태인이다. 은행가 로스차

일드는 대표적인 유태인이다. 유태인은 유가증권거래, 어음할인, 주식거래에 큰 역할을 했으며 수표 개발에도 중요한 역할을 했다. 유태인 은행가의 사리분별과 판단력, 충성심, 정직성이 인정받았다. 유태인을 살아남게한 것은 교육과 학습이었다. 그들은 밤낮을 가리지 않고 공부했다. 학습이 정신력과 실력을 향상시키는 최고의 방법이었기 때문이다. 유태인에게는 "어떻게 하면 살아남을 수 있는가?" 라는 사고방식이 중심을 차지하는 문제이다.

04

신대륙도 유태인 학자들의 업적으로 가능하였던 것

유럽에서 '지도와 나침반의 스승' 이라고 불린 유태인 아브라함 크레스크는 지도 제작자였고, 유태인 천문학자 아브라함 자쿠토는 포르투갈 왕의 왕실 천문학자가 되었다. 중세의 유태인 과학자, 지도 제작자, 천문학자는 신대륙 발견의 토대가 되었다. 결국 콜럼부스가 신대륙을 발견한 것도 유태인 학자들의 지도, 천문학, 나침반 등과 같은 업적을 기반으로 가능하였던 것이다. 17세기에 유럽에서 새로운 천지를 찾아 아메리카로 온 스페인계 유태인은 무역에 종사했다. 유태인이 아메리카에 급속히 동화된 것은 뉴잉글랜드의 청교도 정신이 유태주의적인 성격을 갖고 있었기 때문이다. 19세기에는 많은 독일계 유태인들이 아메리카로 왔다. 19세기 후반부터 미국이 러시아의 가난한 유태인 200만 명을 데려왔을 때 유태인들은 본격적으로 미국에 뿌리를 내리기 시작했다. 남북전쟁시 북군에는 9명의 유태인 장군과 수백 명의 영관급 장교가 있었고 남군도 이와 비슷했다.

05

노벨상 수상자들 중에는 유태인들이 많아

노벨상 수상자들 중에는 유태인들이 많이 있다. 1907년 미국인으로 물리학에서 처음으로 노벨상을 받은 사람은 알버트 마이컬슨으로 유태인이었다. 1921년 아인슈타인이 노벨상을 받았다. 1977년 생리의학 노벨상을 받은 로살린 앨로는 퀴리 부인 이래 여자로서는 처음 자연과학 분야에서 노벨상을 받은 유태인 과학자다. 놀라운 성공을 자랑하는 그들은 1901년 이후의 유태계 노벨상 수상자는 경제학에서 65%, 의학 23%, 물리학 22%, 화학 11%, 문학 7%를 차지하고 있다. 모두 140명으로 전체의 약 21%에 이른다. 유태인 인구는 세계에서 약 1천5백만명으로 0.3%가 안 된다는 사실을 볼 때 유태인들이 노벨상의 수상한 비율은 경이적인 것이다.

노벨 문학상 수상자로 솔 벨로우, 아이작 싱어, 보리스 파스테르

나크(수상을 거부) 등이 있다. ‘세일즈맨의 죽음’의 아서 밀러, ‘모비딕’의 노만 메일러 등이 유명한 문인이다. 유태인 학자나 작가들은 대부분 서너 개의 언어를 자유자재로 구사하였는데 유태인들의 언어인 이디쉬어(독일어와 히브리와의 합성어)로도 작품활동을 하였다. 세계적 언어학자 노암 촘스키, 언론인 요셉 퓰리처(퓰리처상 제정자), 언론인 월터 리프만, 워싱턴 포스트 명예회장 캐서린 그래함, 그의 아버지 유진 메이어(연방준비은행 이사장, 세계은행 초대총재), 도널드 그래함(워싱턴 포스트 회장), 아돌프 오크스(뉴욕타임즈 회장), 러시아 언론 제왕 블라디미르 구신스키 등이 있다.

변호사나 의사 같은 전문직에는 유태인이 매우 많다. 대법원의 대법관을 지낸 유태인은 7명이나 된다. 1999년 미국 내 유태인 변호사의 수는 전체 미국 변호사 약 74만명 중 약 15%에 이른다. 1999년 미국의사의 수는 68만명 정도인데 이들중 약 15%인 10만여 명이 유태인 의사들이다.

06

장사에 솜씨를 발휘해온 유태인들

일찍부터 장사에 솜씨를 발휘해온 유태인들은 베네치아, 제노바의 거상들이었다. 무역과 해운업, 신용금융업에도 유태인이 활약하였다. 각국의 통치자들의 경제고문들 중에는 유태인들이 많았다. 노벨 경제학상 수상자들 중에서 유태인들이 많다. 유태계 투자증권회사로 레만 브라더스, 골드만 삭스, 살로몬 브라더스 등이 있고, 유태인들이 대거 주주로 참여하고 있는 투자증권회사는 모건 스탠리, 스미스 바니, 메릴린치 등이 있다. 상장 대기업은 물론, 나스닥의 첨단 기업의 대주주들이 상당수 유태계이다. 월스트리트를 거점으로 전세계 주식시장의 배후 실력자들인 것이다. 조지 소로스, 칼 아이칸, 로렌스 티쉬, 마이클 블름버그, 에델만 등이 유태계 인물이다. GE사는 제럴드 스워프란 유태인이 발전시켰다. RCA사는 데이비드 사르노프(미국 TV의 아버지로 일컬음)가 성장시킨 것이다. 폴라로이드의 에드윈 랜드, 델컴퓨터의 마이클 델 등이 있다. 앤드류 그로브, 오라클의 래리 엘리슨 등도 있다.

1999년 10월호 '경제월간지 포브스'에 미국 내 400명의 대재벌 중 유태인 재벌이 전체의 23%를 차지하고 있다고 소개했다. 유태인은 최고소득자 상위권을 차지한 50명의 36%이며 10억불 이상 재산가의 24%에 이른다. 이는 미국인구에서 차지하는 유태인 인구비율에 비하면 엄청난 비율이다. 또한 세계적 금융기관들, 석유 메이저들, 정보통신산업체들, 유수 곡물업체들도 유태인 사업가들이 막강한 영향력을 행사하고 있다는 사실이다. 세계 도처에서 이들의 경쟁력은 경제력만이 아니라 정신력과 실력을 기반으로 하고 있다.

07

학문이나 공부를 즐거움의 근원으로 생각

유태민족에게는 스스로 학습하는 것이 진정한 학습이며 창의력을 중요시한다. 미국에서 하버드와 예일, 프린스턴 등의 명문 대학에서 유태인이 차지하는 비율은 월등히 높다. 유태인은 단순히 출세를 위해 배우지 않는다. 그들에게 배움은 기도와 직결되는 것이며 신에게 다가가기 위해 평생에 걸쳐 학습하는 것이다. 유태인 사회에서는 비행 청소년이 드물다. 이는 어렸을 때부터 왕성한 지적 호기심을 심어주고 철저한 도덕교육을 시키기 때문이다. 가정이 교육의 중심에 서있고 가정은 항상 청결하고 밝고 명랑하다. 미국에서의 조사에 의하면, 미국의 유태인 세대당 소득은 전국 평균의 2배 이상이라고 한다. 유태인은 평생에 걸쳐 자신을 끊임없이 성장시키는 일이 진정한 교육이라고 믿는 것이다. 유태인은 학문이나 공부를 즐거움의 근원으로 생각한다. 유태인들이 과학, 문화, 사업, 전문직 등에서 탁월한 우수성을 발휘하는 가장 근본적인 원인은 그들이 끊임없이 학습한다는 점에서 나온다. 어려서부터 학습을 노동이 아니라 즐거움의 원천으로 생각한다는 사실이 놀라운 저력인 것이다. 시스템학습법에서 "학습은 노동이 아니라 게임이며 즐거움의 원천이다"라고 필자가 되풀이 강조하고 있는 이유가 바로 여기에 있다.

Lesson 11

마지막 희망

Lesson 11

이 땅의 무수한 사람들이 무한한 경쟁의 세상에서 학습을 통해 실력을 확보하려고 매달려 바위를 올려보고 또 올려보고, 그러나 결국 시지푸스와 같은 좌절을 얼마나 겪어 왔던가! 우리가 이처럼 학습하기 어려운 재래식 방법으로 굳어져 온 데에는 교육제도가 주요 원인인 것 같다. 학습이 정신력을 향상시키고 실력을 높이기 위한 것이 아니라, 당장의 점수 따기로 변질되었던 것이다. 그러나 진정한 실력은 그렇게 해서는 결코 얻을 수 없다는 것을 독자는 이미 경험하였다. 세계화된 치열한 경쟁사회에서 끊임없이 실력을 향상시키는 것이 독자의 소원일 것이다. 남들보다 좀더 경쟁력 있는 인재로 우뚝 서고자 하는 독자들의 소원을 해결할 마지막 희망으로서, 시스템학습법이 제시된 것이다.

01

시행착오를 통해 발견한 시스템학습법

나는 몇 년간의 좌절과 시행착오를 거치면서 발견한 외국어학습법을 통해서 영어, 일본어, 불어를 객관적으로 상당한 수준으로 높였다. 외국어학습법의 학습 원리를 기본으로 해서 일반 학습법인 시스템학습법을 확립하였다. 시스템학습법은 의지가 강하고 학습 소질이 우수한 '똑똑한' 사람들을 위한 학습법이 아니다. '평범한' 사람들 누구라도 이 학습법대로만 실천하면 편하게, 부드럽게, 빠른 기간에 '학습의 달인'이 될 수 있음을 확신한다. '달인'이란 기존의 방법으로는 도저히 성취할 수 없는 것을 성취하는 탁월한 능력자를 의미한다. 시스템학습법에 참여하는 사람은 90%의 확률로 '달인'으로 재탄생할 것임을 감히 예견한다. 이 시스템학습법이 많이 전파되면 될수록 국가적으로 얼마나 엄청난 낭비를 줄일 수 있을 것인가! 결국 실패할 기존의 학습방법에 쏟아붇는 시간, 에너지, 금전을 절약해주니 말이다.

02

삶의 의미와 책임감

오스트리아의 정신과 의사인 빅토르 프랭클이 창시한 것이 로고세라피(logotherapy)이다. 삶에서 의미를 찾도록 하자는 것이 로고세라피의 기본 원리의 하나이다. 이 원리를 적용하면, “쾌락 자체에 목적을 두게 될 정도가 되면 쾌락은 망쳐지게 되고 결딴나게 될 것”이라는 것이다. 어떤 환자는 땀을 많이 흘리는데 대한 공포로 프랭클과 상담한 결과, “지난 번 나는 한 리터밖에 땀을 흘리지 못했는데 이제는 적어도 열 리터는 흘려야지”라는 생각을 하였고, 그 공포증에서 벗어날 수 있었다고 한다. 말더듬 증세가 있는 사람이 로고세라피 방식으로 일부러 심하게 말더듬을 하려고 하는 순간, 그는 말을 더듬거릴 수가 없었다고 한다. 이는 역설적인 의도를 실천하게 된 것이다.

시스템학습법에서 왜 이해하든지 말든지, 외워지든지 말든지 그저 앞으로만 나아가라고 하는지 알겠는가? 독자가 이해하려고, 외우려고 하는 의식적 노력은 오히려 역효과를 일으켜 왔다. 반대로, 이해하든지 말든지, 외워지든지 말든지 편하게 나아가는 이 학습법은 로고세라피 원리와 같이 역설적인 학습효과를 발휘하게 되는 것이다. 더욱이, 학습을 통하여 점수를 더 따려는 강박관념에서 해방되어 학습 그 자체를 즐기는 동안, 저절로 실력이 높아지며 저절로 점수가 높아지는 순리로 귀착되는 것이다. 시스템학습법에는 과학적인 원리가 있다!

03

사색과 반성은 실천력의 원천

인간에게 있어 지적 호기심의 역할은 아는 기쁨, 진보하고 있다는 느낌을 충족시켜주는 것이다. 심리학자 브루너가 지적하고 있듯이, 내발적 동기부여의 원형은 지적 호기심이다. 창조성이 높은 사람은 호기심도 높다고 한다. 지적 호기심은 학습에 있어서 중요한 것이다. 내발적 동기부여의 구성요소로는 지적 호기심 외에 향상심을 들 수 있다. 이는 유능함을 추구하는 경향이다. '효력감' 이라는 것은 자신이 유능하다는 느낌 내지 자기에의 신뢰라고 할 수 있다. 시스템학습법을 통하여 3단계까지 10회의 연반추 학습을 마치게 되면 정신력이 향상되고 실력이 향상되어 스스로 대견한 느낌이 들게 된다. 자신이 발전하고 있다는 느낌, 자신감이 느껴지면서 동기유발의 강력한 원천이 되는 것이다. 학습이 지속적으로 이루어질 때만이 내발적 동기유발이 지속적으로 발생된다는 진리를 체험하게 되는 것이다.

04

자기효능과 학습의 중요성

심리학자 밴두라는 사회인지론에서 학습의 중요성을 지적하였다. 밴두라가 '자기효능'이라고 부르는 것은 자신의 능력에 대한 생각을 말한다. 밴두라는 높은 자기효능을 가진 사람들이 행동력이 높다는 증거를 보여주었다. 학습은 단지 지식을 위한 것이 아니다. 오히려 정신적 자극을 통해서 정신력 즉 정신 활력, 정신 긴장감, 자신감을 획득하는 것이 가장 큰 소득이다. 학습은 정신력과 실력을 충전하여 자기효능이 높은 인간으로 변화하게 된다. 학습은 인격의 완성에 이르는 중요한 수단이며 경쟁력의 원천이 되는 것이다.

일본의 두뇌 과학자로서 유명한 나까마쯔 박사는 "좋은 독서의 비결은 즐거움을 위한 읽기이다. 빨리 읽는 것은 이해를 향상시킨다. 빨리 읽지 않고 세부적인 것에 빠져 꼼짝 못하는 경향이 있다. 기억하기 위해 읽으려 하지 말라. 텍스트에 표기하라."라고 그의 저서에서 강조하고 있다. 이는 시스템학습법에서 제시하는 것과 똑같다.

05

독서를 하는 것은 중요한 두뇌활동

조지워싱턴 대학교 의과대학 신경과 교수인 리처드 레스탁 박사는 "인간의 두뇌에 있는 시냅스들을 모두 세려면 초당 하나씩만 해도 3,200만년이 넘게 걸린다. 두뇌 내에 있을 수 있는 신경단위 연결의 수만 생각하더라도 10의 백만제곱이라는 놀라운 숫자를 얻게 된다. 이는 두뇌의 능력이 상상력의 한계를 넘는 것임을 말한다. 두뇌 신경세포인 뉴런은 정보가 유입되어 연결되고 그것이 반복될 때마다 강화된다는 사실이다."라고 말했다. 인간 두뇌의 능력이 엄청나다는 증거를 제시한 것이다. 그의 저서에 의하면, 최근의 연구에 의해 두뇌 세포는 학습과 기억을 담당하는 핵심부인 해마에서 끊임없이 증식된다는 것이 밝혀졌다. 두뇌는 나이가 들더라도 새로운 내용을 배우면 유연하게 반응하며 변화한다는 사실이다. 두뇌는 죽을 때까지 계속 변화하는 조직체이다. 케이스 웨스턴 리저브 의과대학의 로버트 프리드랜더는 20대와 30대에 지적 활동에 더 적극적으로 참여했던 사람들에게서 노인성치매의 발병 확률이 현격하게 줄어든다는 것을 밝혀냈다. 40대 혹은 그 이후에 좀더 활발하게 지적 활동에 참여했던 사람들의 경우도 마찬가지로 그 위험성은 감소했다. 쉽게 말해 두뇌를 더 좋은 상태로 변화시키는 일에는 결코 늦은 나이가 없다는 것이다. 그러므로 두뇌를 사용함에 따라 두뇌에 변화가 생기는 것은 확실하다. 독서를 하는 것은 매우 중요한 두뇌활동이다. 시스템학습법에 익숙하게 된 독자는 일반인에 비해 매우 유리한 인생을 살 것이 틀림없다.

두뇌과학자들에 의하면, 두뇌는 지나치게 의식적으로 감독하며 꼬치꼬치 간섭하려 들지 않을 때 가장 잘 움직인다. 이는 스트레스가 적을 때 가장 잘 움직인다는 말이다. 두뇌는 강요받거나 부자연스러울 때에 스트레스를 받는다. 지나치게 신경을 쓰는 것은 스트레스의 원인이다. 우리의 두뇌는 어떤 것을 생각하지 않으려고 강박적으로 노력할 때 오히려 그 생각을 몰아내기가 점점 더 어려워진다는 사실이다. 이는 트리니티 대학의 심리학자인 대니얼 웨그너가 실험에서 입증한 사실이다. 그와 반대로 긍정적인 생각에 집중하면 고통스러운 생각이 사라지게 된다.

06

성공한 경영자들은 공부를 좋아함

필자가 2002년에 방문하여 업무상 협의를 하였던 일본 도쿄에 있는 경영컨설팅회사로 후나이종합연구소가 있다. 이 연구소 회장 후나이는 오랜 기간 경영인들을 연구한 결과, 성공한 경영자들의 공통점을 발표한 적이 있다. 그가 말한 "성공한 경영자들의 공통점"은 세 가지 였는데 그 중 첫 번째 요소는 그들이 "공부를 좋아함"이라는 요소라고 말했다. 성공한 경영자는 항상 책을 읽고 스스로를 향상시켜 나아간다는 것이다. "공부한다"는 것은 정신적인 자극을 얻는 것이다. 끊임없는 정신적 자극은 정신력를 향상시키며 실력을 향상시킨다. 또한, 향상하려는 자세에서 아이디어와 그것을 추진하는 힘이 나온다.

07

아무리 바빠도 책을 읽고 감동을 느낄 시간은

일본에서 '경영의 신'으로 존경을 받으며 일생 동안 자신의 정신 긴장감을 유지해 나갔던 마쓰시타 고노스케는, "기업이 퇴조의 길을 걷는 것은 창업시의 초발심을 잃어버렸거나 자만심으로 인해 발생되는 것이다"라고 말했다. 초발심을 유지하는 것은 정신 긴장감을 유지하는 것이다. 마쓰시타 고노스케는 겸허한 사람이었다. 그 자신이 항상 학습하고 스스로를 반성하면서 매일을 살아왔던 것이다. 이나모리 가즈오는 '교세라'를 설립한 일본의 뛰어난 경영자이다. 그는 1984년 통신회사 DDI를 설립하여 큰 성공을 하였고, 개인 재산으로 이나모리 재단을 설립하여 사회에 공헌하고 있다. 그의 성공사례는 유명하다. 일본에서 마쓰시타 고노스케에 버금가는 뛰어난 경영자로 존경받는 이나모리는 그의 성공을 압축하여 이렇게 말하고 있다. "나의 성공은 '나의 철학' 덕분이라고 할 수 있다. 인생에서 가장 큰 장벽은 바로 편안함과 안이함을 찾는 자기 자신이다. 정신력이 중요한 것이다. 자신을 돌이켜보며 매일 배움을 계속하지 않는다면 문제가 있게 된다. 정신을 함양하고 순화할 수 있는 독서를 해야 한다. 나는 일과 후에 아무리 늦은 밤이라도 항상 집에서 책을 읽는다. 잠깐씩 시간을 내어 좋은 책을 읽고 깊은 감동을 느낄 정도의 시간은 아무리 바빠도 낼 수 있는 것이다. 독서는 실제 체험을 더욱 의미 있게 만드는 기준을 제공한다. 자신의 실제 경험 그리고 독서를 통해 간접적으로 얻는 다른 사람의 경험은 성공할 수 있는 정신적 뼈대를 만들어 준다."

08

매일 연습에 몰두하였던 것

유명한 음악가 메뉴인은 "하루를 연습하지 않으면 내가 그 차이를 느낄 수 있었다. 이틀을 연습하지 않으면 친구들이 알아챘다. 사흘을 연습하지 않으면 청중들이 그에 대해 말했다."고 언급한 적이 있다. 그가 그처럼 매일 매일 연습에 몰두하였던 것은 자신의 정신력에서 나왔던 것이다. 위대한 작곡가의 한 사람인 슈베르트는 죽기 직전까지 18년간, 23곡의 피아노 소나타와 서곡 19개, 현악사중주곡 18개, 오페라곡 15개, 9개의 심포니, 7개의 미사곡, 600개가 넘는 가곡을 매일 일곱시간씩 써 내려갔다고 한다. 그가 자신의 일에 몰두함으로써 얻는 즐거움과 의미는 탁월한 음악적 성취를 이루도록 하였다. 이러한 동기유발은 모두 내부에서 기인한다.

"인간이 의미를 추구한다는 것은 삶에 있어 근본적인 힘이 된다"고 정신과 의사 프랭클은 확신하게 되었다. 인간의 의미와 가치에 대한 추구는 내면적인 균형보다 내면적인 긴장을 불러일으킬 수 있는데, 이러한 긴장은 정신건강의 필수불가결한 것이다. 강제수용소에 있던 사람들 중에, "어떤 원고를 다시 써야겠다"는 깊은 관심이 혹독한 환경에서 살아남을 수 있게 도와주었던 것이다. 정신건강은 어느 정도의 긴장에 근거하고 있다는 사실이다. 필자는 "학습은 정신력의 원천으로 정신 긴장감을 준다"고 주장하는데, 이러한 정신긴장감은 스트레스와는 다른 것이다. 이러한 긴장은 인간이 타고난 것이며 정신적 안정에 필요불가결한 요소이다. 무긴장의 상태는 매우 위험하다. 인간에게 실제로 필요한 것은 무긴장의 상태가 아니라 어떤 가치 있는 목표를 위한 노력과 투쟁이다. 정신과 전문의인 프랭클은 "환자들 중 55%의 사람들이 어느 정도 실존의 공허를 느끼고 있었다. 일요병은 일종의 우울증으로서 삶에 결여된 만족감을 의식하게 됨으로써 앓게 되는 증세이다. 알콜 중독이나 청소년 범

죄 등과 같은 현상은 실존적 공허가 뒷받침되어 있다는 사실이다"라고 말했다. 프랭클은 인간은 책임질 줄 아는 동물이며, 삶에 잠재하고 있는 의미를 반드시 실현해야 한다고 주장하였다. 그에게 있어, 인간 실존은 본질적으로 자아실현이라기보다 자아초월이다.

09

무한한 가능성의 미래로 가는 길

인간은 새로운 개념이나 창조적인 방법을 쉽게 받아들이는 경향이 있는가? 아니다. 그 반대이다. 위대한 과학자인 루이 파스퇴르가 병이 병원균에 의해 옮겨진다는 학설을 주장하였을 때, 1872년 당시 생리학 교수였던 피에르 파세는 "매균설은 터무니없는 허구이다!"라고 말하면서 강하게 파스퇴르를 비난하였다고 한다. 생활의 필수품인 전화기가 그래엄 벨에 의하여 발명되어 통신수단으로 등장하였을 때 반응을 보면 우습기조차 하다. 1876년 당시 유명한 회사였던 웨스턴유니온사의 간부는 "전화기는 문제가 많아 통신수단으로 가치가 없다"라고 단언하였다. 그 당사자가 지금 살아있다면 또 어떤 궤변을 쏟아낼지 궁금하다. 비행기를 시험제작하는 등 초기 단계의 비행기가 연구될 당시에 영국의 권위있는 왕립 학사원장인 로이드 케빈은 "공기보다 무거운 기계가 하늘을 난다는 것은 불가능하다"라고 말하면서 비행기의 가능성을 부인하였다. 학식이 많다고 인정받던 분도 새로운 사실에는 반사적으로 부정적인 반응이 나오는가보다. 연예계나 예술계에 있는 사람들은 새로운 것에 좀더 개방적이고 너그러운 마음을 가지고 대할까? 영화가 무성영화에서 유성영화로 전환되는 과정에는 많은 반대와 냉담함을 겪었다는 사실이다. 영화사 워너브라더스의 최고 경영진은 유성영화에 대한 반응으로, "도대체 누가 배우들의 목소리를 듣고 싶어하겠는가?"라고 말했다고 한다.

필자가 이상과 같은 사례를 들고 있는 이유가 있다. 시스템학습법은 기존의 재래식 학습법을 완전히 허물고 획기적인 방법으로 학습하는 노하우이다. 이러한 새로운 학습법을 사람들이 순순히 받아들이는 것은 결코 단번에 이루어지지 않는다는 현실을 필자 스스로 알고 있다. 그러나 진실은 결국 성공한다. 파스퇴르, 벨과 같은 선구자들이 결국 인정을 받았던 것처럼, 비행기와 유성영화가 결국 대중에게 전적으로 받아들여진 것처럼 시스템학습법은 결국 많은 사람들에게 호응을 받게 될 것이다. 독자는 시스템학습법을 통하여 얻을 것은 많고 잃게될 것은 전혀 없다는 것을 알아야 한다. 시스템학습법을 통하여 독자는 큰 길을 활보하며 무한한 가능성의 미래로 나아갈 것을 확신해도 된다.

10

의미있는 것을 위하여 헌신하는 강한 욕망

미국 HP사의 창업자인 데이비드 패커드는 자수성가한 억만장자 중의 한 명이 되었음에도 자신과 아내가 1957년에 손수 지은, 과수원이 내려다 보이는 소박한 작은 집에 그대로 살았다. 패커드는 자신의 재산 56억 달러를 자선 재단에 기부했다. 그가 수십년 동안 심혈을 기울여서 기업을 성장시킨 것은 단순히 돈과 같은 물질적 가치 때문이 아니었다는 사실이다. 인간은 무엇인가 의미있는 것을 위하여 목숨을 바쳐 헌신하고자 하는 강한 욕망이 있는 것이다. 미국 건국의 한 사람인 벤자민 프랭클린은 그의 자서전에서 "사람들이 무언가 일을 하고 있을 때 가장 만족스러워한다는 사실을 발견했다."고 쓰고 있다. 심리학자 윌리엄 제임스는 "인간 본성의 가장 밑바닥에 있는 원리는 진가를 인정받고자 하는 갈망이다"고 말했다.

맹자는 "위대한 인물이란 어린이의 순진한 마음을 잃지 않는 사람을 뜻한다"고 말했다. 어린이의 순진한 마음이란 어떠한 마음을 말하는 것인가? 마음의 타성과 세상의 때를 씻어내는 사람을 말하는 것이 아닐까? 인간은 끊임없이 자신을 성찰하며 정신적 자극을 통하여 순수한 마음을 되찾아가야만 순수한 마음을 조금이나마 보존할 수 있을 것이다. 바로 끊임없는 독서 혹은 학습을 필요로 하는 것이다.

11

기본을 충실하게 연습하고 또 연습해야

링컨은 독서의 중요성을 믿은 사람이다. 그는 제대로 된 교육을 받지 못했지만 틈만 나면 책을 읽었다. 늘 한 손에 책을 들고, 쉬는 시간이나 짬이 날 때마다 읽었다고 한다. "뛰어난 기업의 리더들은 평생학습을 통해서 자신의 능력을 개발한다"라고 하버드 대학원 교수 존 코터는 말한다. 미국에서 가장 성공적인 항공사인 사우스웨스트항공사 회장 허브 켈러허는 평생학습을 강력하게 지지하는 사람이다. 위대한 리더들은 모두 왕성한 독서가들이다. 새로운 아이디어, 자존심, 지적 호기심을 채워주는 것이 바로 독서이다. 성공한 사람들은 단순하고 검증된 전략을 따라서 완벽해질 때까지 반복해서 그것을 연습한다는 사실이다. 전설적인 미식축구 감독인 빈스 롬바르디는 그린베이 팩커스 팀을 전미 챔피언으로 만들었다. 그는 선수들에게, "너희들이 확신시킬 대상은 바로 자신의 정신이다!"라고 말했다. 그의 철학은 기본을 중시하는 것이며 선수들이 올바로 해낼 때까지 그 내용을 반복해서 선수들에게 훈련시키는 것이었다. 롬바르디 감독은 반복이 자신감을 형성하고, 자신감은 곧 열정을 만들어낸다는 사실을 입증했다. 반복, 자신감, 열정은 성공적인 롬바르디식 축구의 3요소였다. 그는 단순함에서 완벽함이 나온다는 철학을 가지고 있었다. 롬바르디는 105승 35패 6무라는 최고의 승률을 기록하였다. 학습은 스포츠보다 더 복잡한 정신활동이다. 그러므로 더욱 기본을 충실하게 반복하면서 시스템학습법을 올바르게 실천할 수 있도록 연습하고, 연습하고 또 연습해야 하는 것이다.

12

즐거움과 열정이 넘쳤다는 사실

벤저민 젠더는 보스턴 필하모닉 오케스트라 지휘자이며 보스턴에 있는 뉴잉글랜드 컨서버토리 음악대학원 교수로 30년간 재직하였다. 젠더는 1950년대에 자클린 뒤 프레를 처음 만났다. 당시 젠더는 20세였고 그녀는 15세였다. 그녀는 당대의 위대한 첼리스트로 막 피어나려는 수줍은 영국 여학생이었다. 젠더와 프레는 함께 슈베르트의 두 대의 첼로를 위한 5중주곡을 연주했다. 그녀의 연주는 강렬하고 열정적이었다. 그녀는 6살에 처음으로 첼로 경연에 나갔다고 한다. 그녀는 첼로를 머리 위로 쳐들고 얼굴에는 흥분의 빛이 가득한 채로 복도를 뛰어갔다. 어린 소녀의 얼굴에서 안도감을 느낀 보호자가 말했다. "이제 막 연주를 하고 오는 길이구나!" 이에 대해 프레는 대답했다. "아니예요. 이제 연주하러 가는 길이예요!" 6살의 어린 나이에도 프레의 온몸에는 음악이 흘러넘쳤던 것이다. 그녀는 자신의 열정적 표현에 대해 아주 확고한 자신감을 가지고 연주할 수 있었다. 자신의 음악을 연주하러 가는 소녀가 두려움이

나 스트레스가 아니라 즐거움과 열정이 넘쳤다는 사실을 생각해보라. 그것이 가장 이상적이고 아름다운 모습이 아니겠는가?

어떤 활동에서도 그러한 즐거움과 열정을 가진 사람이라면 분명히 뛰어난 성과를 거둘 것임이 틀림없다. 학습은 가장 순수한 인간의 본능이다. 학습은 인간에게 정신 자극을 주며 큰 기쁨의 원천이 되는 것이다. 독자가 학습하고자 하는 책을 펼치면서 자클린 뒤 프레와 같이 즐거움과 열정을 느낄 수 있는가? 만약 그렇다면! 독자는 뛰어난 학습자로 엄청난 미래가 기다리고 있을 것이다. 시스템 학습법은 학습을 즐거움과 열정의 원천으로 만드는 특별한 노하우이다. 독자가 책을 몇 권 구입하고 그 중에서 가장 어려운 책을 펼칠 때의 기분이 어떠한가? 읽고 싶은 마음이 넘쳐서 "가슴이 뛴다"는 느낌을 갖게 된다면 독자는 인생의 성공자가 될 것이다. 시스템 학습법으로 3단계를 거치게 되면 독자는 정신력과 실력이 한층 향상될 것임이 틀림없음을 예견할 수 있기에 그러한 기분을 느끼는 것이다.

13

인간이 할 수 있는 것은 학습, 이것이 최고의 행복

일본에서 1947년 대양공업주식회사를 설립하고, 차례로 36개 회사를 설립하여 크게 성공한 사까이 구니야스 회장은 흥미롭게도 그의 성공담을 독특하게 말하고 있다. “인생은 마음가짐이 전부이다. 인간이 할 수 있는 것은 학습이다. 배우고 또 배운다는 것이 중요하다. 이것이 최고의 행복이다. 똑같은 방법만을 고집하는 경향은 타성이며 타성은 위험하다.”라고 구니야스는 말하였다. 그는 “나는 근 40년 동안 경영을 통하여 하나의 결론에 도달하였다. 언제나 선두에 서서 폭풍을 견디어내다가 노쇠하여 죽음을 맞게 되면 그것이 지상의 행복인 것이다.”라고 철학적으로 말하였다. 독자가 언제나 선두에 서서 학습하면서 정신력과 실력을 향상되는 자신의 모습을 매일 느낄 수 있다면 그것이 바로 행복임을 인정할 수 있는가?

14

학습에 매진하는 것만이 마지막 희망

세상은 점점 혼란스럽고 무질서해지고 있다. 물리학에서 엔트로피 법칙은 “모든 물질은 질서있는 상태에서 무질서한 상태로만 변한다"는 것이다. 토마스 홉스는 인간의 자연상태를 "외롭고 가난하고 괴롭고 야만적이고 짧은 삶"이라고 인식했다. 학습은 무질서를 질서로 바꾸는 위대한 활동이다. 또한 삶에서 경쟁력을 높이는 매우 중요한 가치있는 활동이다. 학습이 제대로 이루어지면 삶은 괴로운 것이 아니라 즐거운 것이 될 수 있다. 소동파의 친구였던 황산곡은 "선비가 사흘 동안 책을 읽지 않으면 무미해지고 거울에 비친 자기의 얼굴을 보기가 역겨워진다"고 말했다. 독서는 책을 읽는 사람에게 매력과 품격을 주는 것이다. 발명가인 찰스 캐터링은 "지성 없는 행동은 발광의 한 형태이며, 행동 없는 지성은 멍청함의 가장 큰 형태이다"고 말했다. 학습을 통한 지혜가 없이 눈앞의 이익을 위해 행동을 우선하는 것은 발광 즉 미쳐 날뛰는 것이다. 점수 따기 학습에 의존하는 사람은 정신력과 실력이 갖추어지지 않아 실천력이 없는 멍청함으로 나타난다. 시스템학습으로 정신력과 실력을 향상시키는 독자는 지혜를 갖추고 이를 행동으로 실현하는 사람이 될 것이다. 시스템학습법은 매우 과학적이며 독자의 학습습관을 근본적으로 변화시키는 특별한 노하우이다. 시스템학습법에 익숙해질 때까지 독자는 인내심과 겸허함을 가지고 지속적으로 연습하고 연습하고 또 연습해야 한다. 장 꼭또는 "한 작품이 시대의 선구자와 같이 보이는 까닭은 시대가 작품보다 뒤져 있기 때문이다"라고 말했다. 시스템학습법이 시대의 선구자와 같이 보이지 않고 독자의 친근한 노하우가 되어야 한다. 시스템학습법은 단순한 이론이 아니라 독자를 성공으로 이끄는 매우 현실적인 노하우이다. 우리는 학습해야 한다. 그리고 오늘도 내일도 학습하는 것만이 독자를 정신력과 실력의 향상으로 이끌 것이다. 학습에 매진하는 것만이 미래를 대비하는 마지막 희망이 될 수 있는 것이다.

15

기업 임직원들을 위한 무료교육

가장 단시간에 가장 큰 효과

SR시스템학습법은 특히 시간이 빠듯하게 생활해야 하는 분들이, 쉽고도 편하면서도 결과적으로 단시간에 큰 효과를 얻는 놀라운 효능을 실제로 보여주고 있다. 필자는 시스템학습법을 포함한 개인능력향상에 직접 효과가 있는 교육프로그램인 SR경쟁력프로그램을 전파하고 있다. 많은 기업들의 임직원들을 위하여 노하우를 전파하고자 한다. 관심있는 기업에서 연락주면 협의하고자 한다. SR경쟁력프로그램은 탁월한 학습자로 변신하며 강력한 경쟁력을 취득하는 것이다! 또한, 스스로 동기유발하며 정신력과 실력을 혁신하는 임직원으로 변화시켜 무사안일과 타성을 제거한다.

***무료교육 신청** : 전화 011-763-2830, 031-398-2830

*SR경쟁력프로그램은 국제청년회의소(JCI) 세계대회에서 105개국 중 개인능력개발부문의 최우수 교육프로그램으로 선정되어 2006년 11월 15일에 수상, 발표되었다. 또한, 2006년 5월에 일본에서 열린 국제청년회의소 30여개 국 아시아태평양 국가대회에서 개인능력개발 최우수 교육프로그램으로 선정된 바 있다. 필자는 국제청년회의소(JCI)의 한국조직인 한국청년회의소에서 회원들에게 SR경쟁력프로그램 교육을 실시하여 왔는데, SR경쟁력프로그램의 우수성이 세계적으로 객관적인 평가를 받았다는 사실이다. 국제청년회의소(JCI) 세계대회에서 세계의 덕망있는 심사위원들에 의해 엄격한 심사를 거쳐 최종적으로 최우수 교육프로그램으로 선정된 것은 SR경쟁력프로그램의 가치와 효과가 세계적으로 인정받았다는 확고한 증거가 되는 것이다.

SR경쟁력프로그램의 테마

이 프로그램은 "1. 강력한 정신개혁 2. 업무능력 혁신 3. SR시스템학습법 4. SR외국어학습법 5. 융화능력 향상" 등의 5가지 테마로 구성되어 있다.

SR경쟁력프로그램의 교육효과

월 1회 1시간씩 1년간 12회의 강력한 강의를 기본으로 한다. 강의는 필자의 경험을 토대로 효과가 입증된 실제적인 실천 방안이 제시되며 실제적인 효과를 유도하는 것이다. 가장 핵심적 요소는 학습의 노하우이다. 강의는 누구나 이해할 수 있게 쉽게 하므로 모든 임직원이 청강 대상이다.

SR경쟁력프로그램을 수료하면 다음의 결과를 기대할 수 있다.

- 월 2권 내지 4권의 학습능력. 학습하는 임직원이 됨
- 정신 활력, 정신 긴장감, 자신감을 가진 임직원이 됨
- 스스로 동기유발하는 임직원, 자율 규제하는 임직원이 됨
- 철저히 봉사하는 정신자세, 융화하는 능력이 형성됨
- 뛰어난 업무능력과 외국어능력이 배양됨

교육 내용(회사에 따라 융통성 있게 변경될 수 있음)

1. 잠재력과 가능성/잠재능력/파레토 법칙/핵심능력 높이기
2. 정신력/적극적 정신만들기/자세조정 방법/마음강화 방법/
3. 경쟁력지원 환경만들기/성공기회 높이기/후나이 성공조건
4. 습관과 경쟁력/좋은 습관 형성하기/관성과 변화비결
5. 업무능력 혁신 노하우/즉시접근법/우선 순위/파킨슨 법칙/효과적 커뮤니케이션/마케팅 심리학
6. 두뇌 능력/SR시스템학습법 주요 기법, 보조 기법
7. SR학습법의 실천/잠재력 활용하기/정신집중방법

8. 기업경쟁력과 학습/조직학습과 개인학습

9. 지식경영/강점 활용하기/시간관리/리더십의 발휘

10. 아이디어 창조하기/브레인스토밍/ 학습과 아이디어

11. 직장내 융화비결/상사와 융화하기/부하 잘 다루기

12. 우수회사 사례/다수 기업체 성공사례, 실패사례

SR경쟁력프로그램의 실행 프로세스

SR경쟁력프로그램 실행프로세스는 4가지 프로세스로 이루어져 있다.

1) 12차에 걸친 교육실시

2) 9가지의 실천사항 점검

3) 실천사항을 이행하도록 돕는 상담

4) SR학습모임 실시

SR경쟁력프로그램의 우수성

이 교육은 실천력이 탁월하다. 9가지의 실천사항은 필자가 실천해온 것이므로 설득력이 있으며 어떤 교육보다 실천을 추구한다. 학습 능력을 향상시키므로 자발적 학습으로 정신 활력, 정신 긴장감, 자신감을 준다. SR경쟁력프로그램은 정신력과 실력의 변화가 이루어지는 것이다.

제휴를 위한 제안

SR경쟁력프로그램은 우리나라가 세계최고의 경쟁력을 갖도록 하는 매우 소중한 프로그램임을 필자는 확신하고 있다. 또한, SR외국어학습법과 SR시스템학습법은 이를 달성하는 핵심적 노하우이다. 전국의 국민들이, 수많은 학생들과 젊은이들이 미래의 인재로 탈바꿈할 수 있는 소중한 노하우인 것이다. 많은 장학재단을 비롯한 사회사업에 기여하는 재단들, 교육을 담당하는 연수원 등이 필자의 SR경쟁력프로그램, SR외국어학습법, SR시스템학습법을 보급하는 데에 제휴한다면 이들이 벌이고 있는 사회사업의 가치는 훨씬 더 높아질 것으로 생각한다. 재단들과 연수원들이 기존의 의미있는 사회사업에 부가하여, SR경쟁력프로그램, SR외국어학습법과 SR시스템학습법을 보급할 것을 제안하는 바이다.

제휴 제안의 가치

재단들이 수여하는 장학금 등 금전적인 기여는 비유로 말하면, '물고기를 기부하는 것' 이며 SR경쟁력프로그램, SR외국어학습법과 SR시스템학습법을 보급하는 것은 '물고기를 잡는 노하우를 기부하는 것' 으로서 항구적인 가치를 기부하는 것이다. 이는 재단들의 고귀한 목적을 더욱 고양시키는 가치 있는 활동이 될 것이다. 연수원들은 더 뛰어난 교육프로그램을 보급하게 되는 것이다.

세계적인 경쟁력의 원천

한국은 자원이 거의 없는 나라로서 오직 인적 자원만이 국가경쟁력의 가장 중요한 요소임을 인정할 것이다. 필자의 SR경쟁력프로그램, SR외국어학습법, SR시스템학습법은 단순한 지식 차원을 넘어 정신 활력, 정신 긴장감, 자신감을 갖춘 인재로 만드는 효과적인 노하우이다. 세계경제에 막강한 영향력을 발휘하는 유태인들의 뛰어난 지적 능력과 실력을 뛰어넘을 수 있는 특별한 노하우라고 자부한다. 세계인구의 0.3%가 안 되는 약 1500만 명의 유태인들이 세계적인 분야에서 막강한 경쟁력을 확보한 이유는 그들이 교육과 학습에 지속적으로 투자하고 학습의 가치를 너무 잘 알고 있기 때문이다. 한국인이 유태인의 경쟁력을 뛰어넘어 세계적인 경쟁력을 확보하는 가장 중요한 비결은 뛰어난 학습인으로 재탄생하는 것이다. 이를 실현하는 방안이 SR경쟁력프로그램, SR외국어학습법, SR시스템학습법임을 확신하고 있다.

신대륙호